數罪併罰
之易科罰金

張明偉／著

王 序

明偉兄，是我過去的學生，也是我一直學習的對象。這本書，收錄了他從學生時代就發表的文章，同樣的議題，持續到十餘年後，都已是知名刑事法教授的他，仍孜孜不倦，賡續關注，其堅毅持恆之心，誠爲吾師。

本書所收錄的論文，極爲有趣，可說是法律問題，也可說是哲學問題；可說是刑事法問題，也可說是法理學問題。本書主要處理問題，可簡略說明如下：某甲先後犯A、B二罪，A罪判有期徒刑9個月，不得易科罰金；B罪判有期徒刑5個月，得易科罰金。國家機關就此二罪，究竟應如何處治？A罪9個月有期徒刑必將入監執行，此乃毋庸置疑之事。有爭執者係本得易科罰金之B罪5個月有期徒刑，是否會因此受影響？其選擇有二：一、不受A罪之影響，B罪仍得易科罰金，則某甲最終所受處罰爲9個月有期徒刑，再加上所易科之罰金。二、受A罪之影響，B罪不得易科罰金，則某甲最終所受處罰爲9個月有期徒刑、5個月有期徒刑二罪之數罪併罰，以平均值而論，有可能成爲12個月有期徒刑。選擇如何之答案，多少即反映此人之價值觀；國家爲如何之選擇，即代表其或寬或嚴之刑事政策。我國大法官在1975年選擇了對人民較爲嚴苛的第二方案（釋字第144號解釋），理由則講不清楚，說不明白。

類似問題爲：某乙先後犯C、D二罪，各判有期徒刑5個月，皆得易科罰金。最後，國家機關就此二罪，究竟應如何處治？選擇亦有二：一、仍得易科罰金，因爲C、D各罪皆得易科罰金，二罪雖合併，仍得易科罰金，故乙毋庸入監執行，只要支付罰金即可。二、不得易科罰金，蓋C、D各別雖得易科罰金，但二罪合併後（5個月加5個月），爲超過6個月之有期徒刑，依法即不得易科罰金，故乙必須入監執行超過6個月之有期徒刑。大法官在20年後的1994年，則選擇了對人民較爲寬仁的第一方案（釋字第366號解釋），但爲何作此改變，與20年前解釋的差異何在，仍是講不清楚，說不明白。

上述紛爭，狀似簡易，但所涉及的刑法基礎理論，卻盤深錯結，否則大法官也不會從1975年到2010年，先後作出了四則解釋；立法院也不會從2001年到2009年，爲此修法三次。明偉兄於不疑處有疑，早在1988年尚未進入臺大法研所之前，即洞察問題之所在，發表〈併罰數罪之易科罰金〉文，直指實務操作之瑕疵，奠立了此書的基礎，也是最早探討此一議題之學術論文之一。在進入臺大法研所後，挾豐富之學術涵養與訓練，更深入與開闊地闡揚此爭議之種種面向，以《數罪併罰中有期徒刑之執行》爲其碩士論文。在取得美國博士學位，返國任教多年，又因應大法官之解釋，先後發表〈數罪併罰與易科罰金—以釋字第366號解釋與釋字第622號解釋爲中心〉、〈解構數罪併罰與易科罰金之交錯難題〉兩篇論文。

傳統知識份子，以儒家經典爲根本，修身、正心、誠意、致知、格物，期能窮理盡性，覺世牖民，治國安邦。在爲仕判案時，雖受帝王律典束縛，然無時無刻不忘民胞物與，天下爲公之使命，故亦儒亦法，亦法亦儒。今則不同，高中畢業，逕研律典，時時遭受不知民間疾苦，與社會脱節之批評。更有甚者，我國現代法律繼受於西方，常有法律學者，言必以西方學説理論爲是，凡我國法有稍不同於西方者，未説明理由，即大肆撻伐。

就本書所待解決之問題，大法官有時寬仁，有時嚴苛，在搖擺之間，卻説不清楚，講不明白。學者亦多挾外國理論，抨擊大法官解釋及相關實務，有違「外國法理」。明偉兄深入研究此議題多年後，感慨大法官爲何不能與時俱進，提出一明白曉暢且具説服力之理論？爲何我國不能跳脱繼受法制之束縛，非要時時修正我國法律以迎合外國理論？本此思維，明偉兄跨越時空之限制，追溯我國、德國、美國現在過去之學説及法制發展，挖掘此一問題在各國法制之源起與異別，再針對我國法之特色，提出一套適合我國法制之完整理論，雖與外國法不同，但確能周全解決我國相關爭議。

國內就此議題最有研究者，明偉兄絕對列名在前，就其發表論文之質與量，幾乎無有能超越者。在學術上，其於不疑處有疑，不泥於既有學説，不隨通説而轉，另闢蹊徑，別成一格，堅毅持久，誠吾師也。

王兆鵬
2011.8.23

自序

關於數罪併罰與易科罰金的爭議，近年來突然迭受關注，除了司法實務上繼釋字第144號與第366號等解釋後，出現釋字第662號與第679號等再度造訪此一爭議之大法官解釋外，立法上也曾發生左右搖擺的修正。或許一般人對於相關實務立場的反覆，只感到單純法律（規範或實務）變動的印象，不過對於曾經三更燈火五更雞於此埋首的我而言，釋字第662號與第679號等解釋卻散發著莫名的吸引力，在不知不覺中，又讓我重作馮婦，拾起塵封多年的記憶，並接續相關議題之探索；而再次的邂逅，竟有著柳暗花明的際遇。

與「數罪併罰得否易科罰金」此爭議結下不解之緣，算一算也已經是十三年前的際遇了。回首來時路，這段光陰的故事，總在燈火闌珊處，令人感到心有戚戚。雖然從一開始就曾質疑釋字第144號解釋的妥當性，並嘗試各種途徑以自圓其說。遺憾的是，除了基於實務觀察所提出之質疑曾獲得迴響（參照釋字第679號不同意見書之註5）外，與實際問題解決相關的法理論述，總無法一針見血地令人折服。其間由於不諳德文，未能直接參考引用德國文獻，以至於無法直接回應對於德國法制研究方法與內容正確性之質疑與批評，令我產生很大的挫折感。事實上，在尚未眞正完全意識到數罪併罰中之有期徒刑宣告得否易科罰金此一爭議之核心前，對於源自數罪併罰與易科罰金二種制度交錯所衍生之矛盾，我也曾數度迷失在外國法理論所構築的濃密森林之中，甚至多次因無力辨別林中的老幹與新枝，而萌生不如歸去的逃避念頭；畢竟在歷次法制修正與大法官解釋所提出的各種理由交錯下，如果未能恰到好處地釐清盲點之所在，就不免會停留在剪不斷、理還亂此般各說各話的困境當中。

本書記錄了長期以來對於數罪併罰與易科罰金交錯時，有期徒刑之宣告得否易科罰金此一議題的思考歷程；每一階段的嘗試，都反映出對此一議題的不同觀察視角，不論是實務運作之觀察、憲法上人權保障之思考、程序法理之引申或是外國法制沿革之比較探索，都期望能藉由對於同一議題的多方位思考，呈現出爭議的本質與相關實務見解的瑕疵。縱然立論角度容或有偏，但其目的只有一個，都在正當化向來一貫的論述，那就是挑戰與解消釋字第144號解釋的正當性。即便已經過了十多年，我還是一本初衷地認爲，在理由空泛與跳躍的基礎上，釋字第144號解釋過度限制了受刑人的人身自由。不論這樣的說法最後能否得到多數見解的支持，詳盡各種說理以填補或發掘實務論述的跳躍並尋求多數支持，應該是一個法律人應盡的本分。法律是人們創造出來的社會工具，如果法律人所創造或移植的工具存在效用上的瑕疵，本應對其造成的侵害或損害負責，怎可託辭法理未明而無能爲力，甚至蠻橫地要求人民承擔不利益呢？正因法律說理是一個良心的事業，只要本諸自己的法律信仰據理力爭，雖千萬人吾往矣，就算結果未盡人意，也算對自己有個交待。只要每一個法律人都能夠基於良心說理，就可以避免官僚們依其直覺式的恣意判斷，只顧著避免自己的麻煩，而漠視人民的權利。

在法律學習的道路上，得之於前人的智慧累積太多；面對浩瀚的法學世界，自己能夠著力的卻十分有限；希望能一直自我勉勵期許，作一個「有靈魂」的法律人。本書後段主要是延續我碩士論文的研究而作成，而之所以能夠將相關的思考集結成這本書，相當大的部分要感謝王兆鵬老師的鼓勵與協助，若沒有王老師字斟句酌地在研究所階段對論文的指導與斧正，大部分的內容都仍將停留在雜亂無章的片段。當然，如果後來的研究存在任何的瑕疵與謬誤，都是我個人思慮不周所致。

張明偉
謹誌於龍門谷
民國一百年八月二十三日

第一篇 緒 論

第二篇 數罪併罰中有期徒刑之執行

第三篇 制度交錯之因應與對策

第一篇

緒　論

第一章　導　讀

關於數罪併罰之易科罰金，向來是我國實務所面臨的棘手問題。就從我國實務之發展而言，釋字第366號解釋與釋字第662號解釋均肯定如併罰數罪之數宣告刑均得易科罰金，縱定應執行之刑逾六個月者亦得易科罰金；惟如併罰數罪之數宣告刑中有不得易科罰金者，依釋字第144號解釋與釋字第679號解釋意旨，所定之應執行刑均不得易科罰金。

然而，前述觀點並非沒有爭執，至少在釋字第366號解釋與釋字第662號解釋之併罰類型中，學說與實務從1994年釋字第366號解釋作成開始，即存在左右「劇烈」搖擺之針鋒相對；又雖然在釋字第144號解釋與釋字第679號解釋之併罰類型中，實務未曾改變過不准易科罰金之見解，甚至罕見地在釋字第679號解釋解釋中，不過鑑於事實上存在併罰數罪之部分罪刑宣告得易科罰金之現象，對於實務的堅持與篤定，亦難免遭受名實不符之質疑。如謂數罪併罰之易科罰金爲我國實務長期未解之難題，並不爲過。爲了釐清數罪併罰得否易科罰金此一長久糾纏我國實務的難題，本書嘗試從不同的角度切入，期能窺得此一源自制度交錯所生難題之全貌，並提出相關的解決之道。

雖然實務上關於釋字第144號解釋之併罰類型不得易科罰金向來並無爭論，惟因刑事執行上存在先確定之罪刑宣告得依易科罰金方式執行之現象，故該解釋本質上並無法完整說明其與執行實務間之齟齬。爲了調和其間的矛盾，「併罰數罪之易科罰金」乙文嘗試以實際案例爲說明基礎，並於整理歷來有關不同類型犯罪併合處罰得否易科罰金之實務見解後，以釋字第366號解釋之觀點，分析檢討相關實務所存在之疑慮。此外，由於當時普遍認爲得否易科罰金乃檢察官執行指揮之權限，一概因循「故於應執行之刑接續執行之過程中並不能區分何時所執行者係何犯罪（司法院院字第2702號解釋）」並以之否定依舊刑法第41條易科罰金之機會，事實上並不符執行實務上存在接續執行與非接續執行相互區分之現狀。簡而言之，在釋字第366號解釋已肯認得否得易科罰金之問題應專以（舊）刑法第41條規定爲斷之法理前導下，「數罪是否併罰」本身已不足以作爲「易科罰金執行障礙事由」之唯一原因；只有在依（舊）刑法第41條判斷接續執行將對易科罰金造成實質影響時，才有必要限制易科罰金之執行。此種以「易科罰金執行障礙事由」之觀點爲有可能易科罰金之犯罪何以在與絕對不得易科罰金之犯罪併罰時不得易科罰金之詮釋，主張絕對不得易科罰金之犯罪於本質上應屬「易科罰金執行障礙事由」，僅因在該障礙事由尚未解消前，尚存在入監執行之必然性，故無於發監時討論易科罰金之必要；惟如在監執行之必然性已解消，並非一概不得討論易科罰金。

除前述執行實務之觀點外，由於易科罰金之限制涉及人身自由之憲法保障，因此「數罪併罰中有期徒刑之執行」乙文，即從憲法人權保障之觀點出發，完整地分析限制易科罰金所牽涉之憲法問題。鑑於過度限制易科罰金存在平等原則違反之疑慮，而一概不許易科罰金亦不符刑法最後手段與最小侵害之精神，從而，釋字第144號解釋是否果眞「不動如山」地毫無檢討之必要，就憲法保障人權之角度而言，本質上已非無疑。又就比較法之觀點而言，雖然數罪併罰係繼受自德國實質競合之法制，且除事後併罰之限制外，大體而言，二者間差異性不大；不過關於易科罰金之規定，在比較法上卻爲我國法制所獨創。有鑑於數罪併罰制度於沿革上並不具有加重處罰之目的，反係以避免複數犯罪產生累罰效應爲目標，基於我國法制救濟短期自由刑之特殊性，則於制度交錯時，德國法制勢必無法作爲我國法制之說明基礎。簡單來說，在我國與德國救濟短期自由刑之法律結構存在南轅北轍之歧異下，或許不能確定該如何妥適處理制度交錯所生之問題，但可以確定的是，同一套法理勢必不可能全盤移植適用於不同的法制之上。

立論於此，相關外國學說或可能於我國法制有所修正後予以適用，不過在法制修正之前，僅應於與我國法制不相牴觸時，始有沿用之價値。然而，如果可能透過法釋義學的途徑解套我國實務所遭遇的困境，法制的修正應該就不是那麼迫切的一件事。既然外國學說或實務尚不致成爲我國數罪併罰是否易科罰金之依據，那麼向爲憲法所強調之比例原則（亦即刑法之最後手段原則），就應該是此一爭議解決所應遵循之準則。不論依最小侵害或是最後手段原則，人身自由之拘束應該是別無替代時始應採用之制裁措施，因此，當法律已明文以易科罰金救濟短期自由刑之流弊，國家機關原則上都應優先適用此一救濟手段，只有在沒有必要避免短期自由刑流弊或確實有入監矯正之必要時，才有限制人身自由之餘地，這樣也才符合最小侵害或是最後手段原則。從而釋字第144號解釋於併罰數罪中部分宣告刑大於六月時，其未區分避免短期自由刑之必要性，一概不許易科罰金之見解，應與最小侵害或是最後手段原則有違。

另就數罪併罰制度之規範目的而言，查沿革上之所以出現數罪併罰之發展，主要是因爲機械式地累計數罪之處罰將對受刑人產生處罰過度（累罰效應）之弊端，爲了避免累罰效應之流弊，法制上才創設此一併罰制度。參照刑法第51條之內容，可以得知數罪併罰並沒有加重處罰行爲人複數犯罪之目的，反之，複數犯罪之處罰卻有可能因適用併罰制度而受減輕。因此，如果本來可以易科罰金之犯罪僅因適用數罪併罰規定即出現不得易科罰金之效果，恐怕已逾越數罪併罰之規範目的；換言之，如果不存在其他規範上之正當原因，單純符合數罪併罰規定本身之事實，並不足以作爲限制易科罰金之主要理由。就此而言，釋字第144號解釋所謂「因與不得易科之他罪併合處罰結果而不得易科罰金」之說法，僅以數罪併罰規定作爲不得易科罰金之論據，本質上並無正當化之基礎。既然釋字第144號解釋因缺乏實證法依據而有違法律保留原則之疑慮，就司法解釋的角度而言，釋字第366號解釋所持的觀點，應較爲可採。

由於刑法第41條曾於2001年與2005年出現兩極化的修正，釋字第662號解釋與釋字第679號解釋又再度「眷顧」數罪併罰易科罰金之難題。有趣的是，觀其內容，此二號解釋實質上只不過「重申」釋字第366號與釋字第144號解釋之意旨，並沒有做出令人耳目一新的決定。關於大法官罕見地重申舊解釋的意旨，如果不是因爲舊解釋堪稱經典而無變更之必要，大概就是因爲大法官們尚無法凝聚足以改變舊解釋的多數意見，惟不論如何，此一罕見現象適足以反映關於數罪併罰得否易科罰金此一源自於不同制度交錯所生難題，於我國學說與實務之高度爭議性與複雜性。

爲了解開此一難題，「數罪併罰與易科罰金——以釋字第366號解釋與釋字第662號解釋爲中心」乙文嘗試以釋字第662號解釋之協同意見書爲基礎，提出以「規範保留」之觀點來詮釋此一問題。簡單來說，如果認爲得否易科罰金屬於「法官保留」事項，那麼多數易科罰金之問題在數罪併罰之規範下，得否易科罰金仍應屬於「法官保留」事項；如立法者欲於數罪併罰時干預原本之規範保留模式，而將之重新定位爲「法律保留」事項，亦將無解於不同規範保留於本質上之落差，蓋先確定之犯罪於（事後）數罪併罰前，其「法官保留」之本質是絕對不會改變的。爲了正當化這樣的觀點並強化其說理，「數罪併罰與易科罰金——以釋字第366號解釋與釋字第662號解釋爲中心」乙文更舉美國聯邦最高法院所作成之路易絲訴美國（LEWIS V. UNITED STATES）乙案作爲「規範保留之累積不致造成規範保留質變」之說明基礎，雖然該案主要係在探討「適用法律保留之輕重罪區分（是否接受陪審審判之憲法上權利），將不致因出現複數犯罪之累積導致被告可能面對長期監禁（類似重罪之法律效果）之事實而改變」此一程序上法理而非直接針對多數犯罪得否易科罰金有所說明，不過其本身所隱含的法理：「由於輕罪與重罪之區別乃立法保留事項，基於權利分立之原理，司法不應干涉；而多數立法保留事項（是否接受陪審審判）之累積，亦不會導致規範保留之本質（立法保留或憲法保留）出現轉變。」對於我國數罪併罰得否易科罰金之爭議，應有一定程度之參考價值。

由於在釋字第662號解釋之協同意見書中，池啓明大法官曾基於憲法解釋之一致性與完整性反思釋字第144號解釋，因此在在釋字第662號解釋作成一年後，大法官們即針對釋字第144號解釋進行實質審查。雖然釋字第679號解釋並沒有改變什麼，反而進一步確認了釋字第144號解釋的合憲性，不過，事實上從各大法官所提出的協同意見書或是不同意見書中不難發現，大法官雖尚未一針見血地指摘此一難題之核心關鍵，卻已相當深化對於數罪併罰得否易科罰金之法理討論。在釋字第679號解釋「欲言又止」的基礎上，「解構數罪併罰與易科罰金之交錯難題」乙文嘗試點出數罪併罰得否易科罰金此一源自於不同制度交錯所生難題之核心所在，除了釐清數罪併罰、易科罰金與易服社會勞動等規範目的外，更在肯認易科罰金該當轉向處分之基礎上，提出「數罪併罰既無使被告處於更不利地位之效力，則過度限制轉向處分應即爲釋字第366號與第662號等解釋指摘違憲之主要理由所在。」之觀點，以正當化釋字第366號與第662號等解釋。又鑑於數罪併罰於規範上並無限制轉向處分（緩起訴或緩刑）之目的，且於實際上只有在裁判確定前所犯數罪皆以機構內處遇之方式執行自由刑（亦即均未接受轉向處分）時，始有避免過度處罰並適用數罪併罰規定之必要，則任何接受轉向處分之犯罪，不論已否經法院宣告自由刑，就刑法第51條第5款規定而言，皆應排除於數罪併罰範圍之外。

除前述法釋義學之說明外，「解構數罪併罰與易科罰金之交錯難題」乙文亦嘗試自比較法制之觀點，自圓其說；蓋經考察後發現，在1921年德國制定「罰金刑法」第3條引進「替代罰金刑」以救濟短期自由刑弊端前，所有短期自由刑宣告均須入監服刑而不得轉向宣告爲罰金刑，故如法院就多數犯罪中之一部或全部爲短期自由刑之宣告，因不生機構外處遇之問題，則於1921年以前發展之併罰學理，當然不存在併罰數罪之全部或一部轉向時，究應如何「執行」數罪併罰之論述。此外，由於現行德國刑法第47條第2項（前身爲1921年德國「罰金刑法」第3條）明文授權法院在無必要處以自由刑時，法院有權在法未明文罰金刑爲該犯罪法定刑之情形下，逕爲罰金刑宣告，因此，依德國刑法第47條第2項規定所爲「自由刑轉向爲罰金刑之宣告」，本質上就如同自由刑之緩刑宣告般，係採「法官保留」之規範模式，一旦法官在行使量刑裁量後已對輕微犯罪爲罰金刑宣告（或緩刑宣告），因已不得「轉回」短期自由刑，縱其他犯罪數罪併罰，亦因依德國刑法第47條宣告者已非自由刑，而無透過限制加重原則（即類似我國刑法第51條第5款併罰規定）予以規避過度處罰之必要。

由於德國刑法於多數有期徒刑宣告併合處罰時，係以法官認爲所有犯罪均須發監執行（亦即「均不得轉向執行」）爲前提，因已不存在轉向宣告罰金刑之考量，故縱其所定應執行刑爲短期自由刑，在已無轉向處分必要之情形下，只要單純依應執行刑所定刑度發監執行。不僅已足以避免過度處罰之疑慮，亦足以實現處罰目的。由於德國法制就是否轉向處分乙事定位爲法官保留事項，只有在法官認爲被告沒有接受發監執行之必要時，才會宣告轉向執行。鑑於德國實務曾多次指出「單純數次重新犯罪的事實本身並不是應當科處短期自由刑的理由」，法理上並不存在因多數犯罪之罪責較高而一概皆不得轉向之限制，因此，如法院認爲個別犯罪之罪責皆不致使被告接受機構內處遇，縱係裁判確定前之多數犯罪，亦因罪責未提昇至必須入監服刑之程度，本即得爲多數轉向宣告。故於德國法制下，所有短期自由刑宣告均係以法院認必須發監執行爲前提，縱所定應執行刑爲短期自由刑仍須入監服刑，更遑論所定應執行刑已非短期自由刑時，被告是否應入監服刑。基於上述法制差異，就比較法制而言，實不應以德國法制上「併合多數短期自由刑所定應執行刑已非短期自由刑並須入監服刑」爲由，作爲我國相關法制說明之依據。

經由以上各篇論文之分析，可以肯定的是，我國實務長期以來所存在有關數罪併罰得否易科罰金之爭議，應係源自於對前述德國轉向法制沿革之忽略所致。如考量以上法制沿革之觀察，不難發現釋字第144號解釋與釋字第679號解釋本質上均存在對於制度交錯之誤解，以致於相關法制上之盲點仍舊模糊朦朧。簡單來說，由於德國法制本不生制度交錯得否轉向之爭議，我國法制自亦不應出現數罪併罰得否易科罰金之爭議；實則，關於得否易科罰金（轉向）僅需單純依刑法第41條規定判斷即可。至於是否數罪併罰，本質上對於得否易科罰金應不生任何影響。至此，這困擾我國實務幾十年，源自制度交錯的難題，總算到了撥雲見日的一天。事實上，早於「併罰數罪之易科罰金」乙文已提出：『此種以「易科罰金執行障礙事由」之觀點爲有可能易科罰金之犯罪何以在與絕對不得易科罰金之犯罪併罰時不得易科罰金之詮釋，主張絕對不得易科罰金之犯罪於本質上應屬「易科罰金執行障礙事由」，僅因在該障礙事由尚未解消前，尚存在入監執行之必然性，故無於發監時討論易科罰金之必要；惟如在監執行之必然性已解消，並非一概不得討論易科罰金。』之觀點，以爲嘗試，雖未能盡解謎團，卻已提供一則足資解套相關問題之方案。而「數罪併罰中有期徒刑之執行」乙文從憲法人權保障觀點所爲之分析，雖未能澄清數罪併罰易科罰金於法制繼受上之迷思，亦已指陳釋字第144號解釋過度限制易科罰金不符比例原則之缺失。此外，「數罪併罰與易科罰金——以釋字第366號解釋與釋字第662號解釋爲中心」乙文所提出之「規範保留」觀點，本質上與「解構數罪併罰與易科罰金之交錯難題」乙文所強調之轉向不併罰原則，如考慮是否轉向乃法規範保留給法官之權限，實已有異曲同工之妙。若能綜合以觀，不但能窺得數罪併罰得否易科罰金爭議之全貌，亦足以恍然此難題之無物。

第二章　併罰數罪之易科罰金

壹、前言

按裁判確定前犯數罪者，除想像競合犯、牽連犯、連續犯等科刑上之一罪外，依刑法第50條之規定，應併合處罰之，學者稱此爲「實質競合」或「狹義之數罪併罰」[1]；復觀同法第53條，其執行須以法院依同法第51條各款所定之方法裁定應執行之刑爲依據。然查犯最重本刑爲三年以下有期徒刑以下之刑之罪，而受六月以下有期徒刑或拘役之宣告時，於刑罰執行上若因身體、教育、職業或家庭之關係，顯有困難者，依1935年制定之舊刑法第41條規定，即得以一元以上三元以下折算一日，易科罰金。設若實質競合之數犯罪中，部分係屬「最重本刑爲三年以下有期徒刑以下之刑之罪，而受六月以下有期徒刑或拘役之宣告」之犯罪，惟其餘不屬前述規定之犯罪時，併罰之數罪究應如何執行方爲洽當？觀之法無明文，似有加以檢討之必要。

貳、具體案例事實

被告A於民國86年4月30日犯竊盜罪，並經一審法院於同年10月15日判處有期徒刑四月，俟後該案因當事人未上訴而於同年11月28日確定；經通知A於翌年4月25日入監服行，至該年8月25日執行完畢出監。此外A另於民國85年8月間犯贓物罪，惟該案遲至民國87年7月31日始經一審法院判處有期徒刑五月，該判決亦因當事人未上訴而於同年8月28日即告確定。

今查A所犯之竊盜、贓物二罪係屬裁判確定前所爲，因而該當刑法第50條之規定故得併合處罰；檢察官於執行贓物罪時即據以向法院聲請定應執行之刑，復經法院裁定應執行刑爲有期徒刑八月。則該裁定於確定後究應如何對併罰數罪中未執行之餘罪執行？亦即所犯之贓物案是否仍得依易科罰金之方式執行？

1　參閱蔡墩銘，中國刑法精義，頁251，漢林出版社，1990年3月6版。

參、數罪之併罰與執行

實質競合既係指裁判確定前犯數罪之情形，則各該犯罪於本質上即應分屬各自獨立之案件；既屬獨立之數案件，因訴訟繫屬之不同[2]而導致併罰數罪之裁判於不同時點確定之現象當可想見；嗣於檢察官依最後確定之裁判聲請定應執行之刑後並依該確定裁定更爲執行時，更不免出現併罰數罪中之部分犯罪業已執行完畢之情形，如此一來，併罰之數罪於實際執行上不免產生未接續之現象。徵諸實際上存在「依定刑裁定開始執行」及「於併罰數罪中部分犯罪執行中（即開始執行後未執行完畢前）始依定刑裁定接續執行」之現象，併罰之數罪於執行型態上，則可區分爲接續執行與非接續執行二種類型。

舊刑法第41條就易科罰金之適用規定有三要件，通常而言，自論罪科刑之確定判決中，可明瞭所執行之犯罪是否屬「最重本刑爲三年以下有期徒刑以下之刑之罪」及「受六月以下有期徒刑或拘役之宣告」；惟於刑罰執行上是否因身體、教育、職業或家庭之關係顯有困難之認定上，確須至實際執行時，始有爲涵攝之必要及可能，於本質上並無法於裁判時即預爲認定。由此可知，易科罰金規定之適用，當以所犯係最重本刑爲三年以下有期徒刑以下之刑之罪，而受六月以下有期徒刑或拘役之宣告爲前題；蓋若係不符前述二要件之犯罪，當無進一步於執行時討論有無易科罰金規定適用之必要。

行爲人之犯罪若以前述二要件爲類型化之標準，可區分爲「最重本刑爲三年以下有期徒刑以下之刑，而受六月以下有期徒刑或拘役之宣告之犯罪（以下簡稱爲有可能易科罰金之犯罪）」及「非屬最重本刑爲三年以下有期徒刑以下之刑而受六月以下有期徒刑或拘役之宣告之犯罪（以下簡稱爲絕對不得易科罰金之犯罪）」二種類型；從而構成併罰之數罪於組合上，即產生「數有可能易科罰金之犯罪併罰」、「數絕對不得易科罰金之犯罪併罰」及「有可能易科罰金之犯罪與絕對不得易科罰金之犯罪併罰」等三種類型。復參照前述接續執行與非接續執行之現象，併罰之數罪於執行上，勢必出現下列幾類不同之容態：

一、併罰之數罪接續執行

此部分尚可依其不同之併罰組合細分爲：

---

2 如原即繫屬於不同法院（指狹義法院）所致；既便原來繫屬於相同法院（向同一股起訴），亦常因終審法院之不同（如僅對其中部份案件提起上訴），導致各案件確定時點不一。

A.數有可能易科罰金之犯罪併罰；

B.數絕對不得易科罰金之犯罪併罰；

C.有可能易科罰金之犯罪與絕對不得易科罰金之犯罪併罰。

二、併罰數罪之非接續執行

此部分亦可依其不同之併罰組合細分為前述三種不同之併罰類型。

肆、同類型犯罪併合處罰中之易科罰金

併罰數罪雖可歸納為前述六類不同之執行型態，惟於數絕對不得易科罰金之犯罪併罰型態中，因各該犯罪原本於執行上即不得依易科罰金之方式執行，故不論併罰之數罪接續執行與否，均不生易科罰金之問題。

然就數「該有可能易科罰金之犯罪」併罰之型態而言，向來之實務見解及學者通說咸認依刑法第53條所定應執行之刑於執行上惟於各罪之宣告刑及所定應執行之刑均係六月以下，始得以易科罰金之方式為之；若各罪之宣告刑均在六月以下而所定應執行之刑已逾六月時，所定應執行刑即不得以易科罰金之方式執行，受刑人即應入監服刑[3]。惟釋字第366號解釋曾針對此種併罰型態指

---

[3] 實務上之見解可參照最高法院57年台非字第127號判決：「第一審判決既定其應執行刑為有徒刑十月，依照刑法第四十一條之規定，即無諭知易科罰金之餘地，乃竟諭知罰金，原審亦復予以維持，均有違誤」；又學者間之見解，可參考韓忠謨：「夫三年以下有期徒刑以下之刑之罪，情節較輕，而或拘役，其所處之刑期又短，頗與罰金相近，故法律規定宣告此類罪刑者，始得易科罰金。所謂受六月以下有期徒刑或拘役之宣告，不僅指單一犯罪之情行而言，即數罪併罰，各罪所宣告之刑均係六月以下有期徒刑，或均係拘役者，亦屬之，但各罪所宣告之有期徒刑，雖均在六月以下，而所諭知執行刑之總刑期逾六月者，即不許易科，蓋易科罰金，專為受短期自由刑之科處者而設，而刑法第四十一條短期自由刑之界限，規定為六月以下有期徒刑及拘役二種，在數罪併罰之案件，各罪所宣告之刑，雖均為六月以下有期徒刑，苟執行刑超過六月，即不得不認為逾越該條所定短期自由刑之界限。（參閱韓忠謨著：刑法原理頁460）」；周冶平：「須受六月以下有期徒刑或拘役之宣告，即指所諭知應執行數而言，無論所犯者為單純一罪科以單一之刑；或為依數罪併罰所定之應執行之刑（刑法第五十一條參照）；或為因累犯而加重之宣告刑（刑法第四十七條參照），均須在六月以下，始得易科。對於數罪併罰中之一罪之刑，雖合於易科罰金之規定，亦不得單獨為易科罰金之處分（參閱周冶平著：刑法總論，頁535-536；林山田：「易科罰金之限制係為避免執行六個月以下之短期自由刑而設，故其法定要件自必以受六個月以下自由刑之宣告者為限。此等限制係專就避免執行六月以下短期自由刑而為之行刑措施，故本法之規定不問係因一罪

出：「裁判確定前犯數罪，分別宣告之有期徒刑均未逾六個月，依刑法第41條規定各得易科罰金者，因依同法第51條併合處罰定其應執行之刑逾六個月，致其宣告刑不得易科罰金時，將造成對人民自由權利之不必要限制，與憲法第23條規定未盡相符，上開刑法規定應檢討修正。對於前述因併合處罰所定執行刑逾六個月之情形，刑法第41條關於易科罰金以六個月以下有期徒刑爲限之規定部分，應自本解釋公布之日起，至遲於屆滿一年時失其效力。[4]」；似已肯認：因併合處罰致所定應執行刑逾六個月之情形，亦得依易科罰金之方式爲執行；因之，前述通說見解已爲現今實務所不採。

伍、不同類型犯罪併合處罰中之易科罰金

關於數有可能易科罰金之犯罪與數絕對不得易科罰金之犯罪併罰之情形中，應如何爲易科罰金規定之適用已如前述；惟於有可能易科罰金之犯罪與絕對不得易科罰金之犯罪併罰之情形中，是否仍有易科罰金規定之適用？

一、歷來司法院解釋、最高法院判例（決）

實務上之見解向來均認有可能易科罰金之犯罪與絕對不得易科罰金之犯罪併罰之情形中並不生易科罰金之問題，亦即有可能易科罰金之犯罪於執行上不得依易科罰金之方式執行；茲舉其相關見解如下：

抑係數罪而受六月徒刑之宣告，均有其適用，因一罪而受逾六個月之宣告者，固不得易科罰金，因數罪併罰定執行刑而逾六個月者，自亦不得易科罰金，而不受定執行刑前各罪分別宣告之徒刑均未逾六個月之影響。易言之，裁判確定前犯數罪，雖各罪分別宣告之徒刑均爲六月以下，但因數罪併罰定執行刑而逾六個月者，則因必須執行六月以上之自由刑，故已非屬短期自由刑。因此，即應執行自由刑，而不得易科罰金（參閱林山田，論併合處罰之易科罰金，刑事法雜誌第39卷第1期，頁16）。」；蔡墩銘：「刑法第四十一條所謂『受六月以下有期徒刑或拘役之宣告』，並未指爲此爲單一罪之宣告刑或數罪併罰之執行刑，是以六月以下有期徒刑乃係就諭知之總數而言，因之，無論單一罪之宣告刑或數罪併罰之執行刑均不得逾越六月以下有期徒刑之限制（參閱蔡墩銘，刑法總則爭議問題研究，頁368）。」

[4] 前大理院4年統字第243號解釋：「查判處刑罰，既屬五等有期徒刑，雖係俱發，執行刑期在一年以上，自無不可易科罰金之理，惟執行窒礙須從嚴格解釋，不得濫用。」亦同此旨。

甲、司法院院字第2702號解釋

數罪併罰中之一罪，其最重本刑雖在三年以下，而他罪之最重本刑如已超過三年，則因併合處罰之結果，根本上不得易科罰金，故於諭知判決時，亦無庸爲易科折算標準之記載。

乙、司法院大法官會議釋字第144號解釋

數罪併罰中之一罪，依刑法規定得易科罰金，若因與不得易科他罪併合處罰結果而不得易科罰金時，原可易科部分所處之刑，自亦無庸爲易科折算標準之記載。

丙、最高法院40年台非字第12號判例

易科罰金，依刑法第41條以犯最重本刑爲三年以下有期徒刑以下之刑之罪，而受六月以下有期徒刑之宣告者爲限，被告交付賄賂罪，其最重本刑雖在三年以下，但其業務上侵占罪之最重本刑，已超過三年，因併合處罰之結果，自不得易科罰金。

丁、最高法院77年台抗字第458號判決

易科罰金，依刑法第41條以犯最重本刑爲三年以下有期徒刑以下之刑之罪，而受六月以下有期徒刑之宣告者爲限。抗告人等所犯妨害風化罪，其最重本刑雖在三年以下，但其僞造文書罪之最重本刑，已超過三年，因併合處罰之結果，自不得易科罰金。

戊、最高法院79年台抗字第424號判決

按易科罰金，以犯最重本刑爲三年以下有期徒刑以下之刑之罪，而受六月以下有期徒刑之宣告者爲限。故數罪中，如有最重本刑超過三年，因根本上不得易科罰金，則併合處罰結果，自亦不得易科罰金。其爲數罪併罰，而有二裁判以上，應依刑法第53條之規定，定其應執行刑者，亦然。

二、實務運作之觀察

實務上歷來之解釋、判例、判決，咸認有可能易科罰金之犯罪與絕對不得易科罰金之犯罪併罰，於執行上當然即生不得易科罰金之結果。然於實際之運作似非儘如歷來之解釋、判例所示；就實際之執行過程觀察，有可能易科罰金之犯罪與絕對不得易科罰金之犯罪併罰之型態中，會出現下列幾種現象。

甲、併罰數罪接續執行

此種併罰態樣尚可依其是否依確定之定應執行刑裁定開始執行區分爲下列幾種現象：

子、依確定之定應執行刑裁定開始執行

由於所定之應執行刑包含絕對不得易科罰金之犯罪，基於該犯罪於執行上本無從易科罰金，參照司法院院字第2702號解釋之說明，有可能易科罰金之犯罪於執行上即不得易科罰金。

丑、已依併罰數罪中之一罪開始執行，於該犯罪執行中定應執行刑裁定始告確定

A.先執行有可能易科罰金之犯罪

此情形必因有可能易科罰金之犯罪不能（即受刑人無資力；蓋縱其所犯之罪最重本刑爲三年以下有期徒刑，並受六月以下有期徒刑或拘役之宣告，若檢察官於執行時認該受刑人於刑罰執行上並不因身體、教育、職業或家庭之關係顯有困難，且其見解亦經法院維持時，該犯罪即不得歸類爲該當刑法第41條規定之犯罪）易科罰金，而於該罪執行期滿時接續執行絕對不得易科罰金之犯罪時，由於該罪本身並不得易科罰金，故不生易科罰金之問題（否則若其得依易科罰執行，於開始執行後罰金繳清時即爲執行完畢，自無接續執行他犯罪之可能）。

B.先執行絕對不得易科罰金之犯罪

由於先執行之犯罪於本質上係屬不得易科罰金之犯罪，故其於開始執行時，尚不生易科罰金之問題。而於嗣後依應執行刑執行時，依前述「子」之說明，有可能易科罰金之犯罪於執行上即不得易科罰金。

寅、依併罰數罪中之一罪開始執行，而於執行已該當該犯罪宣告刑滿期後另依已確定之他犯罪宣告刑接續執行中定應執行刑裁定始確定

A.先執行有可能易科罰金之犯罪

由於有可能易科罰金之犯罪不能易科罰金，故於該罪執行期滿時接續執行絕對不得易科罰金之犯罪時，亦不生易科罰金之問題。

B.先執行絕對不得易科罰金之犯罪

由於先執行之犯罪於本質上係屬不得易科罰金之犯罪，故其於開始執行時，尚不生易科罰金之問題。而於該罪執行期滿時接續執行有可能易科罰金之犯罪時，因其時定應執行刑裁定未確定，故仍應依原宣告刑執行。於併罰之數罪接續執行之情形中，有可能易科罰金之犯罪因已與絕對不得易科罰金之犯罪併合處罰而失其獨立存在之地位，參照前述實務見解，即不得易科罰金。惟於「寅、B」依原宣告刑執行之情形中，因所定之應執行刑未告確定，尚有可能出現易科罰金之現象。

乙、併罰數罪非接續執行

非接續執行之現象所以發生，無非因先執行之犯罪執行期滿時，另案尚未送交執行（否則即無由出現非接續執行之現象）；故於開始執行時，惟有一個確定判決存在。

A.先執行有可能易科罰金之犯罪

由於開始執行時只存在有可能易科罰金之犯罪，依刑法第41條之規定，於刑罰執行上若因身體、教育、職業或家庭之關係顯有困難者，即得易科罰金。亦即「原得易科罰金之罪如先行確定，而因被告身體、教育職業或家庭等關係，執行顯有困難時，被告及檢察官均有聲請易科之權，本院院字第1356號解釋有案，法院自可於此時依法爲適當之諭知[5]。」

B.先執行絕對不得易科罰金之犯罪

由於先執行之犯罪於本質上並不得易科罰金，故於開始執行時尚無易科罰金之問題。而於刑滿出監後併罰之他罪始告確定之情形中，若定應執行刑之裁定尚未確定，仍應依有可能易科罰金之犯罪之宣告刑執行；反之，若係依應執行刑更爲執行，參照前述實務見解，仍不得易科罰金。於併罰之數罪非接續執行之情形中，不論其先爲執行之犯罪是否係以易科罰金之方式爲之，於應執行

5　參照司法院82年3月25日廳刑一字第05074號函。

刑執行之計算上，只須再執行「應執行刑扣除已執行之刑期後所殘餘之刑期」即爲已足。設若有可能易科罰金之犯罪非依易科罰金之方式執行，必因其本身之因素導致不能易科罰金；反之，若該有可能易科罰金之犯罪係依易科罰金之方式執行，則不論罰金繳交之額度爲何，就其已繳交罰金之部分而言，不啻出現有可能易科罰金之犯罪與絕對不得易科罰金之犯罪併罰型態中，符合舊刑法第41條規定之犯罪得依易科罰金之方式執行之現象。

觀之實務運作，不難發現一個現象：在有可能易科罰金之犯罪與絕對不得易科罰金之犯罪併罰之前題下，不論執行之階段爲何，一旦依應執行刑開始執行，有可能易科罰金之犯罪即失其依易科罰金方式執行之機會，一律不得依易科罰金之方式執行；也就是說，有可能易科罰金之犯罪只有在不失其獨立存在之地位中（即宣告刑尚未與絕對不得易科罰金之犯罪併罰並確定），才有依易科罰金方式執行之可能。然而，這樣的現象，確與前述實務所持之見解存在不小的出入；其間的差異，不禁令人質疑：原有可能易科罰金之犯罪於執行上是否僅因該犯罪確定時點先後之不同而有理由導致其刑罰執行於「得否以易科罰金之方式執行」之問題上產生如此截然不同的差異？得受易科罰金執行之地位及資格，是否必因該犯罪與他犯罪間存有併罰之關係而不同？實務向例雖皆不認所定應執行之刑得依易科罰金之方式爲執行；然其法律上之理由爲何？卻未見其對之有進一步之闡示、說明。相對於前述實務運作之現象，實難解免法律解釋與法律運作間之齟齬，其不當自可想見。鑑於得否易科罰金牽涉受刑人自由權益甚大，針對上述矛盾之現象，實有予以詳明之必要。

陸、實務運作之檢討

在瞭解前述法律解釋與法律運作間所生的矛盾後，可以確定的是，如果不是實務上之作法出了問題，就是實務上的解釋有所偏差。蓋於有可能易科罰金之犯罪與絕對不得易科罰金之犯罪併罰之型態中，有可能易科罰金之犯罪得否依易科罰金之方式執行之問題，本諸羅馬法上：「相同者，應爲相同處理」之法理，除非彼此間之差異具有法律上之重要性，否則實無理由認其有如實務運作般不同處理之必要。實質競合之數犯罪除於依應執行刑開始執行之情形外，不論先就何犯罪執行，由於併罰之關係，必然存在其他發生於先執行之犯罪裁判確定前所犯、惟於其時尚未確定之犯罪；縱有不同，乃在開始執行時知否其他符合併罰規定之犯罪存在。然於依應執行刑開始執行之情形之所以出現一律不得依易科罰金之方式執行之現象，無非係因循司法院院字第2702號解釋等實務見解之結果，是否允當，暫先不論。而數罪間既存在併罰之關係，則於執行之程序上，可否爲避免併罰數罪產生上述不同之執行容態而要求俟併罰之數罪皆告確定後方依所定之應執行刑開始執行？刑事訴訟法第456條之規定：「裁判……於確定後執行之」，從而裁判於其確定後即具執行力，執行單位亦應即時開始執行（即依法傳喚、拘提或通緝被告到案）；一旦開始執行，除有同法第467條所規定之四款事由外，並無停止執行之法律依據。就此而言，似無理由僅因於開始執行時已知其他符合併罰規定之犯罪存在，而謂應停止先確定犯罪之執行。且若謂可俟已知之另案判決確定後始一併就併罰之他罪執行，恐將發生因該他案審理程序之曠日廢時所致已確定案件之行刑權因時效完成而消滅之弊。

又關於事實之認定乃屬事實審法院之權限，其他機關並未具有此等權限，即便於本案開始執行時已知之他犯罪嗣後被判有罪，由於執行機關於刑罰執行時並無預爲認定他犯罪（即未決案件）犯罪時點之權限，自亦無從認定執行中之案件與他犯罪間究否成立併罰之關係。因之，縱於開始執行時已知其他「可能符合併罰規定」之他犯罪存在，惟該案既尚未確定，其與先爲執行之犯罪間是否存在併罰之關係（即另案有罪否、犯罪時點爲何），自法理上而論亦未明確；縱屬有罪，因該犯罪於其時尚未具執行力，尚不得以之爲併罰執行之依據，若以之爲停止刑罰執行之依據，亦有未洽。刑罰之執行，既以已具執行力之裁判爲依據即爲已足；故於併罰數罪非屬接續執行而先執行有可能易科罰金之犯罪時，當只須以舊刑法第41條之規定爲決定得否易科罰金之標準，無庸慮及是否另存在符合併罰規定之他罪；而於依絕對不得易科罰金之犯罪開始執行並於執行期滿後接續執行有可能易科罰金之犯罪時，若應執行刑尚未確定，由於應執行刑尚未具執行力，自亦得於其時以舊刑法第41條之規定爲有可能易科罰金之犯罪得否易科罰金之決定標準。

縱上所述，實務上關於有可能易科罰金之犯罪與絕對不得易科罰金之犯罪併罰之情形中，部分有可能易科罰金之犯罪仍得易科罰金之運作並無可議。實務運作之合理性及正當性既如前述，則相關實務解釋、判例所持「該當刑法第41條規定犯罪與不該當刑法第41條規定犯罪，因併合處罰之結果，自不得易科罰金」之見解及基於此見解所生「部分有可能易科罰金之犯罪不得易科罰金」之運作，即有可議。

柒、司法院院字第2702號解釋等實務見解之檢討

易科罰金制度，自其沿革觀之，初因慮及外國水手無法隨船離去，爲防衛本國反因此增一飄零無業之異國遊民而設；復因短期自由刑未能矯治犯人之惡習，爲避免其在監感染犯罪習慣而倡。然其所蘊含之另一目的，端在確保徒刑之執行並避免因徒刑不執行造成之不良影響。雖本制度在成文法國家中尚乏先例，且立法之初對於外國水手無法隨船離去之顧慮，在日前交通發達之世界中亦不存在；然因短期自由刑確難收矯治犯罪之功效，則於一定之條件下以易科罰金爲短期自由刑之執行方法，亦符近代行刑政策廢止短期自由刑之潮流[6]。

在肯認有可能易科罰金之犯罪並不當然因與絕對不得易科罰金之犯罪併合處罰而如實務見解所示必然導致不得依易科罰金之方式執行之見解後，基於對實務運作之觀察，接下來所要探討的是：於有可能易科罰金之犯罪與絕對不得易科罰金之犯罪併合處罰時，是否僅於尚未依應執行刑爲執行之狀態中，才有理由允許有可能易科罰金之犯罪依易科罰金之方式執行？否則何以於依應執行刑開始或更爲（即實務上「執更字」之案件）執行之狀態中，皆不見實務上出現有可能易科罰金之犯罪易科罰金之運作？亦即，於依應執行刑開始或更爲執行之狀態中，有可能易科罰金之犯罪是否得依易科罰金之方式執行？

一、刑罰執行有無困難之認定

依舊刑法第41條之規定，行爲人所犯係屬最重本刑爲三年以下有期徒刑以下之刑之罪，而受六月以下有期徒刑或拘役之宣告，若因身體、教育、職業或家庭之關係，執行顯有困難時，即具備得以易科罰金之方式執行刑罰之資格。然查被告所犯是否爲最重本刑爲三年以下有期徒刑以下之刑之罪、所受是否爲六月以下有期徒刑或拘役之宣告，僅須單純以論罪科刑之確定判決爲判斷依據，其於涵攝過程並無疑問；惟在若何之情形可認該當「因身體、教育、職業或家庭之關係，執行顯有困難」之要件，觀之法文並無律定，則其內涵爲何，應屬立法者授與司法者之裁量權限。

關於司法者自由裁量權之行使，最高法院77年台非字第158號判決述之綦詳；該號判決指出：「刑法第41條有關宣告有期徒刑、拘役應否准許易科罰金執行之換刑處分，依刑事訴訟法第四百五十七條規定固由檢察官指揮之，屬

6　參閱金欽公，刑法第四十一條之研究，司法週刊，第532期。

於檢察官指揮執行時得自由裁量之事項。但檢察官之指揮執行，仍應詳酌刑法第41條所定『因身體、教育、職業或家庭之關係』，執行有期徒刑或拘役是否顯有困難，妥爲考量後爲適法之執行指揮，否則，其自由裁量權之行使即難謂當。刑事訴訟法第四百八十四條、第四百八十六條分別規定：『受刑人或其法定代理人或配偶以檢察官執行之指揮爲不當者，得向諭知該裁判之法院聲明異議』；『法院應就異議之聲明裁定之』。此項規定係對檢察官之指揮執行，認有不當時有其救濟之方法，求以撤銷或變更該項不當之執行指揮。法文既無法院不得變更檢察官之執行指揮之規定，參酌刑事訴訟法第四百十六條規定，對於檢察官之處分所爲之準抗告，法院得對該項處分予以撤銷或變更，則性質上相同之對於檢察官之執行指揮所提異議之聲明，受理之法院自亦得予以撤銷或變更之，而受理異議聲明之法院，得審核之範圍應及於刑之執行或其方法。從而，刑法第41條規定關於應否准予易科罰金之執行指揮，受理異議之聲明之法院，若認其爲不當時，自得撤銷或變更之；如認法院僅得撤銷檢察官之執行指揮，不得變更之，倘檢察官不爲變更其處分時，將使上述規定之救濟程序失其效用，當非立法之本旨。[7]」

由此可知，受刑人是否因身體、教育、職業或家庭之關係，導致刑罰之執行顯有困難，原則上係由檢察官於執行時逕行認定，惟於受刑人不服檢察官之認定並聲明異議時，始例外由法院補充之。既於執行時始須就「是否因身體、教育、職業或家庭之關係，執行顯有困難」爲判斷，則邏輯上原應俟執行認有困難時方有由檢方聲請法院就易科罰金之標準爲裁定之必要。然若如此，非但於執行上失之遲緩，且於公於私，均將造成人力、物力及時間之浪費；有鑑於此，刑事訴訟法第309條第2款規定之意旨即認：有罪之判決書除應於主文內載明所犯之罪外，若所諭知者係六月以下有期徒刑或拘役者，如得易科罰金，並應諭知其折算之標準，以收訴訟經濟之效，併此敘明。

二、刑罰執行困難事由發生之時期

刑罰執行是否顯有困難之事實本質上非於執行時難予認定；也就是說，於

7　司法院大法官釋字第245號解釋：「受刑人或其他有異議權人對於檢察官不准易科罰金執行之指揮認爲不當，依刑事訴訟法第四百八十四條向諭知科刑裁判之法院聲明異議，法院認爲有理由而爲撤銷之裁定者，除依裁定意旨得由檢察官重行爲適當之斟酌外，如有必要，法院自非不得於裁定內同時諭知准予易科罰金，此與本院院解字第二九三九號及院字第一三八七號解釋所釋情形不同。」，亦同此旨。

開始執行時即應存在該等事由始有易科罰金之可能。若檢察官於開始執行時准許受刑人以繳納（易科）罰金之方式執行，卻因其無資力繳納（易科）罰金之金額而先命其先入監服刑，受刑人縱於執行中亦得於有資力時聲請改依易科罰金之方式執行。何以故？蓋受刑人已具備舊刑法第41條所規定之各要件。

然而實際上若受刑人不爲前述聲請，縱事實上存在執行困難之事由，檢察官亦無從得知受刑人究因何種事由導致其於刑罰執行產生困難。若事實上有可能易科罰金之犯罪存在執行困難之事由，卻因受刑人於開始執行時不知其得聲請易科罰金而入監服刑時，於執行中亦應准其易科罰金之聲請；蓋受刑人於開始執行時已具備舊刑法第41條所規定之各項要件[8]。

惟因世事無常，刑罰執行困難之事由於開始執行時尚未存在，卻於入監服刑後始發生之情形非難想見；例如受刑人於執行中因罹重病，非出監就醫將使病情惡化或有生命之危險；又如受刑人於執行中因配偶、家屬病故，致其老邁之父母或年幼之子女等無自救力之人乏人照料，非出監養育照顧將使其發生生命危險……等。若發生此等情形時，仍令受刑人須在監服畢原有刑期，難免對其本人或家庭產生不良之影響；觀之舊刑法第41條並無限制「因身體、教育、職業或家庭之關係，執行顯有困難之事由」須於何時存在之規定；復相較於其先前犯罪所造成之惡害及法律上對該犯罪所爲之非難、評價[9]，這樣的結果非但輕重失衡，亦有違人權保障之立場。從而，「倘執行顯有困難，不問原處徒刑或拘役已否開始執行，均應准許受刑人按原諭知易科罰金之標準繳納罰金，以代全部或一部拘役徒刑之執行[10]」，於開始執行後始發生刑罰執行困難事由之情形中，亦應認於其時已具備舊刑法第41條所規定之各項要件，而准其易科罰金。

---

8 然此情形甚少發生，因實務上對「因身體、教育、職業或家庭之關係，執行顯有困難」之要件，審核並不嚴格；原則上除侵犯智慧財產權之案件外，有可能易科罰金之犯罪皆得依易科罰金之方式執行。且通常於開始執行前，會先詢問受刑人是否欲聲請依易科罰金之方式執行。

9 一般而言，符合舊刑法第41條所規定：「犯最重本刑爲三年以下有期徒刑以下之刑之罪」、「而受六月以下有期徒刑或拘役之宣告」二種要件之犯罪，不論在犯罪情節或所生惡害之評價上，多屬輕微；蓋最重本刑爲三年以下有期徒刑以下之刑之罪，立法者於犯罪情節或所生惡害之評價上，已歸類爲輕微犯罪；而受六月以下有期徒刑或拘役之宣告之犯罪，亦已經司法者評價爲輕罪。

10 參照前司法行政部40年台指參字第420號函。

三、實務解釋之由來

在有可能易科罰金之犯罪與絕對不得易科罰金之犯罪併罰之情形中，依刑法第51條第5款及第53條之規定，併罰數罪係以依各刑中之罪長期以上，各刑合併之刑期以下所定之應執行刑爲執行之依據。亦即只要受刑人所受刑罰之執行業已該當應執行刑之刑期，即可認併罰之數罪皆已執行完畢，無須考慮各罪宣告刑及其總合爲何。通常而言，所定應執行刑之刑期應短於各罪宣告刑之總合，受刑人可自數罪併罰規定之適用而享有刑期縮短之執行利益。按「數罪併罰案件之執行完畢，係指數罪定應執行之刑後，已將該應執行之刑執行完畢而言[11]」，尤於依應執行刑開始執行之情形中，必俟已爲之執行業已充足應執行刑之刑期時，才會出現一次「執行完畢」之評價；「蓋數罪之合併定執行刑，無從嚴予區分各罪分別於何時執行完畢[12]」，故於應執行之刑接續執行之過程中，並不能區分何時所執行者係何犯罪。或許就是以這樣的認識爲基礎，實務上才會產生如司法院院字第2702號解釋等見解。

四、自釋字第366號解釋之觀點檢討實務解釋之妥當性

如前所述，犯最重本刑爲三年以下有期徒刑以下之刑之罪，而受六月以下有期徒刑或拘役之宣告時，不論受刑人係於開始執行時或執行中因身體、教育、職業或家庭之關係導致執行顯有困難者，均應認其得依易科罰金之方式執行。惟於有可能易科罰金之犯罪與絕對不得易科罰金之犯罪併合處罰時，除舊刑法第41條所規定之三要件外，是否仍須考慮其他之事由以之爲有可能易科罰金之犯罪得否易科罰金之判斷標準？亦即，實務解釋以「是否與其他不得易科罰金之犯罪併合處罰」、實務運作以「是否依所定之應執行刑執行」作爲得否易科罰金之依據是否妥當？查實務上所持「犯最重本刑爲三年以下有期徒刑以下之刑之罪，而受六月以下有期徒刑或拘役之宣告之犯罪，若與其他不得易科罰金之犯罪併合處罰，根本不得易科罰金」之見解，本質上乃以「有可能易科罰金之犯罪與其他絕對不得易科罰金之犯罪併合處罰」爲易科罰金制度適用上之限制；也就是說，有可能易科罰金之犯罪只有在未與其他絕對不得易科罰金之犯罪併合處罰之情形中方有易科罰金之機會，一旦出現與其他絕對不得易科

11　最高法院79年台非字第133號判決參照。

12　最高法院82年台上字第6865號判決參照。

罰金之犯罪併合處罰之情形，即不得易科罰金。惟如此不啻在舊刑法第41條之規定外，另以其他之要件限制易科罰金之適用；是否洽當，似仍有斟酌之餘地。

縱觀我國刑事法規之規定，除舊刑法第41條之規定外，並未就易科罰金有所規定，因之得否易科罰金，自應僅以該條規定爲斷；釋字第366號解釋雖係以數有可能易科罰金之犯罪併罰之現象爲範圍，惟其所揭示「裁判確定前犯數罪，分別宣告之有期徒刑均未逾六個月，依舊刑法第41條規定各得易科罰金者，因依同法第51條併合處罰定其應執行之刑逾六個月，致其宣告刑不得易科罰金時，將造成對人民自由權利之不必要限制，與憲法第23條規定未盡相符」之見解，不啻亦肯認得否得易科罰金之問題應專以舊刑法第41條之規定爲斷；即便因併罰規定之適用致應執行之刑逾六個月，以之爲有可能易科罰金之犯罪之宣告刑不得易科罰金之論據，難免有違憲法第23條之規定而屬對人民自由權利不必要之限制，蓋「裁判諭知得易科罰金之案件，各法院檢察官准許易科與否，應依舊刑法第41條規定，就其身體、教育、職業或家庭情況審酌決定，如有超越刑法規定範圍，自行訂定不准易科罰金之標準者，自乏法令依據[13]。」；由此可知，實務上以法所未定之事項爲易科罰金適用上必然限制之見解，似違憲法第23條及中央法規標準法第5條等有關人民權利義務之事項應符法律保留精神之規定。併罰規定之適用既非舊刑法第41條所爲易科罰金要件之規定，自不應以之爲決定得否易科罰金之判斷標準。至於有可能易科罰金之犯罪於易科罰金之執行上應如何計算，則是另外一個問題。

五、易科罰金執行障礙事由之存續

有可能易科罰金之犯罪惟於執行階段發生因身體、教育、職業或家庭之關係致執行顯有困難之事由時始得依易科罰金之方式執行，且在與其他犯罪併合處罰之狀態中，參照釋字第366號解釋及本文前段之說明，亦非絕對不許易科罰金。然而因爲絕對不得易科罰金之犯罪於本質上原即無從易科罰金，故縱於該犯罪確定時，受刑人確因身體、教育、職業或家庭之關係致執行顯有困難，仍應入監服刑。因之，在有可能易科罰金之犯罪與絕對不得易科罰金之犯罪併罰之前提下，一旦絕對不得易科罰金之犯罪判決確定，由於必須入監服刑之關係，自其時起即無探究是否存在因身體、教育、職業或家庭之關係致執行顯有困難事由之必要；故於依應執行刑開始執行之初，尚無就有可能易科罰金之犯

13　參照前司法行政部65年台函刑字第2432號函。

罪得否易科罰金予以討論之必要。細究此時有可能易科罰金之犯罪之所以不許易科罰金，實係由於易科罰金制度於適用上出現了障礙事由——「併罰之他罪本質上無從易科罰金」，畢竟於絕對不得易科罰金之犯罪執行終了前，縱允許有可能易科罰金之犯罪依易科罰金之方式執行，由於絕對不得易科罰金之犯罪於確定時起已具執行力，仍難防免入監服刑之情事發生，易科罰金制度之目的即無由實現。從而實務所示「若與其他不得易科罰金之犯罪併合處罰，根本不得易科罰金」之見解，從這個角度來看，難免即生倒果爲因之流弊。雖於依應執行刑開始執行之初，尚無必要就有可能易科罰金之犯罪討論得否易科罰金；然於依應執行刑執行之過程中，尤其該當絕對不得易科罰金之犯罪執行期滿時，是否仍無討論之必要？

六、數罪併罰規定之影響

按數罪併罰之規定係針對判決確定前犯數罪之情形而爲執行方法之規定，觀之刑法第51條各款明文，實不難明瞭此制度之採用往往予以受刑人刑罰執行上某種程度上之利益；亦即併合處罰對受刑人而言係屬有利之方法。設若符合併罰規定之數罪間不存在併罰之關係，則有可能易科罰金之犯罪與絕對不得易科罰金之犯罪於執行時惟有絕對不得易科罰金之犯罪不產生易科罰金之問題，而有可能易科罰金之犯罪仍應視於執行時是否出現因身體、教育、職業或家庭之關係，執行顯有困難之事由以爲得否易科罰金之決定。從而實務上所認「若與其他不得易科罰金之犯罪併合處罰，根本不得易科罰金」之見解，將使受刑人於執行上反因併罰規定之適用招致較無併罰規定適用時更不利益的情形發生[14]。如此結果似有悖於併罰制度所本之人格責任論欲對裁判確定前犯數罪者包括評價並予其較低非難之目的。就此而論，有可能易科罰金之犯罪當不應因其與絕對不得易科罰金之犯罪併合處罰而當然不得易科罰金。

七、接續執行與否對於易科罰金執行障礙事由存續之影響

細究前述接續執行現象發生之背景，尚可依其開始執行之依據，區分爲：依所定應執行刑開始執行之情形及非依所定應執行刑開始執行之情形二類；而

14　受刑人雖因併罰規定之適用享有部份刑罰之減免；惟自由法益之位階既高於財產法益，則延長對自由法益之剝奪、限制（應執行刑）當可視爲更不利益之處分。

於非依所定應執行刑開始執行之情形中，又可依開始執行之依據，區分爲：先開始執行有可能易科罰金之犯罪及先開始執行絕對不得易科罰金之犯罪二種情形。設於非依所定應執行刑開始執行之情形中，既存在先執行某犯罪（不論係何種犯罪）之事實，則於依定應執行刑開始執行前（即實務上尚未更換指揮書，仍依原指揮書執行之情形），尚難謂無法區分其何時所執行者係何犯罪；而於「先依併罰數罪中之一罪開始執行，迄所爲之執行已該當該犯罪宣告刑滿期時，定應執行刑裁定尚未確定，而於另依已確定之他犯罪宣告刑爲接續執行中，該定應執行刑之裁定始確定之情形（即於後案執行中始更換指揮書）」，不論先執行者係何類犯罪，欲區分何時執行何犯罪亦非難事，自難認有無從區分何時係執行何犯罪之困擾。本文前於伍、二中曾就併罰數罪之執行容態已有論述，然而，何時可認易科罰金執行障礙事由業已消滅？既然絕對不得易科罰金之犯罪之宣告刑短於應執行刑，則障礙事由存在之時期自不應等同於應執行刑之刑期，至多亦僅應以絕對不得易科罰金之犯罪之宣告刑爲限度。若僅因應執行刑執行中無從區分何時係執行何犯罪導致有可能易科罰金之犯罪與絕對不得易科罰金之犯罪併罰時當然不生易科罰金之問題，不啻將有可能易科罰金之犯罪亦視爲絕對不得易科罰金之犯罪來處理；如此一來，似有擴大絕對不得易科罰金之犯罪之限界，非但有違立法本意，亦生「超越刑法規定範圍，自行訂定不准易科罰金之標準者，自乏法令依據。」之弊，觀之釋字第366號解釋，自不可採。至於依應執行刑執行之情形中，如何區分何時執行者係何犯罪，則又是另一個問題。

再者，併罰之數罪於非接續執行之狀態中，既然客觀上存在二個執行區間，則先爲之執行是否基於有可能易科罰金之犯罪至爲明瞭，縱其後執行應執行刑時「應扣除已執行之部分[15]」，然此現象實乃併罰規定適用時所必然產生之結果，且「此項執行方法之規定，並不能推翻被告所犯係數罪之本質[16]」，自不生無從區分何時係執行何犯罪之困擾。併罰數罪於執行上，既非絕對無從區分何時係執行何犯罪，對於易科罰金執行障礙事由存續時點之認定，即不致毫無標準可稽。不論如何爲執行區間之劃分，一旦易科罰金執行障礙事由未先消滅，有可能易科罰金之犯罪即無從依易科罰金之方式執行；而若可認易科罰金執行障礙事由業已消滅（不論區分之標準爲何），有可能易科罰金之犯罪即得依易科罰金之方式執行。

---

15 最高法院82年台抗字第313號判決參照。

16 最高法院82年台上字第4932號判決參照。

捌、檢討與建議（代結論）

由於併罰制度施行之關係，有可能易科罰金之犯罪與絕對不得易科罰金之犯罪併罰之現象實屬無從避免。在這個前提下，易科罰金制度是否仍有適用，實有究明之必要。經由上述討論，我們可以深刻的體認到：有可能易科罰金之犯罪與絕對不得易科罰金之犯罪併罰時，實務上相關見解所認有可能易科罰金之犯罪因併罰之關係而不得易科罰金之結論是不洽當的，畢竟事實上於有可能易科罰金之犯罪與絕對不得易科罰金之犯罪併罰之情形中，是存在著以易科罰金之方式執行有可能易科罰金之犯罪之現象。其實這個現象之所以發生，無非專以舊刑法第41條之規定爲易科罰金適用之依據；也就是說，即使在數罪併罰之情形中，舊刑法第41條之規定仍應爲得否適用易科罰金制度之依據；釋字第366號解釋之說明，適可爲這樣的觀點提供有力的佐證及基礎。

然在執行依應執行刑的情形中，由於院字第2702號解釋之影響，反而使得有可能易科罰金之犯罪因與絕對不得易科罰金之犯罪併罰的關係，失其易科罰金之地位。雖然在依應執行刑執行之過程中，「不易」嚴予區分各罪分別於何時執行完畢，然而此部分誠屬司法解釋所應解決之課題，若以之爲有可能易科罰金之犯罪之所以不得易科罰金之基礎，不啻以司法解釋技術上之障礙剝奪受刑人以易科罰金方式執行之法律上地位；況且，這樣的論點亦將造成以實務解釋擴大不得易科罰金之範圍，實有違法律保留之精神及人權保障之立場。

因此，本文嘗試以「易科罰金執行障礙事由」之觀點爲有可能易科罰金之犯罪何以在與絕對不得易科罰金之犯罪併罰時不得易科罰金之詮釋。也就是說，絕對不得易科罰金之犯罪於本質上應屬「易科罰金執行障礙事由」，在該障礙事由尚未解消之前，鑑於入監執行之必然性，並無討論依易科罰金之方式執行之必要。而所定之應執行刑既包括絕對不得易科罰金之犯罪在內，在開始執行應執行刑時，因易科罰金執行障礙事由尚存在，故不得依易科罰金之方式執行；惟一旦可認該障礙事由已解消時，是否得依易科罰金之方式執行，只須以舊刑法第41條之規定爲斷。而於釋字第366號解釋所釋之情形中，之所以得以易科罰金之方式執行，亦可基於「易科罰金執行障礙事由不存在」之觀點予以合理說明。

縱前所述，在本文貳所舉之案例事實中，絕對不得易科罰金之竊盜罪既已執行完畢，當可認易科罰金執行障礙事由業已解消，則在俟後執行有可能易科罰金之贓物罪時，自應以執行時是否存在「因身體、教育、職業或家庭之關係，執行顯有困難時」之要件爲決定得否依易科罰金之方式執行之標準，並不須考慮該犯罪是否與絕對不得易科罰金之犯罪存在併罰之關係。這樣的結果，應較符合當事人之利益及法律規定之精神。

本文之作，乃以法條文義爲經，以實務之運作、解釋（判決）爲緯，期能解套其間所存在之齟齬，並提供不同之說明以爲實務運作上之參考。惟著者學殖未深，爲文論述，多有未洽，尚請先進賢達，不吝指正。

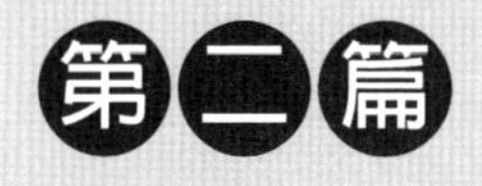

數罪併罰中有期徒刑之執行

第一章　緒論

第一節　問題意識與研究目的

第一款　問題之提出

「數罪併罰」一詞，顧名思義，乃指將行為人所犯的「裁判上數罪[1]」，予以一併處罰之義。一般而言，數罪併罰可分為「狹義數罪併罰」與「廣義數罪併罰」二部分，前者係指刑法第50條規定之情形[2]；而後者除包含狹義數罪併罰外，尚包括刑法第55條想像競合犯、牽連犯與刑法第56條連續犯之情形在內[3]。在我國刑事司法實務上，關於行為實現數個犯罪構成要件或多次實現同一犯罪構成要件之情形，除符合刑法第55條之想像競合犯、牽連犯及同法第56條之連續犯等科刑上一罪之規定外，依刑法第50條之規定，裁判確定前所犯之數罪，應併合處罰之[4]；另依同法第51條之規定，該等實質數罪於執行上，係以「應執行刑」為依據[5]。也就是說，實質數罪原則上應依應執行刑執行。

刑法第50條本身，於適用上並無困難；然而於刑罰執行的過程中，該條

1　此處所指的形式上數罪，係指「行為人多次實現犯罪構成要件」的情形；由於我國現行刑法，針對「行為人多次實現犯罪構成要件」的情形，除有刑法第50條實質上數罪之規定外，另有科刑上一罪（或稱裁判上一罪，即刑法第55條之想像競合犯、牽連犯與刑法第56條連續犯）之規定，而鑒於科刑上之一罪於形式上具有數罪之外觀，因此本文於此所稱之形式上數罪，乃包含「實質上數罪」與「科刑上一罪（實質上一罪）」二部分。又本篇所稱之刑法第41條乃指2001年修正之版本，而非現行條文。

2　亦即行為人多次實現之犯罪構成要件間，不存在科刑上一罪之關係。

3　現行刑法已刪除牽連犯與連續犯的規定，因此廣義數罪併罰之範圍僅包含狹義數罪併罰與想像競合犯二者。為求文字上簡潔，本文以下均以「數罪併罰」一詞，指涉「狹義數罪併罰」之概念。

4　對於此種現象，學者自其「有可能同時審判」之特性，而稱為「實質競合」或「狹義之數罪併罰」。參閱蔡墩銘，「中國刑法精義」，頁251，漢林出版社，1990年3月6版。惟若於「裁判宣告後、判決確定前」另犯他罪，則除非對未確定之判決提起上訴，否則其間似乎不存在「同時受裁判之可能」。因此關於所謂「實質競合」或「狹義之數罪併罰」之內涵與競合規定之基礎為何，即有加以探討之必要。由於此部分涉及競合問題之本質與實質數罪競合之範圍，容後詳述。

5　此部份包含依同法第53條之規定，法院依刑法第51條各款所定之方法裁定應執行之刑。

規定卻經常導致司法實務於「如何判斷狹義數罪併罰之執行完畢」、「如何適用易科罰金之規定」等問題上，出現幾近「不附理由」的裁判。有鑑於此，本文旨在針對數罪併罰之執行實務，進行檢討，並針對實務上不附理由的判斷，提出本文的觀點。爲求說明之方便，本文乃舉下列案例[6]，爲討論、說明之基礎：

案例一：被告犯甲、乙二罪，其中甲罪經法院判處有期徒刑七月，於民國84年9月12日執行完畢；而於民國85年2月間確定，得易科罰金之乙罪，亦經法院判處有期徒刑六月。由於甲罪與乙罪間，符合刑法第50條的規定，因此檢察官於甲罪執行完畢後，復依原法院合併定應執行刑之刑事裁定，重新簽發執行指揮書，再度執行應執行刑剩餘之刑期。此時，出現二個問題：（一）乙罪得否易科罰金？（二）若被告於民國84年9月15日犯丙罪，是否應依刑法第47條之規定論以累犯？

第二款　數罪併罰之易科罰金

首先，本文要處理「數罪併罰中有期徒刑易科罰金」的問題。由於在短期自由刑之執行上，我國刑法第41條第1項設有易科罰金之規定，依該條規定：犯最重本刑爲五年以下有期徒刑以下之刑之罪，而受六個月以下有期徒刑或拘役之宣告，因身體、教育、職業、家庭之關係或其他正當事由，執行顯有困難者，得以一元以上三元以下折算一日，易科罰金。因此，刑罰執行於分類上，可因該條規定區分爲「得易科罰金之罪[7]」與「不得易科罰金之罪」。此外，就形成數罪併罰之各個罪刑宣告而言，亦將因該條規定而出現不同的併罰型態[8]。設若數罪併罰中，部份係屬「得易科罰金之罪」，而其餘屬「不得易科

6　本案例乃參照最高法院86年台非字第78號判決之事實所簡化而成。其中（一）之部份，乃結合最高法院88年台抗字第182號裁定與新竹地方法院87年聲字第430號裁定之事實，所爲之提問。

7　此部份係指：「最重本刑爲五年以下有期徒刑以下之刑之罪，而受六月以下有期徒刑或拘役之宣告」之罪刑。值得注意的是，雖然實務上習慣以「得易科罰金之罪」一詞，指涉該當刑法第四十一條第一項規定之情形，然而事實上，該當刑法第41條第1項規定的，係已作成的「罪刑判斷」，而非單純的「犯罪」概念。不過爲求理解上的方便，本文以下仍以實務上的一般用語：「得易科罰金之罪」，指涉該當刑法第41條第1項規定之罪刑判斷。

8　併罰之類型可分爲三種：一、數個「得易科罰金之犯罪」併罰；二、數個「不得易科罰金之犯罪」併罰；三、「得易科罰金之犯罪」與「不得易科罰金之犯罪」併罰。

罰金之罪」時，併罰之數罪刑究應如何執行？簡單來說，於案例一中，乙罪於執行上得否易科罰金？

刑法就此並未提供處理的依據；而關於案例一之案件類型，我國實務長年以來係以釋字第144號解釋爲此類案件的處理依據，該號解釋認爲：「數罪併罰中之一罪，依刑法規定得易科罰金，若因與不得易科之他罪併合處罰結果而不得易科罰金時，原可易科部分所處之刑，自亦無庸爲易科折算標準之記載。」依該號解釋，乙罪即不得易科罰金。然而爲何會導出前述結論？其法理之建構爲何？卻未見學說或實務見解有詳盡之說明。鑑於刑罰執行實務上，在如案例一的併罰類型中，仍存在「得易科罰金之犯罪以易科罰金方式執行」之現象[9]；雖實務見解與學說間就此並未存在理論的爭執，不過，關於「得易科罰金之犯罪與不得易科罰金之犯罪併罰時，得易科罰金之犯罪於執行上究竟得否易科罰金？」此一疑問，仍有進一步探討之必要。

又，關於數罪併罰得否易科罰金，大法官迄今共作成兩號解釋，除前號解釋外，尚有釋字第366號解釋；該號解釋指出：「裁判確定前犯數罪，分別宣告之有期徒刑均未逾六個月，依刑法第41條規定各得易科罰金者，因依同法第51條併合處罰定其應執行之刑逾六個月，致其宣告刑不得易科罰金時，將造成對人民自由權利之不必要限制，與憲法第23條規定未盡相符。」簡單來說，該號解釋認爲：既然現行法並未明文限制刑法第41條之適用範圍，如認數罪併罰之結果導致宣告刑不得易科罰金，即有違憲法第23條之規定。

應先注意的是，釋字第366號解釋係以「數個得易科罰金之犯罪併罰」爲解釋標的，而釋字第144號解釋係以「得易科罰金之犯罪與不得易科罰金之犯罪併罰」爲解釋標的，表面上此二號解釋的案例類型並不相同。或因如此，自該號解釋作成迄今，並未見有本於釋字第366號解釋之立場，檢討釋字第144號解釋內容之專論。

不過，若依釋字第366號解釋所述：「因依同法第51條併合處罰定其應執行之刑逾六個月，致其宣告刑不得易科罰金時，將造成對人民自由權利之不必要限制，與憲法第23條規定未盡相符。」則釋字第144號解釋之內容，似亦將因「造成對人民自由權利之不必要限制，與憲法第23條規定未盡相符。」也就是說，在法未明文限制易科罰金適用的前提下，依釋字第366號解釋，乙罪似乎得易科罰金。然而這樣的結論，卻與釋字第144號解釋產生矛盾。究竟在釋字第366號解釋作成後，釋字第144號解釋應否相應地有所調整？本文對此將有

9　關於何以會出現此種違反實務見解之執行現象，本文將於第二章予以說明。

進一步的說明。

此外，本諸釋字第366號解釋之見解，立法者乃增訂現行刑法第41條第2項[10]之規定，以作爲數個「得易科罰金之犯罪」併罰時，執行上之依據。綜合釋字第144號解釋與刑法第41條第2項（亦即釋字第366號解釋）之見解，關於前述乙罪得否易科罰金之疑問，似乎出現兩極化的解答；也就是說，得否易科罰金，除須符合刑法第41條第1項之規定外，尚須視與該犯罪併罰之「其他犯罪」，是否爲「不得易科罰金之犯罪」。這樣的現象不啻表示：在數罪併罰的情形中，刑法第41條第1項之適用與否，係以與之併罰之其他犯罪，爲判斷之基礎。然而，這樣的現象，是否有悖於釋字第366號解釋？不無疑義。特別在法已明文承認並擴大以「易科罰金」救濟短期自由刑之基礎上，釋字第144號解釋所揭示之見解，縱認其爲針對法律所作之解釋而與法律具有相同位階之效力[11]，是否將因刑法第41條第2項之制定，而有加以調整或修正之必要？

鑒於准否易科罰金之判斷，將對受刑人之基本人權（自由權或財產權）產生重要的影響；爲落實憲法人權保障之理念，避免刑事制裁手段出現過度侵害基本權之現象，本論文將針對前開法制上之漏洞進行分析與討論，並嘗試進一步提出關於數罪併罰中，得易科罰金之犯罪，得否易科罰金之判斷標準。

第三款　數罪併罰與累犯判斷

刑事司法實務常見累犯案件，關於論斷累犯當否之裁判，亦不少見。考其原因，除肇因於法官承辦案件數量過多所導致之疏失外，主要在於累犯成立要件之判斷。刑法第47條[12]明定累犯之要件爲「前犯受有期徒刑之執行完畢，或受無期徒刑或有期徒刑一部之執行而赦免後」與「五年以內再犯有期徒刑以上之罪」；就該條規定之文義而言，所謂「前犯」，依刑法第49條之規定，並不包括依軍法或於外國法院受裁判之前次犯罪；關於對前犯所執行者究係何種類之刑罰，依該案之執行指揮書所載，於認定上並無困難；又所謂赦免者，

---

10 其條文爲：併合處罰之數罪，均有前項情形，其應執行之刑逾六月者，亦同。

11 依學者所見，「大法官會議對憲法所作之抽象解釋，其效力與憲法條文本身相同，其對法令所爲之統一解釋，亦有拘束全國各機關及人民之效力，各機關處理有關事項，應依解釋意旨爲之；故大法官會議之解釋依其性質，具有與憲法、法律或命令同等之法源地位。」參閱吳庚，「行政法之理論與實用」，頁53，三民書局，1999年6月增訂5版。

12 其條文爲：前犯受有期徒刑之執行完畢，或受無期徒刑或有期徒刑一部之執行而赦免後，五年以內再犯有期徒刑以上之罪者，爲累犯，加重本刑至二分之一，

係指赦除免去無須再執行之殘餘刑期之意，不論其殘餘刑期之短暫及因特赦或減刑，均非所計[13]，且該條所指之赦免並不包含大赦[14]與得使罪刑之宣告變成無效之特赦[15]；而由於赦免乃總統所專有之權限，於判斷上依赦免法第7條之規定，不乏公文書（特別是總統府公報）可茲查考，因此尚不存在曾否經赦免（未使罪刑宣告變成無效之特赦及減刑）之疑義；此外，再犯之時點爲何及其是否爲有期徒刑以上之罪，均可自已確定之科刑判決記載，予以正確判斷。本於以上之說明，其所以會出現累犯判斷上之疑問，應係於「受有期徒刑之執行完畢」認定上有所出入所致。

一般而言，關於有期徒刑已否執行完畢之判斷，在實質一罪的情形中，係以宣告刑爲判斷的依據，而在數罪併罰的情形中，係以應執行刑爲判斷的依據；表面上看來，乃十分單純的判斷過程。不過，如案例一所示，在數罪併罰的情形中，實際上所執行之有期徒刑，除有可能依單一犯罪（甲罪）之「宣告刑」執行外，尚有可能依「（甲乙二罪）應執行刑」爲執行。從而，當先前之數個犯罪符合刑法第50條之規定時，累犯要件中所指「有期徒刑之執行」，究係指「依宣告刑之執行」？「依應執行刑之執行」？抑或兼含二者在內？刑法第47條就此並無規定；我國學者向來對此亦未有所說明。由於實務上關於「數罪併罰之執行完畢」此一問題，存有兩極化的見解[16][17]，並因此導致累犯之判

---

13 參閱謝兆吉、刁榮華合著，「刑法學說與案例研究」，頁92，漢林出版社，1976年10月。

14 參閱黃東熊，「刑法概要」，頁141，三民書局，1998年8月。

15 蓋依赦免法第2條及第3條之規定，一經大赦或得使罪刑之宣告變成無效之特赦，罪刑之宣告即完全消滅，等於沒有犯過罪，既無前犯，自非「再犯」，當不生是否成立累犯之問題。

16 如最高法院76年台非字第128號判決：『被告犯有應併合處罰之數罪，經法院分別判處有期徒刑確定，其中一罪之有期徒刑先執行期滿後，法院經檢察官之聲請，以裁定定其數罪之應執行刑確定後，其在未裁定前已先執行之有期徒刑之罪，因嗣後合併他罪定應執行刑之結果，檢察官所換發之執行指揮書，係執行應執行刑，其前已執行之有期徒刑部份，僅應予扣除，而不能認爲已執行完畢。換言之，此號判決即主張應以「應執行刑執行完畢」爲累犯判斷之依據。』

17 如最高法院82年台上字第4932號判決：『按刑法第四十七條規定：「受有期徒刑之執行完畢……五年以內再犯有期徒刑以上之罪者，爲累犯，加重本刑至二分之一。」又刑法第五十條、第五十一條雖就數罪所宣告之刑定其應執行之刑期，但此項執行方法之規定，並不能推翻被告所犯係數罪之本質，若其中一罪之刑已執行完畢，自不因嗣後定其執行刑而影響先前一罪已執行完畢之事實，謂無累犯規定之適用。……原判決竟謂準強盜罪雖已折抵刑期期滿，惟與竊盜罪既爲併合處罰並更定其刑，自應以其後更定其刑之執行完畢日期爲全案之執行完畢日期。茲竊盜罪刑尚未執行完畢，即不能據以論斷本案犯罪爲累犯。……檢察官上訴執以指摘其有不適用法則之違誤，非無理由，應認原判決有發回更審之原因。即主張不應以「應執行刑執行完畢」爲累犯判斷之依據。』

斷，出現歧異[18]。究竟應以「應執行刑執行完畢」爲累犯判斷的依據？或是於案例一中，僅依甲罪執行完畢之事實[19]，即可作爲累犯判斷的依據？不無疑問。

依刑法第77條第1項[20]、刑事訴訟法第114條[21]、行刑累進處遇條例第11條第1項[22]、第19條第3項[23]與保安處分累進處遇規程第7條第3項[24]等規定，可知累犯之判斷除於再犯罪者之刑事責任有所加重外，對於受刑人何時得假釋出監、如何計算累進處遇之責任分數，亦有決定性之影響，其重要性不言可喻。既然累犯之判斷於「前犯所受之有期徒刑執行」係依「應執行刑」而爲時，將出現如何判斷「執行完畢」之爭議，則爲正確評價累犯，避免嗣後於提報假釋等受到不利的影響，關於如何評價執行完畢乙事，亦應成爲亟待處理之問題。因此，本文亦將進一步針對刑法第47條所規定之「執行完畢」，提出判斷之標準。本文所要處理的第二個問題，即爲數罪併罰執行中，累犯認定的問題。

第二節　研究動機與研究範圍

關於本文所提出的二大命題，亦即（一）有可能易科罰金之刑與不可易科罰金之刑併罰時，有可能易科罰金之刑於執行上究竟得否易科罰金？（二）

---

18 雖多數判例（判決）主張此時應以「應執行刑之執行完畢」作爲「前犯受有期徒刑之執行完畢」之判斷依據；然亦有少數判決提出以「宣告刑之執行完畢」作爲「前犯受有期徒刑之執行完畢」之判斷依據。尤有進者，雖已有應執行刑決定，當俟後出現其他應執行刑之裁定時，將更進一步出現究應以「何次」應執行刑執行完畢判斷「前犯受有期徒刑執行完畢」之疑問。

19 亦即不論其爲宣告刑執行完畢或是應執行刑執行完畢，只要出現執行完畢之事實，即可爲累犯之判斷。

20 其條文爲：受徒刑之執行而有悛悔實據者，無期徒刑逾十五年、累犯逾二十年，有期徒刑逾二分之一、累犯逾三分之二，由監獄報請法務部，得許假釋出獄。

21 其條文爲：羈押之被告，有下列情形之一者，如經具保聲請停止羈押，不得駁回：一、所犯最重本刑爲三年以下有期徒刑、拘役或專科罰金之罪者。但累犯、常業犯、有犯罪之習慣、假釋中更犯罪或依第一百零一條之一第一項羈押者，不在此限。

22 其條文爲：適用累進處遇之受刑人，應分別初犯、再犯、累犯，並依其年齡、罪質、刑期，及其他調查所得之結果爲適當之分類，分別處遇。

23 其條文爲：累犯受刑人之責任分數，按第一項表列標準，逐級增加其責任分數三分之一。

24 其條文爲：累犯受強制工作處分者，應依累犯次數每次增加責任分數十分之一。

於累犯成立之判斷上，「前犯受有期徒刑之執行完畢」中所指「有期徒刑之執行」究係指「依宣告刑之執行」？「依應執行刑之執行」？抑或兼含二者在內？除了相關實務見解外，少見學說上有深入而整體之論述，難免令人感到陌生。本文之所以提出此二命題並以之做爲論文之內容，乃基於以下之因緣。

首先，就數罪併罰之易科罰金而言，此部分之研究動機主要係源自筆者過去所從事之實務經驗。在民國87年5月間，當筆者擔任刑事書記官乙職時，一位本股聲字案的被告，在收到定應執行刑裁定後，突然帶著妻小來到筆者所服務的紀錄科辦公室，聲淚俱下地向筆者陳述：「其前犯之竊盜罪已服刑完畢，且目前已任職於科學園區某公司，倘若依該定刑裁定再入監服刑，勢必將喪失得來不易之工作，因此希望能依原（麻藥案）判決之規定，以易科罰金之方式執行先前所犯之吸食麻藥罪，以免家庭再度陷入經濟困境。」由於該案業經裁定，雖筆者曾向其轉達可提起抗告以爲救濟，惟在因循釋字第144號解釋的實務下，該名被告終因抗告駁回而再度入監服刑，此事至此亦暫告一段落。說實在的，雖然此類定執行刑之聲字案件在實務上經常出現，不過在此之前，筆者亦只是蕭規曹隨例行性地處理相關行政業務，從未仔細思考過其理由爲何。不過在經歷該次令人印象深刻的「陳情事件」後，對於該裁定所依據之釋字第144號解釋，與其所導致受刑人再次面對牢獄之災，並可能造成一個家庭再度遭遇變故乙事，除了感到遺憾外，也對此號解釋之妥當性與正當性，產生相當大的質疑。

此外，就併合處罰中「再犯之累犯判斷」而言，由於此問題與「併合處罰之易科罰金」均以數罪併罰爲基礎，因此，在探討「併合處罰之易科罰金」後，應可一併在數罪併罰的基礎上，釐清此問題。

數罪併罰在刑事執行上，因未必如學者所言，必然出現「有如單一犯罪之宣告刑[25]」之執行現象[26]，實務上經常會出現如最高法院87年台非字第403號判

---

[25] 參閱林山田，論併合處罰之易科罰金，刑事法雜誌，第39卷第1期，頁23。

[26] 此種「有如單一犯罪之宣告刑」之執行現象，只存在一次執行程序，本文稱之爲「接續執行」。關於「接續執行」與「非接續執行」之內涵，詳於後述。

決[27]與同院87年台上字第4099號判決[28]等，主張：「在定應執行刑裁定確定前所爲之累犯判決，因俟後定執行刑裁定之確定，應撤銷改判」之實務見解。此種見解經常造成下級審不小的困擾；曾有幾位法官在原確定判決因上述原因被非常上訴審撤銷改判後，對筆者表示其對此頗感無奈[29]。針對此一現象，不禁令人質疑：何以累犯要件中之「執行完畢」，應以「應執行刑執行完畢」爲判

---

27 本案之案例事實爲：本件原確定判決事實認定被告曾於民國86年間因違反麻醉藥品管理條例案件，經原審法院判處有期徒刑四月，於86年8月28日易科罰金執行完畢，猶不知悔改。復於86年12月15日晚間九時，在其台中縣大甲鎮住處非法吸用化學合成麻醉藥品安非他命一次，嗣經警查獲並扣得其所持有之安非他命一包（驗餘淨重〇．五一公克）等情。因而依累犯之規定適用麻醉藥品管理條例第13條之1第2項第4款、刑法第47條等相關法條，於主文諭知：「〇〇〇非法吸用化學合成麻醉藥品，累犯，處有期徒刑伍月，如易科罰金，以參佰元折算壹日。扣案安非他命壹包（淨重零點伍壹公克）沒收。」惟查被告雖於86年1月9日至同年月13日，先後多次非法吸用安非他命，經原審法院於86年2月27日以86年度簡字第131號刑事簡易判決處有期徒刑三月，於同年4月17日確定，並於同年5月13日易科罰金執行完畢。然其於86年4月6日復因非法吸用安非他命，再經原審法院於86年7月14日以86年度易字第3529號刑事判決處有期徒刑四月，於同年8月28日確定。因上開二裁判，合於數罪併罰之規定，由檢察官聲請定其應執行之刑，經原審法院於87年3月31日以87年度聲字第1045號刑事裁定，定其應執行有期徒刑六月，並於同年4月13日確定，嗣經台灣台中地方法院檢察署檢察官於87年7月13日以87年度執更乙字第1125號執行指揮書發監執行，扣除其經易科罰金已執行之有期徒刑三月，尚應執行有期徒刑三月，應至87年10月21日執行期滿，而於87年8月7日由被告之父聲請准予易科罰金執行完畢，有上開各案卷足憑。則被告於86年12月15日再犯之本件非法吸用化學合成麻醉藥品罪時，其前案所宣告之有期徒刑不能認爲已執行完畢，依前開說明，即與累犯之構成要件不符，原判決竟論以累犯並加重其刑，顯有適用法則不當之違誤。

本案之判決理由爲：本院按受有期徒刑之執行完畢，或受無期徒刑或有期徒刑一部之執行而赦免後，五年以內再犯有期徒刑以上之罪者，始構成累犯，此觀刑法第47條之規定甚明。而應併合處罰之數罪，經分別判處有期徒刑確定，雖其中一罪已執行期滿，但法院依檢察官聲請定其應執行之刑確定後，前已執行之有期徒刑部分，僅應在執行刑中扣除，不能認已執行完畢。

28 本案之判決理由爲：受有期徒刑之執行完畢，或受無期徒刑或有期徒刑一部之執行而赦免後，五年以內再犯有期徒刑以上之罪者，方爲累犯，此觀刑法第47條規定甚明。又裁判確定前犯數罪者，併合處罰之；數罪併罰，宣告多數有期徒刑者，於各刑中之最長期以上，各刑合併之刑期以下，定其刑期，刑法第50條、第51條第5款定有明文。故刑法第47條所謂之『受有期徒刑之執行完畢』，於數罪併罰案件，係指所定之執行刑，執行完畢而言；如於定執行刑之前，因有一部分犯罪先確定，形式上予以執行，仍應依前揭規定定其應執行之刑，俟檢察官指揮執行『應執行刑』時，再就形式上已執行部分予以折抵，不能謂先確定之罪已執行完畢。

29 特別是當確定判決嗣後經由非常上訴程序予以糾正（撤銷改判），原審法院須撰寫報告說明何以出現此種誤判時，此種實務見解將造成相當大之困擾。蓋於原確定判決所確定之事實前提下，原判決所爲之累犯判斷，不論實體面或是程序面，均難認存在「審判違背法令」之事由。

斷標準？以嗣後出現之法律事實（應執行刑之裁定確定），作爲先前（累犯）法律判斷正確與否之依據，是否妥當？關於此等疑問，實務上亦未提出進一步的法理說明。

又，由於我國刑法關於數罪併罰之立法異於德、日等國，因此，關於前述實務運作上所衍生之疑義，並未見各國之文獻有詳盡之說明。或許此點正爲此部份在我國學說上乏人問津之一大原因；惟亦因如此，我國實務向來的運作方式與實務見解，即成爲本論文最爲主要的研究範圍。於方法論上，本論文除將自傳統的刑事實體法觀點出發外，於說理論證上，亦將本於憲法、刑法與實際執行程序（刑事執行法[30]）之觀點，有系統的分析、觀察本文之命題與背景，並提出本文的觀點。

第三節　論文架構

在整體架構上，除了第一章（本章）緒論，將本文的問題意識、研究範圍與方法及架構安排作一初步介紹外，在第二章中，則針對前述之二大命題，就我國現行之法令規定、實務概況（包含實務見解與具體刑事執行實務概況）及學說概況等加以介紹，祈使讀者能對前述問題於我國之發展與現況有更進一步的瞭解；並在此基礎上，進一步指出前述之爭議所在。

在確認本文的問題意識與爭議所在，並瞭解我國實務與學說對於前述二大命題之態度後，從第三章開始，本文將開始分析說明前述問題。由前揭所舉之案例可知，不論問題一或問題二，均以數罪併罰爲基礎。因此，本文第三章，即以我國刑法第50條之規定：「裁判確定前犯數罪，併合處罰之。」作爲說明的重點。於該章中，本文將先對所謂的競合問題，提出說明，並介紹外國法制的規定。在認識相關的立法例後，本文乃進一步比較我國刑法與外國刑法之規定，並指出我國刑法與外國刑法在競合規定上的差別。

在認識我國數罪併罰規定的特徵後，本文於第四章中，將以短期自由刑

30　按於我國現行法制中，尚未制定刑事執行法之成文法典，因此所謂刑事執行法，乃是學理上或是立法例上之概念。於現行法下，可評價爲刑事執行法之成文法，計有：監獄行刑法、行刑累進處遇條例、竊盜犯贓物犯保安處分條例……等。關於刑事執行法之概念與其重要性，請參閱陳志龍：人性尊嚴與刑法體系入門，頁634，作者自刊，1992年；鄭文中，刑事執行程序中之辯護——以自由刑之執行爲中心，國立台灣大學法律學研究所碩士論文，1999年7月。

易科罰金，作爲論述的焦點。首先說明易科罰金的性質與目的，接下來除介紹學者間對於釋字第366號解釋的批評外，並提出本文的回應。不過，本章的說明，除了肯定釋字第366號解釋外，並無法作爲釋字第144號解釋（如案例一）之併罰類型的說明基礎；因此，本文於第五章中，將自憲法的觀點，檢討釋字第144號解釋所衍生出來的問題。經由這部分的說明，本文認爲：釋字第144號解釋的內容，似乎有違憲法上限制人身自由與平等原則的相關要求。因此，相關的實務見解即應予以調整，案例一中的乙罪，應可易科罰金。

在解決了案例一中的問題一後，本文將繼續以問題二作爲討論的核心。在第六章中，本文將討論數罪併罰的執行完畢。基於先前對於數罪併罰的說明，本文認爲：執行完畢與否，應以執行指揮書做爲判斷的基礎；因此，案例一中的丙罪應成立累犯。至此，問題二之疑問亦可獲釐清。

藉由以上各章的討論，對於本文於第一章與第二章中所提出的疑問，應可得到較爲明確的解答。因此本文於第七章中，即以前述的論述爲依據，提出本文對上開實務疑問的觀點，並以此作爲本篇論文的結論。

第二章　數罪併罰之易科罰金與執行完畢

在前一章中，本文以案例一為基礎，提出「乙罪得否易科罰金？」與「丙罪是否得論以累犯？」二個問題。由於我國刑法對此並無規定，且於學者間亦少見基於我國刑法規定之通盤論述[1]；因此，實務上對此二問題之說明，即成為認識的基礎。本章之重點即在介紹實務對此二問題的看法。不過，為求說明上的方便，在介紹實務見解之前，本文乃先說明數罪併罰的二種執行類型（接續執行與非接續執行），以為之後論述的基礎。

第一節　數罪併罰之執行類型

刑罰的執行是指現實地執行向被告人所宣告的刑罰[2]。於現行刑法架構下，可將行為人多次實現犯罪構成要件的狀態，評價為「實質一罪[3]」與「數罪併罰」二類。而依刑事訴訟法第457條第1項、第458條與第477條第1項之規定[4]，刑罰之執行係以「實質一罪之宣告刑」或「數罪併罰之應執行刑」為執

---

1 國內學說上對於問題一，多僅自德國刑法的角度加以說明，並未本於我國法制與德國（或日本等國法制）間的差異，加以說明；如：林山田，「刑法通論下冊」，三民書局，1998年2月增訂6版；蘇俊雄，競合理論之探討，法令月刊第49卷第2期；柯耀程：數罪併罰整體刑之確立與易刑處分；變動中的刑法思想，頁239，1999年9月；林山田，競合論概說與行為單數，政大法學評論第39期；柯耀程，「刑法競合論」，頁285，元照出版公司，2000年12月。對於問題二，尚未見詳細的學說說明。

2 參閱（日）野村稔著，全理其、何力譯，「刑法總論」，頁486，法律出版社，2001年3月。

3 此部分包括實現單一構成要件之單純一罪與實現多次構成要件之科刑上一罪。此外，本文亦將多數實質一罪歸於此概念中。

4 第457條第1項：「執行裁判由為裁判法院之檢察官指揮之。但其性質應由法院或審判長、受命推事、受託推事指揮，或有特別規定者，不在此限。」第458條：「指揮執行，應以指揮書附具裁判書或筆錄之繕本或節本為之。但執行刑罰或保安處分以外之指揮，毋庸制作指揮書者，不在此限。」第477條第1項：「依刑法第四十八條應更定其刑者，或依刑法第五十三條及第五十四條應依刑法第五十一條第五款至第七款之規定，定其應執行之刑者，由該案犯罪事實最後判決之法院之檢察官，聲請該法院裁定之。」

行檢察官簽發執行指揮書之依據。由於數罪併罰係以各犯罪之宣告刑爲基礎，因此，本文乃先以宣告刑之執行，作爲刑罰執行類型的說明基礎。

第一款　宣告刑之執行類型

原則上，有期徒刑之執行，乃於發監執行後，連續執行至刑滿始得出監[5]；不過，於具特殊原因之例外[6]時，執行上亦會出現「不連續執行」的現象。由於我國刑法及監獄行刑法，制度上並無如法國刑法第132條之27與第132條之28等，設有「刑罰分期執行」之規定[7]，因此，有期徒刑的執行，若不存在「法定停止執行事由」與「法定外出事由」，原應連續進行。此種執行程序「持續不斷地」連續進行的現象，即爲執行宣告刑所應有的外觀。

第二款　應執行刑之執行類型

數罪併罰之執行，係以應執行刑爲依據，原則上仍應如前述宣告刑之執行程序，具有「持續不斷地」連續進行的外觀；本文稱此種應執行刑連續執行的

5　一般來說，刑期起算的標準爲：「一、受刑人在押者，應自裁判確定日起算；二、受刑人自動到案或傳拘通緝到案者，自到案日起算；三、接續他案執行者，自該他案刑滿之翌日起算。」參閱台灣高等法院檢察署，「刑罰執行手冊」，頁61，1996年4月增訂。自其反面推之，即可得：有期徒刑之執行，乃於發監執行後，連續執行至刑滿出監之結論。

6　例如刑事訴訟法第467條：「受徒刑或拘役之諭知而有下列情形之一者，依檢察官之指揮，於其痊癒或該事故消滅前，停止執行：一、心神喪失者。二、懷胎五月以上者。三、生產未滿二月者。四、現罹疾病，恐因執行而不能保其生命者。」（法定停止執行事由）又如監獄行刑法第26條之1：「（第1項）受刑人之祖父母、父母、配偶之父母、配偶、子女或兄弟姊妹喪亡時，得准在監獄管理人員戒護下返家探視，並於二十四小時內回監；其在外期間，予以計算刑期。（第2項）受刑人因重大事故，有返家探視之必要者，經報請法務部核准後，準用前項之規定。」第26條之2第1項：「受刑人在監執行逾三月，行狀善良，合於下列各款情形之一，日間有外出必要者，得報請法務部核准其於日間外出：一、無期徒刑執行逾九年，有期徒刑執行四分之一，爲就學或職業訓練者。二、刑期三年以下，執行逾四分之一，爲從事當有公益價值之工作者。三、殘餘刑期一月以內或假釋核准後，爲釋放後謀職、就學等之準備者。」（法定外出事由）

7　法國刑法第132-27條：「輕罪案件，法院得因醫療、家庭、職業或社會之嚴肅理由，決定對其宣告的刑期爲一年或一年以下之監禁刑，可以在不超過三年的期間分期執行，但每一分期執行之時間，不得少於二日。」；法國刑法第132-28條：「輕罪案件，法院得因醫療、家庭、職業或社會之嚴肅理由，決定罰金刑可以在不超過三年的期間分期執行，對判處日罰金刑或吊銷駕駛執照之自然人，亦同。」參閱（法國）斯特法尼等著，羅結珍譯，「法國刑法總論精義」，頁715，中國政法大學出版社，1998年6月。

現象爲「接續執行[8]」。

不過如果出現案例一中之甲罪宣告刑、乙罪宣告刑與甲乙二罪之應執行刑，並非同時作成之情形，在執行程序上便會出現執行依據變更（亦即換發執行指揮書）之現象。數罪併罰既指裁判確定前犯實質數罪之情形，本質上各犯罪乃屬各自獨立之案件；既屬獨立之數個案件，即有可能因訴訟繫屬之不同[9]，而導致併罰數罪（如甲罪與乙罪）之各個裁判於不同時點確定。嗣於檢察官依最後確定之裁判聲請定應執行刑，並依該確定之應執行刑裁定更爲執行時，即會出現併罰數罪中之部分犯罪業已執行完畢之情形[10]（例如：甲罪以執行完畢後，始爲應執行刑之裁定），如此一來，應執行刑於實際執行上，即存在前後二次以上之執行程序；相較於前述「執行程序持續進行的現象」，本文稱此種應執行刑執行程序「割裂進行」的現象爲「非接續執行」。[11]

第二節　數罪併罰之易科罰金

於數個不得易科罰金之犯罪併罰的型態中，因各罪原本於執行上即不得易科罰金，故不論併罰之數個犯罪是否接續執行，於執行上均不生易科罰金之問題。因此，本文以下僅就「數個得易科罰金之犯罪併罰」與「得易科罰金之犯罪與不得易科罰金之犯罪併罰」二種併罰類型予以說明。

8　如最高法院90年台非字第344號判決即以此一名詞，作爲說明，其指出：關於修正前兵役法施行法第五十九條第二項前段「實際執行有期徒刑滿四年」之規定，實務上認爲須「屬接續執行性質」，「無論一罪、或數罪分別處罰或數罪併罰，而曾經實際連續在監羈押及執行之期間」，始符合禁役之要件，修正後之兵役法第五條第二項規定「執行有期徒刑在監合計滿三年」，其法條用語修正前後雖略有不同，惟所謂「在監合計」之文義，解釋上仍應有「接續執行」、「連續在監羈押及執行」之情事，始能計入，如係各案分別執行，而各次執行均有中斷不接續之情形，即不能合併計算之。

9　如原即繫屬於不同法院（指狹義法院）所致；既便原來繫屬於相同法院（向同一股起訴），亦常因終審法院之不同（如僅對其中部分案件提起上訴），導致各案件確定時點不一。

10　法院對該等併罰數罪所定之應執行刑裁定，非但有於對該應執行刑之執行前爲之，亦常因其中某案件審理之曠日廢時或上訴之提起……等因素，導致該等併罰之數罪於執行上，發生已有其中一罪（或數罪）已依宣告刑（或已先定之應執行刑）執行完畢（如：易科罰金、服刑期滿……等）後，法院方據嗣後確定之科刑判決另裁定應執行刑之情形發生。

11　進一步來說，數罪併罰之刑事執行程序，實際上存在「依定刑裁定開始執行」、「於部分併罰罪刑執行中（即某犯罪開始執行後未執行期滿前）始依定刑裁定接續執行」與「於部分併罰罪刑執行期滿後始依定刑裁定執行」等三種型態，詳見本章第三節之說明。

第一款　數個得易科罰金之犯罪併罰

關於「數個得易科罰金之犯罪併罰之型態，各該得易科罰金之犯罪於執行上得否易科罰金？」此一疑義，學說與實務均曾提出說明；實務之見解可參照最高法院57年台非字第127號判例，該判例指出：「第一審判決既定其應執行刑爲有徒刑十月，依照刑法第41條之規定，即無諭知易科罰金之餘地，乃竟諭知罰金，原審亦復予以維持，均有違誤。」因此，依該判例之見解，一旦所定之應執行刑超過六個月，各該得易科罰金之犯罪於執行上均不得易科罰金；而學者間如蔡墩銘氏：「刑法第41條所謂受六月以下有期徒刑或拘役之宣告，並未指爲此爲單一罪之宣告刑或數罪併罰之執行刑，是以六月以下有期徒刑乃係就諭知之總數而言，因之，無論單一罪之宣告刑或數罪併罰之執行刑均不得逾越六月以下有期徒刑之限制。[12]」等[13]，亦持相同見解。也就是說，不論是實務見解或是學者通說，向來咸認於有期徒刑之執行上，只有在宣告刑及應執行刑均係六月以下之有期徒刑，始得易科罰金；若各罪之宣告刑均在六月以下，而所定應執行之刑已逾六月時，所定應執行刑即不得易科罰金，此時受刑人應

12　參閱蔡墩銘，「刑法總則爭議問題研究」，頁368，五南圖書股份有限公司，1991年。

13　其他如韓忠謨氏：「夫三年以下有期徒刑以下之刑之罪，情節較輕，而或拘役，其所處之刑期又短，頗與罰金相近，故法律規定宣告此類罪刑者，始得易科罰金。所謂受六月以下有期徒刑或拘役之宣告，不僅指單一犯罪之情行而言，即數罪併罰，各罪所宣告之刑均係六月以下有期徒刑，或均係拘役者，亦屬之，但各罪所宣告之有期徒刑，雖均在六月以下，而所諭知執行刑之總刑期逾六月者，即不許易科，蓋易科罰金，專爲受短期自由刑之科處者而設，而刑法第四十一條短期自由刑之界限，規定爲六月以下有期徒刑及拘役二種，在數罪併罰之案件，各罪所宣告之刑，雖均爲六月以下有期徒刑，苟執行刑超過六月，即不得不認爲逾越該條所定短期自由刑之界限。（參閱韓忠謨，「刑法原理」，頁460，1972年4月增訂第15版。）」；周冶平氏：「須受六月以下有期徒刑或拘役之宣告，即指所諭知應執行數而言，無論所犯者爲單純一罪科以單一之刑；或爲依數罪併罰所定之應執行之刑（刑法第五十一條參照）；或爲因累犯而加重之宣告刑（刑法第四十七條參照），均須在六月以下，始得易科。對於數罪併罰中之一罪之刑，雖合於易科罰金之規定，亦不得單獨爲易科罰金之處分。（參閱周冶平，「刑法總論」，頁535、536，三民書局，1968年11月版。）」與林山田氏：「易科罰金之限制係爲避免執行六個月以下之短期自由刑而設，故其法定要件自必以受六個月以下自由刑之宣告者爲限。此等限制係專就避免執行六月以下短期自由刑而爲之行刑措施，故本法之規定不問係因一罪抑係數罪而受六月徒刑之宣告，均有其適用，因一罪而受逾六個月之宣告者，固不得易科罰金，因數罪併罰定執行刑而逾六個月者，自亦不得易科罰金，而不受定執行刑前各罪分別宣告之徒刑均未逾六個月之影響。易言之，裁判確定前犯數罪，雖各罪分別宣告之徒刑均爲六月以下，但因數罪併罰定執行刑而逾六個月者，則因必須執行六月以上之自由刑，故已非屬短期自由刑。因此，即應執行自由刑，而不得易科罰金。（參閱林山田，論併合處罰之易科罰金，刑事法雜誌第39卷第1期，頁16。）」，均贊同前述實務見解。

入監服刑。

惟民國83年作成之釋字第366號解釋，卻推翻前述實務與學者間之通說，其主文爲：「如所犯數罪，其最重本刑均爲三年以下有期徒刑之刑之罪，而分別宣告之有期徒刑亦均未逾六個月，因身體、教育、職業或家庭之關係，執行顯有困難者，依同法第41條規定，本均得易科罰金，而有以罰金代替自由刑之機會。惟由於併合處罰之結果，如就各該宣告刑所定之執行刑逾六個月者，不得易科罰金，致受該項刑之宣告者，原有得易科罰金之機會，得而復失，非受自由刑之執行不可，乃屬對於人民之自由權利所爲之不必要限制，與憲法第23條之意旨，未盡相符。」也就是說，依刑法第41條規定各得易科罰金者，縱因依同法第51條併合處罰之規定致其應執行之刑逾六個月，仍得易科罰金[14]。而刑法第41條第2項亦於民國90年1月本此意旨而增訂[15]；因此，前述通說見解已爲現今法制與實務所不採。

第二款　得易科罰金之犯罪與不得易科罰金之犯罪併罰

「數個得易科罰金之犯罪併罰」應如何爲易科罰金規定之適用已如前述，惟於「得易科罰金之犯罪與不得易科罰金之犯罪併罰」之情形中，是否仍有易科罰金規定之適用？由於二者間屬於不同的併罰類型，因此，此一疑問並無法自前述之說明中得到解答。

學說上就此並未提出相關之見解，大體上乃以實務見解爲依歸。而實務見

14　前大理院4年統字第243號解釋：「查判處刑罰，既屬五等有期徒刑，雖係俱發，執行刑期在一年以上，自無不可易科罰金之理，惟執行窒礙須從嚴格解釋，不得濫用。」亦同此旨。此外，雖釋字第366號解釋雖未說明何以前述通說見解「將造成對人民自由權利之不必要限制，與憲法第二十三條規定未盡相符」；惟就其解釋文而言，似已肯認：若最重本刑爲五年以下有期徒刑以下之各罪之宣告刑均在六月以下，於因併合處罰致所定應執行刑逾六個月之情形，各該犯罪亦得依易科罰金之方式爲執行；而於民國90年1月12日施行之刑法第41條第2項之規定，亦以釋字第366號解釋爲增訂之基礎。

15　其修正理由爲：鑒於目前短期自由刑對於促使受刑人改悔向上之實質意義不大，且被判處六個月以下有期徒刑之受刑人入獄後反而學到更多的犯罪手法，染上某些惡習，刑滿出獄後，反而對社會造成更大的危害。而且目前監獄的人犯過多，大都已人滿爲患，爲考慮對人權的保障，避免短期自由刑的流弊，使誤觸法網者得有自新的機會，爰對刑法第四十一條條文加以修正，將犯最重本刑「三年」以下之刑之罪，而受六個月以下有期徒刑或拘役之宣告，因身體、教育、職業或家庭之關係，或因其他正當事由，執行顯有困難者，得易科罰金。修改爲最重本刑「五年」以下之刑之罪，而受六個月以下有期徒刑或拘役之宣告，因身體、教育、職業或家庭之關係，或因其他正當事由，執行顯有困難者，得易科罰金。參閱立法院第四屆第四會期第二十八次會議議案關係文書，頁（討）24-25。

解如：司法院院字第2702號解釋[16]、最高法院40年台非字第12號判例[17]、釋字第144號解釋[18]、最高法院77年台抗字第458號判決[19]與最高法院79年台抗字第424號判決[20]等，向來均認：「於得易科罰金之犯罪與不得易科罰金之犯罪併罰之情形中，並不生易科罰金之問題」；換言之，實務見解認爲：在此種併罰類型中，得易科罰金之犯罪，於執行上係不得依易科罰金之方式執行。因此，本文所舉的案例一中，依實務見解，乙罪不得易科罰金。

第三節　數罪併罰（有期徒刑）執行實務之觀察

雖實務上歷來之解釋、判例、判決，咸認得易科罰金之犯罪與不得易科罰金之犯罪併罰時，於執行上當然即生不得易科罰金之結果。然實際上之實務運作，似非盡然；就實際之執行過程觀察，得易科罰金之犯罪與不得易科罰金之犯罪併罰時，會出現下列幾種執行現象。

第一款　數罪併罰接續執行

爲求說明之方便，本文乃舉下列案例，爲本款討論、說明之基礎：

---

16 其解釋文爲：數罪併罰中之一罪，其最重本刑雖在三年以下，而他罪之最重本刑如已超過三年，則因併合處罰之結果，根本上不得易科罰金，故於諭知判決時，亦無庸爲易科折算標準之記載。

17 其判決理由爲：易科罰金，依刑法第四十一條以犯最重本刑爲三年以下有期徒刑以下之刑之罪，而受六月以下有期徒刑之宣告者爲限，被告交付賄賂罪，其最重本刑雖在三年以下，但其業務上侵占罪之最重本刑，已超過三年，因併合處罰之結果，自不得易科罰金。

18 其解釋文爲：數罪併罰中之一罪，依刑法規定得易科罰金，若因與不得易科他罪併合處罰結果而不得易科罰金時，原可易科部分所處之刑，自亦無庸爲易科折算標準之記載。

19 其判決理由爲：易科罰金，依刑法第四十一條以犯最重本刑爲三年以下有期徒刑以下之刑之罪，而受六月以下有期徒刑之宣告者爲限。抗告人等所犯妨害風化罪，其最重本刑雖在三年以下，但其僞造文書罪之最重本刑，已超過三年，因併合處罰之結果，自不得易科罰金。

20 其判決理由爲：按易科罰金，以犯最重本刑爲三年以下有期徒刑以下之刑之罪，而受六月以下有期徒刑之宣告者爲限。故數罪中，如有最重本刑超過三年，因根本上不得易科罰金，則併合處罰結果，自亦不得易科罰金。其爲數罪併罰，而有二裁判以上，應依刑法第五十三條之規定，定其應執行刑者，亦然。

案例二：被告犯甲、乙二罪，其中甲罪經法院判處有期徒刑一年，而乙罪亦經法院判處有期徒刑六月，由於甲罪與乙罪間，符合刑法第50條的規定，因此定應執行刑爲一年四月。設若此時應執行刑於執行上屬接續執行，倘以「是否依確定之定應執行刑裁定開始執行」，尚可區分爲下列幾種現象：

第一目　依確定之應執行刑裁定開始執行

此種情形乃因甲乙二罪同時接受裁判所導致。由於所定之應執行刑包含不得易科罰金之犯罪，基於該犯罪於執行上（特別是開始執行時）本無從易科罰金，參照司法院院字第2702號解釋與釋字第144號解釋之說明，此時乙罪不得易科罰金。

第二目　先執行得易科罰金之罪

如果甲乙二罪並未同時接受裁判，若檢察官於執行時，認爲該受刑人並不因身體、教育、職業或家庭之關係，而於刑罰執行上顯有困難，導致先確定之乙罪於事實上無法易科罰金[21]，則於依乙罪宣告刑發監執行後，尚未期滿前（執行中）定應執行刑裁定即已確定時，即應依所換發之執行指揮書，接續執行應執行刑[22]。若於乙罪宣告刑執行滿期後，繼續依甲罪宣告刑接續執行中，應執行刑裁定始確定，此時仍應依所換發之執行指揮書，接續執行應執行刑。

第三目　先執行不得易科罰金之罪

承前說明，若依甲罪宣告刑開始執行，且於該次執行中，定應執行刑裁定即已確定，此時即應接續依應執行刑執行。由於先執行之甲罪於本質上係屬不得易科罰金之犯罪，故於開始執行時，尚不生易科罰金之問題。而於嗣後依應執行刑執行時，依前述第一目之說明，實務上認爲：此時得易科罰金之乙罪，

21 此即指受刑人無資力之情形；蓋縱其所犯之罪，最重本刑爲五年以下有期徒刑，並受六月以下有期徒刑或拘役之宣告，若檢察官於執行時認該受刑人於刑罰執行上並不因身體、教育、職業或家庭之關係顯有困難，且其見解亦經法院維持時，該犯罪即不得歸類爲該當刑法第41條第1項規定之犯罪。

22 否則若其得依易科罰執行，於開始執行後罰金繳清時即爲執行完畢，自無接續執行他犯罪之可能。

於執行上不得易科罰金。[23]

若於甲罪宣告刑執行滿期後，因乙罪於事實上無法易科罰金，而於繼續依乙罪宣告刑接續執行中，應執行刑裁定始確定，依前述第一目之說明，此時仍應接續依應執行刑執行，乙罪於執行上不得易科罰金。[24]

第二款　數罪併罰非接續執行[25]

所謂非接續執行，乃因先執行之犯罪（包含單一犯罪之宣告刑與數罪併罰之應執行刑）執行期滿時，與之併罰之另案尚未確定所導致之執行型態；爲求說明上的方便，本款中仍以案例一爲討論、說明的基礎：

第一目　先執行得易科罰金之罪

在案例一中，設若甲罪因訴訟程序進行遲緩遲未確定，致先執行乙罪時尚無法判斷甲乙二罪間是否符合刑法第50條之規定。由於開始執行時只存在得易科罰金之犯罪，依司法院82年3月25日廳刑一字第05074號函之說明：「原得易科罰金之罪如先行確定，而因被告身體、教育職業或家庭等關係，執行顯有困難時，被告及檢察官均有聲請易科之權，本院院字第一三五六號解釋有案，法院自可於此時依法爲適當之諭知。」乙罪若合於刑法第41條之規定，於執行上因身體、教育、職業或家庭之關係顯有困難者，得易科罰金[26]。

---

23 參閱法務部74年法檢字第14488號函：「按數罪併罰案件中之數裁判既經確定，即具有執行力，在未定其應執行之刑前應可執行。惟如其中有得易科罰金者，是否須俟聲請定其應執行刑裁定確定後執行，或於裁定確定前先爲執行，宜由執行檢察官就個案審酌有無因定其應執行刑之結果，致有不得易科罰金之情形而定。」

24 不過，若於甲罪執行期滿，接續執行乙罪時，定應執行刑裁定尚未確定，則因於法理上仍得應依原宣告刑執行。若容許依原宣告刑執行，在符合刑法第四十一條第一項的前提下，尚有可能出現易科罰金之現象。

25 非接續執行之現象所以發生，無非因先執行之犯罪（包含單一犯罪之宣告刑與數罪併罰之應執行刑）執行期滿時，與之併罰之另案尚未確定；蓋最高法院47年度台抗字第2號判例、72年度台抗字第33號判例均表明：「裁判確定前犯數罪而併合處罰之案件，有二以上之裁判，應依刑法第五十一條第五款至第七款定應執行之刑時，最後事實審法院即應據該院檢察官之聲請，以裁定定其應執行之刑，殊不能因數罪中之一部分犯罪之刑，業經執行完畢，而認檢察官之聲請爲不合法予以駁回。」故於開始執行時，只有一個執行依據（包含單一犯罪之宣告刑與數罪併罰之應執行刑）存在。

26 此種執行類型，可參照最高法院88年台抗字第500號裁定：「按裁判確定前犯數罪者，應併

第二目　先執行不得易科罰金之罪

在案例一中，由於先執行之甲罪於本質上並不得易科罰金，故於開始執行時尚無易科罰金之問題。而於甲罪刑滿出監後乙罪始告確定之情形中，依本節第一款第第一目之說明，實務見解仍認該得易科罰金之犯罪不得易科罰金[27]。

第三款　小結

綜合以上的說明，雖然實務見解向來均認：「於得易科罰金之犯罪與不得

合處罰之，數罪併罰有二裁判以上，而宣告多數有期徒刑者，於各刑中之最長期以上，各刑合併之刑期以下，定其應執行之刑期，刑法第五十條、第五十一條第五款前段、第五十三條分別定有明文。本件抗告人因違反麻醉藥品管理條例及竊盜二罪，先後經原法院判處有期徒刑六月、十月確定在案。經台灣高等法院檢察署檢察官聲請依刑法第五十一條第五款定其應執行之刑，原法院裁定其應執行有期徒刑一年二月。經核於法尚無違誤。抗告意旨以抗告人所犯違反麻醉藥品管理條例案件所處有期徒刑六月部分，已繳納易科罰金執行完畢，原法院逕將該案與竊盜罪合併定應執行之刑，顯屬不當云云。惟查凡合於首揭規定，且經檢察官聲請者，受理法院即應依法裁定定其應執行之刑，不因其中部分確定裁判已否執行而受影響，如抗告人確有因易科執行繳納罰金情事，係屬執行時應否扣抵之問題，與定其應執行刑之裁定無涉，其抗告為無理由，應予駁回。」與85年台抗字第157號裁定：「本件原裁定以再抗告人所犯違反槍　彈藥刀械管制條例等二罪，分經台灣屏東地方法院及空軍後勤司令部先後判處有期徒刑三月、二年詳如原判決附表所示，並經確定在案，雖原判處有期徒刑三月部分，業經檢察官予以易科罰金執行完畢，惟此種情形與刑法第五十四條及司法院院字第一三〇四號解釋所謂僅餘一罪之情形迥然不同，仍應依刑法第五十三條定其應執行刑，第一審法院依檢察官之聲請，定其應執行刑為二年一月，核無不合。至已易科罰金執行完畢之有期徒刑三月部分，乃是將來執行時扣抵之問題，且亦無將所犯違反槍　彈藥刀械管制條例罪誤為違反麻醉藥品管理條例罪之情形。因認再抗告人之抗告為無理由，而維持第一審法院之裁定，駁回其在第二審之抗告，經核於法尚無違誤。再抗告意旨執詞泛指為重行判決，違反一事不再理原則，及未審酌適用最有利於行為人之立法精神云云，任意指摘原裁定不當，難認有理由，應予駁回。」所舉之案例事實。

27 實務見解可參照如最高法院88年台抗字第182號裁定：「本件原審裁定以：抗告人謝明芬前犯偽造文書，妨害婚姻等罪，經原審分別判處有期徒刑六月、三月確定，檢察官聲請定其應執行之刑，經審核認其聲請為正當，爰依刑事訴訟法第四百七十七條第一項，刑法第五十三條、第五十一條第五款，裁定定應執行刑有期徒刑七月，經核於法並無不合。抗告意旨雖以其所處有期徒刑六月已執行完畢，後所處有期徒刑三月，原可准予易科罰金，現因合併定其執行刑，尚須服刑一月，顯失公平云云。惟按數罪併罰中之一罪，依刑法規定得易科罰金，若因與不得易科之他罪併合處罰結果不得易科罰金時，原可易科部分所處之刑，亦無從准許易科，抗告並無理由，應予駁回。」惟若定應執行刑之裁定尚未確定，仍有可能易科罰金之犯罪之宣告刑執行；事實上，由於檢察官有權聲請法院裁定應執行刑，當執行檢察官「有意」或「無意」忽略聲請法院裁定應執行刑時，該等罪刑即得易科罰金。反之，若已依應執行刑更為執行，則無易科罰金可能。

易科罰金之犯罪併罰之情形中，並不生易科罰金之問題」，但是事實上，在本節第二款第一目的執行實務中，確實存在「得易科罰金之乙罪」係依易科罰金之方式執行之情形。姑且不論罰金繳交之額度爲何，就其已繳交罰金之部分而言，不啻表示：在得易科罰金之犯罪與不得易科罰金之犯罪併罰型態中，仍存在依易科罰金之方式執行之現象。這樣的結果，的確與前述實務見解間，存在相當的矛盾。究竟是實務見解出了問題？或是實務的運作有瑕疵？關於此等疑問，實有加以探討之必要。

第四節　數罪併罰之執行完畢

數罪併罰之執行，可能衍生的問題，除前述得否易科罰金的問題外，尙有累犯判斷的問題。所謂累犯，依刑法第47條之規定，乃指「前犯受有期徒刑之執行完畢（或受無期徒刑或有期徒刑一部之執行而赦免）後」，「五年以內再犯有期徒刑以上之罪」之情形。不過，如案例一所示，關於丙罪是否應評價爲累犯？也就是說，累犯要件中所指「有期徒刑之執行」，究應以宣告刑或應執行刑爲判斷的標準？我國實務並非沒有爭論。

由於案例一中的問題（一）（二），均以「數罪併罰中有期徒刑之執行」爲問題發生的基礎，且在實務上經常出現「如案例一之裁判，認爲甲罪已執行完畢」之事實認定；此時不免令人就上述「甲罪已執行完畢」得否作爲判斷累犯成立之基礎？產生疑問。因此，在探討「數罪併罰中有期徒刑之執行」之際，應可一併對於「如何判斷數罪併罰之執行完畢」之問題加以說明。

第一款　累犯誤判之型態及其救濟

累犯之誤判，於型態上並非惟一；通常來說，可大別爲：「誤累犯爲非累犯」、「誤非累犯爲累犯」二種形態；若自「發覺時點之先後」加以區分，則又可區別爲：「裁判確定前已發覺累犯認定有違誤」、「裁判確定後始發覺累犯認定有違誤」二大類。綜合上述分類，可將累犯之誤判區分爲四種類型：一、誤非累犯爲累犯，且於裁判確定前已發覺該誤判；二、誤非累犯爲累犯，且於裁判確定後始發覺該誤判；三、誤累犯爲非累犯，且於裁判確定前已發覺該誤判；四、誤累犯爲非累犯，且於裁判確定後始發覺該誤判。

如本文第一章第一節第三款所述，累犯認定之違誤，多係於「受有期徒刑之執行完畢」之判斷上有所出入所致。雖然學說上並未就「執行完畢判斷錯誤之救濟」有詳細之說明；不過，相關實務見解如：最高法院83年度台非字第86號判決[28]、最高法院84年度台非字第92號判決[29]與最高法院85年度台非字第161號判決[30]等，均認：關於累犯之誤判，除非該當刑法第48條但書情形，而毋庸更定其刑外，否則不論判決確定與否，一旦發現累犯認定違誤之情形，均應依法予以糾正（救濟）。因此，累犯評價之當否，實爲應予重視的問題。而「前犯受有期徒刑之執行完畢」既爲累犯判斷上之重要前提，如欲正確評價累犯，自應對其內涵意義有明確的認識。

由於現行刑法對於「執行完畢」一詞未加定義，因此，相關的學說與實務見解即成爲認識上的重要依據。特別在案例一甲乙二罪非接續執行的情形中，應如何判斷丙罪是否成立累犯，乃爲累犯判斷上最值得注意的問題。

由於應執行刑之作成，係以各犯罪的宣告刑爲基礎。而如前述對於執行實務之觀察，數罪併罰在執行上除必然存在以應執行刑爲依據的階段外，尚有可

28 其判決理由爲：受有期徒刑之執行完畢，五年以內再犯有期徒刑以上之罪者，爲累犯，加重本刑至二分之一，刑法第四十七條定有明文，被告有無受有期徒刑之執行完畢，五年以內再犯有期徒刑以上之罪之情形，係屬應否適用刑法第四十七條之基礎事實，依前開說明，如此項證據未予調查，致適用法令違誤，而顯然於判決有影響，該確定判決即屬「判決違背法令」。……。乃原判決對於此項應於審判期日調查之證據，未予調查，致未適用刑法第四十七條累犯規定，加重其刑，其適用法令違誤，而顯然於判決有影響，即屬判決違背法令。案經確定，非常上訴意旨執以指摘，洵有理由。惟原判決尚非不利於被告，僅將原判決關於違背法令部分撤銷，以資糾正。

29 其判決理由爲：事實審法院於審判之際，對於有罪科刑之被告，有無累犯之事實，應否適用刑法第四十七條累犯之規定加重其刑，即屬法院認定事實與適用法律之基礎事項，客觀上有其調查之必要性，應依職權加以調查，倘被告確係累犯而事實審並未詳加調查，致判決時未適用累犯之規定論處，即爲上開第十款之範圍，其判決當然違背法令。在判決確定前，尚可依上訴程序救濟之，如合法上訴第三審時，即足構成判決撤銷之原因。若未發覺而判決確定，於判決確定後始行發覺時，既合於上開確定判決之審判違背法令而得提起非常上訴之要件，苟檢察總長據以提起非常上訴時，非常上訴審經調查審理無誤，即應認爲非常上訴爲有理由，但因原確定判決係未適用累犯規定而非不利於被告，依刑事訴訟法第四百四十七條第一項第一款前段之規定，應僅將其違背法令之部分撤銷，不得另爲不利於被告之判決。又於刑法第四十八條、刑事訴訟法第四百七十七條第一項明定於裁判確定後，始發覺爲累犯者，由該案犯罪事實最後判決之法院檢察官，聲請法院依累犯之規定裁定更定其刑，考其立法旨趣，在於不使累犯被告得以倖免，並期達防衛社會秩序之目的。故於非常上訴判決糾正後，仍無礙於上開聲請裁定更定其刑之程序，二者得以併行不悖。

30 其判決理由爲：刑法第四十八條規定，得依同法第四十七條之規定更定其刑者，以裁判確定後發覺爲累犯者爲限。如在審判程序中或判決確定前即已發覺被告爲累犯，應逕以累犯論科或依上訴程序請求改判，殊無待判決確定後，再更定其刑之餘地。

能存在以宣告刑爲依據的階段。因此，相較於實質一罪之執行，關於數罪併罰中執行完畢之認定，即顯得更加困難。實務上對此問題之態度，大致上可分爲二種立場，茲分述之如下。

第二款　以應執行刑為依據

第一種立場認爲：已否執行完畢，應以整體應執行刑爲判斷依據。例如最高法院76年台非字第128號判例指出：「被告犯有應併合處罰之數罪，經法院分別判處有期徒刑確定，其中一罪之有期徒刑先執行期滿後，法院經檢察官之聲請，以裁定定其數罪之應執行刑確定後，其在未裁定前已先執行之有期徒刑之罪，因嗣後合併他罪定應執行刑之結果，檢察官所換發之執行指揮書，係執行應執行刑，其前已執行之有期徒刑部分，僅應予扣除，而不能認爲已執行完畢。」也就是說，行爲人於併罰數罪非接續執行中所爲的犯罪（如案例一中之丙罪），因爲事實上存在「應執行刑尚未執行完畢」之狀態，因此不該當刑法第47條規定，不能將之評價爲累犯。除前述判例外，最高法院82年度台上字第6865號判決[31]、最高法院83年台上字第5578號判決[32]與最高法院84年台非字第284號判決[33]等，均持相同的立場；此種見解目前爲我國多數實務見解所採。

第三款　以宣告刑為依據

與前述相對，第二種見解認爲：累犯之評價非必以「應執行刑之執行完畢」爲判斷依據；於數罪併罰之情形中，縱僅依「單一犯罪宣告刑」所爲之刑事執行（如案例一中之甲罪），亦足爲刑法第47條「前犯受有期徒刑執行完

---

31 其判決理由爲：按累犯之規定，於前所犯罪依軍法受裁判者，不適用之，刑法第四十九條定有明文。此於前犯數罪定執行刑案件，其中一罪係受軍法審判者亦然。蓋數罪之合併定執行刑，既無從嚴於區分各罪分別於何時執行完畢，自應爲被告作有利之解釋。

32 其判決理由爲：數罪併罰案件之執行完畢，係指數罪定其應執行之刑後，已將該應執行之刑執行完畢而言，故若其中一罪之有期徒刑先執行期滿，嗣法院經檢察官之聲請，以裁定定其數罪之應執行之刑確定後，其在未裁定前已先執行之罪，因嗣後合併他罪定應執行刑之結果，檢察官所換發之執行指揮書，係執行應執行刑，其前已執行之有期徒刑部分，僅應予扣除，不能認已執行完畢。

33 其判決理由爲：應併合處罰之數罪，經分別判處有期徒刑確定，其中一罪之有期徒刑已執行完畢，由檢察官聲請定其應執行之刑確定後，其前已執行有期徒刑之部分，僅應在應執行之刑扣除，而不能認已執行完畢。

畢」之判斷依據。例如最高法院82年台上字第4932號判決：「按刑法第四十七條規定：受有期徒刑之執行完畢……五年以內再犯有期徒刑以上之罪者，爲累犯，加重本刑至二分之一。又刑法第五十條、第五十一條雖就數罪所宣告之刑定其應執行之刑期，但此項執行方法之規定，並不能推翻被告所犯係數罪之本質，若其中一罪之刑已執行完畢，自不因嗣後定其執行刑而影響先前一罪已執行完畢之事實，謂無累犯規定之適用。……原判決竟謂準強盜罪雖已折抵刑期期滿，惟與竊盜罪既爲併合處罰並更定其刑，自應以其後更定其刑之執行完畢日期爲全案之執行完畢日期。茲竊盜罪刑尚未執行完畢，即不能據以論斷本案犯罪爲累犯。……檢察官上訴執以指摘其有不適用法則之違誤，非無理由，應認原判決有發回更審之原因。」與最高法院86年台非字第78號判決：「原確定判決認定之事實，係被告前因違反麻醉藥品管理條例案件，經法院判處有期徒刑七月，於民國八十四年九月十二日執行完畢。詎被告又基於概括之犯意，自民國八十五年四月十九日起，迄同年九月十五日止，連續犯非法吸用化學合成麻醉藥品罪。依此事實，原判決適用刑法第四十七條之規定論以累犯，其適用法律即難謂有違背。至檢察官於前案執行完畢後，復依原法院另案以八十五年度聲字第五八九號合併定應執行刑之刑事裁定，重新簽發執行指揮書，再度發監執行應執行刑剩餘之刑期，並非原確定判決確認之事實，亦與原確定判決認定事實與卷內訴訟資料是否相符無關。自不得執以指摘其適用法律有所違誤。」若採此說，案例一中之丙罪，即得評價爲累犯。不過，此說爲少數說[34]。

第五節　實務見解之疑義

綜合前述之說明，不難發現，就數罪併罰之執行實務而言，在「得否易科罰金」與「已否執行完畢」之處理上，存在不同形式的爭議；前者係實務見解與實務運作之不同調，而後者則爲實務見解間之衝突。以下乃以前述各節之說明爲基礎，進一步指出此二部分之疑義所在。

34　依筆者在司法院網站搜尋的結果，實務上採此種見解者，迄今似乎只有前述二號判決。

第一款　得否易科罰金之判斷基準

觀之前述實務運作，不難發現一個現象：在得易科罰金之犯罪與不得易科罰金之犯罪併罰之情形中，不論執行之類型爲何，一旦依應執行刑開始執行，依實務見解，得易科罰金之犯罪，即失去依易科罰金方式執行之機會，一律不得易科罰金。不過，値得注意的是，得易科罰金之犯罪，在未失其獨立存在之地位時（即宣告刑尙未與不得易科罰金之犯罪併罰並確定前），仍有依易科罰金方式執行之可能。特別在本章第三節第二款第一目之案例中，確實存在乙罪易科罰金的現象。這樣的現象，確與前述如釋字第144號解釋等實務見解：「於得易科罰金之犯罪與不得易科罰金之犯罪併罰之情形中，並不生易科罰金之問題」，存在不小的出入。

在得易科罰金之犯罪與不得易科罰金之犯罪併罰之情形中，實務向例雖皆不承認得依易科罰金之方式執行；然其法律上之理由爲何？除籠統地以「因併合處罰之結果，根本上不得易科罰金」作爲依據外，並未見具體的闡示與說明。相對於前述實務運作存在易科罰金的現象，不禁令人質疑：何以案例一中之乙罪「得否以易科罰金之方式執行」，會因甲罪確定時點先後之不同，而產生如此截然不同的差異？在「得易科罰金之犯罪得否易科罰金」之問題上，法律解釋與法律運作間竟然存在如此的矛盾，其不當自可想見。

雖然釋字第366號解釋係以「數個得易科罰金之犯罪併罰」爲其核心，而非以前述併罰類型爲解釋標的，因此，若認以不同的併罰類型（即「數個得易科罰金之犯罪併罰」與「得易科罰金之犯罪與不得易科罰金之犯罪併罰」），爲差別待遇之基礎，或可謂釋字第144號解釋與釋字第366解釋，就「得易科罰金之犯罪」所呈現不同之處理方式，並未違背憲法上之基本人權保障（尤其是平等原則）之規定。惟若進一步思考，何以「得易科罰金之犯罪」是否得易科罰金，須視「與之併罰之犯罪」是否亦爲「得易科罰金之犯罪」而有不同的處理方式？亦即，以「與之併罰之犯罪是否亦爲得易科罰金之犯罪」，作爲得否易科罰金（差別待遇）之基礎，是否合理？有無違憲之虞？凡此種種疑義，均難自而釋字第144號解釋與釋字第366號解釋中得到解答。鑑於得否易科罰金牽涉受刑人之自由權益甚大，針對前述疑問與矛盾，實有予以詳明之必要。

第二款　已否執行完畢之判斷基準

累犯之成立，依刑法第47條之規定，係以曾受有期徒刑執行完畢後，五年以內再犯有期徒刑以上之罪爲其要件；從而，如何爲「受有期徒刑執行完畢」之認定，對於累犯之成立與否，即有舉足輕重之影響。

一般來說，在行爲人只犯一罪的情形中，一旦所受有期徒刑之執行可評價爲「宣告刑執行期滿[35]」時，即可認該罪所宣告之有期徒刑業已執行完畢[36]。此觀最高法院85年台非字第391號判決：「前案之假釋既經撤銷，仍應執行原宣告刑，則其原宣告刑，尙非已執行完畢。」之說明，亦可明瞭。

然於數罪併罰之情形中，參酌本章第四節所述之二種不同見解，實務上對於「受有期徒刑執行完畢」之認定，大部分係以應執行刑爲依據。此一現象，似乎意味著「前犯受有期徒刑執行執行完畢」之判斷，將因數罪併罰規定之適用與否，而有不同的判斷標準。如此一來，關於案例一中之丙罪是否成立累犯，似乎將因甲罪是否與其他犯罪併合處罰，而出現不同的判斷結果。然而，如案例一所示，甲乙二罪間之併罰關係，乃於甲罪已刑滿出監，且丙罪已評價爲累犯後始形成。如果僅承認應執行刑爲執行完畢之判斷依據，甲罪刑滿出監之事實，究應如何評價？即不無疑問。是否表示：「受有期徒刑執行完畢」之法律事實，於判斷、涵攝上，將因數罪併罰規定之事後適用，而受到本質上之更異[37]？爲免累犯之判斷因數罪併罰之適用出現不一致的矛盾，並影響受刑人

---

35 就實務上所指之執行期滿而言，依行刑累進處遇條例第28之1條第3項：「經縮短應執行之刑期者，其累進處遇及假釋，應依其縮短後之刑期計算。」之規定，乃指扣除依同條例第28之1條第1項：「累進處遇進至第三級以上之有期徒刑受刑人，每月成績總分在十分以上者，得依下列規定，分別縮短其應執行之刑期：一、第三級受刑人，每執行一個月縮短刑期二日。二、第二級受刑人，每執行一個月縮短刑期四日。三、第一級受刑人，每執行一個月縮短刑期六日。」規定之縮刑後，所餘之刑期，而非逕依宣告刑爲判斷之依據。又依同條例第28條之1第4項：「受刑人經縮短刑期執行期滿釋放時，由典獄長將受刑人實際服刑執行完畢日期，函知指揮執行之檢察官。」之規定，一但所爲之執行已該當前述執行期滿之情形，即可評價爲執行完畢。

36 此時方可依監獄行刑法第83條第1項：「執行期滿者，應於其刑期終了之次日午前釋放之。」之規定，刑滿出監。

37 換言之，關於執行完畢之評價，究應於其所受有期徒刑之執行，業已於刑之執行該當個別犯罪所宣告之刑時，即可認併罰之數罪均已執行完畢？或是須俟刑之執行該當所裁定之應執行刑時始可獲得？

的法律地位，關於究應以「宣告刑」或「應執行刑」爲數罪併罰執行完畢之認定標準[38]？亦有必要進一步加以探究。

[38] 細究此等類型案例中，所以產生累犯認定上之疑義者，乃因其再犯之時點若與嗣後所定之應執行刑執行完畢之時點相較，固無從認定其已有該當執行完畢之事實發生；惟相較於已經過該當某罪宣告刑（或應執行刑）有期徒刑之執行而言，似難解免刑法第47條所列「受有期徒刑執行完畢」之該當。

第三章　裁判確定前犯數罪之併合處罰

一人犯一罪或數罪，因在刑法上有不同的處理方式，故此項問題不容忽視。本來犯人實施一個犯罪者成立一罪，實施二個犯罪者成立二罪，犯罪個數之決定並不感困難。惟在刑法上對何種情形認爲成立一罪，對何種情形認爲成立數罪，另訂有規定，遂使罪數之認定，發生頗多困難[1]。而刑罰既爲犯罪之法律效果，罪數之判斷，自然成爲刑罰判斷的前提，因此，學者間多以「罪數論[2]」，作爲認識數罪併罰的基礎[3]。

不過，應加留意的是，由於刑法分則之條文（犯罪構成要件），「通常是預先設定爲一人以既遂的型態實行一罪（一人一罪原則）[4]」，本質上乃針對「行爲人單次實現犯罪構成要件」爲法律效果之規定[5]；因此，於「行爲人多次實現犯罪構成要件」時，便無法自刑法分則之規定得出應有的法律效果。換言之，數罪併罰所要討論的並不單是罪數的問題[6]，而是在處理行爲人犯數

---

1 參閱蔡墩銘，「刑法總論」，頁291，三民書局，2000年10月修訂4版。

2 關於罪數論的內涵，學說上並無定論。所謂「罪數」，即犯罪之個數，究爲一罪或數罪，亦即犯罪之單複。探討犯罪個數之理論，即爲所謂的「罪數論」。罪數，因論理發展階段之不同，具有下列三層意義：1、認識上之罪數：以構成要件爲基準，認識一定犯罪之成否。罪數論，即以此認識上之犯罪爲出發點，倘有認識上之數罪存在時，始有罪數之理論問題。2、評價上之罪數：以具體之犯罪本質論爲重點，評價認識上之犯罪爲一罪或數罪，屬於犯罪成立上之問題。與認識上之罪數均屬「犯罪論」之領域。3、科刑上之罪數：以科刑之合目的性爲中心，就已成立之數罪決定應如何科刑，即所謂犯罪競合之問題，本即屬於「刑罰論」之範疇。詳細之內容，可參閱甘添貴，罪數理論之研究（一），軍法專刊第38卷第10期，頁10以下；（日）野村稔著，全理其、何力譯，「刑法總論」，頁446以下，法律出版社，2001年3月。

3 相關的見解如：行爲人之犯罪行爲是「一行爲一罪」或可成立「多罪」的問題，理論上關係到犯罪行爲的「統一性」或論罪多數性的課題；這些問題的解決，並非單純依據自然行爲的概念去認定，毋寧更與法律評價原則的適用相關。刑法學上所謂犯罪競合理論的發展，其第一項任務，便是在探求「單罪或數罪」之判斷與處理的問題。參閱蘇俊雄，競合理論之探討，法令月刊，第49卷第2期，頁3。

4 參閱（日）野村稔著，全理其、何力譯，「刑法總論」，頁445，法律出版社，2001年3月。

5 即便刑法分則上之結合犯，係結合二以上之犯罪構成要件所組成，其於評價上仍屬單一構成要件之實現。

6 學者有認：關於一罪或數罪的處理，並非數罪併罰的核心問題，充其量不過是其前提問題而已。然而，由於法制內涵的差異，在德國，較爲一致的見解均認爲，競合論所涉及者均爲「規範複數」，而對於此複數規範的實現者，可能爲一行爲，亦可能爲數行爲，因此，在決定競合型態時，必須先處理造成規範複數的前提條件，亦即先行區分究竟爲「一行爲」或是

罪時，應如何處罰的問題。此等以處理「行爲人多次實現犯罪構成要件之法律效果」爲核心之問題，即稱爲「競合問題[7]」；而爲處理競合問題所提出的理論，則稱爲「競合論[8]」。本章中，本文將深入探討競合問題與競合論，並指出我國法與外國法在此部分的差異，以作爲探討相關問題的基礎。

第一節　複數犯罪之處罰

原則上，一行爲若符合犯罪構成要件，並且具有違法性與有責性，即成立犯罪。然而，事實上具體發生的犯罪事實，所牽涉的法條及罪名，往往不只一端；有由一行爲構成一罪者、有由數個行爲而結合成爲一罪者、有由單一行爲而侵害數個法益者、亦有由數個行爲而侵害一個法益者。同一人的行爲，究竟是構成一罪或數罪，在罪責上的評價無疑關係重大；如何評斷論罪，乃成爲刑法上「禁止雙重評價」原則之適用以及刑罰衡平的重要課題[9]。簡單來說，處罰複數犯罪，首應防止發生雙重評價。競合的概念，就是「雙重評價的禁止」[10]。

「數行爲」。故而行爲單複數問題，乃成爲競合論首先需判斷的前提條件，而在行爲數之決定見解上，較無爭議的看法，認爲「行爲複數」的決定，僅需確認「行爲單數」後，即可進一步確定之。因此，「行爲單數」的認定，乃成爲競合論前提判斷的核心問題。參閱柯耀程，競合論之回顧與前瞻，刑法七十年之回顧與展望紀念論文集（一），頁321，元照出版公司，2001年1月。

7　競合問題，所處理的是行爲人的行爲觸犯數罪名時的法律適用問題。刑法分則各條文的規定包括兩個部分，一部分是犯罪構成的規定，一部分是法律效果的規定。因此，所謂競合問題，在法律適用上主要就是有兩個問題，第一個問題是行爲人觸犯數罪時的罪名宣告問題；第二個問題是行爲人觸犯數罪名時的刑罰宣告問題。參閱黃榮堅，犯罪的結合與競合，刑法問題與利益思考，頁449，月旦出版社股份有限公司，1995年6月。

8　從形成可能性的結構加以分析，刑法競合論的觀念，係築基於「認定多數犯罪之單一制裁」的理念之上。若一個法秩序體系並不認定多數之犯罪（此指構成要件實現所表徵的犯罪意義），得在同一程序上，予以解決或將法律侵犯直接視爲法律破壞者本身整體危險性之體現，則於概念上根本無由產生刑法上或刑罰的競合情形，唯有一個法的體系，對多數之犯罪，於法律上加以區分，始有產生刑法規範競合問題之必然性。此種承認複數犯罪存在的結構，乃形成競合論成立之「形式之正當性」。參閱柯耀程，數罪併罰整體刑之確立與易刑處分，變動中的刑法思想，頁240，1999年9月。換言之，競合論乃指研究犯罪行爲的單數或複數，以決定其法律效果的刑法理論。

9　參閱蘇俊雄，「刑法總論III」，頁1，作者自刊，2000年4月。

10　參閱台大法學基金會1991年1月5日舉辦，「刑法上競合關係」座談會，黃榮堅發言部分，台大法學論叢第20卷第2期，頁159。

第一款　競合論之規範目的

關於複數犯罪的處罰，羅馬法並未區分一行爲觸犯數罪名或是數行爲觸犯數罪名，而是將複數犯罪的所有刑罰宣告，均以直接累計的方式執行[11]。不過，「此種累計執行的方式，往往形成漫無邊際的擴張，且刑罰又往往超過由犯罪事實所生，可歸責於行爲人之責任[12]。」「鑒於受刑人因服刑所受的痛苦與惡害，並不是隨著服刑期間的延長而呈現直線性的增加，而是呈現累進式的增加，因此不論在犯罪預防或是應報衡平的觀點下，均無採用該科刑法則之必要[13]。」故而，此種刑罰合併計算與執行的制度，已不爲現在刑法體制所採。

競合問題雖早在中古時期的義大利，已被學界所注意；惟直至1815年的普魯士刑法，始以立法的方式，明文區別實質競合與想像競合[14]。基本上，「如對於同一行爲做數次之處罰，則此無異意味著行爲罪責之擴張，而與罪責原則

11 參閱黃榮堅，犯罪的結合與競合，刑法問題與利益思考，頁451，月旦出版社股份有限公司，1995年6月。

12 參閱柯耀程：數罪併罰整體刑之確立與易刑處分；變動中的刑法思想，頁239，1999年9月初版。

13 例如，一個單獨執行一年有期徒刑的受刑人，和一個已經被關了兩年之後而緊接著被執行一年有期徒刑，對於受刑人身心的侵害不能同日而語；此外，較爲長期的自由刑累積，事實上往往造成和無期徒刑一般的結果，在性質上是已經根本改變了刑罰的種類。蓋實證法上之所以拒絕適用累積原則，除因於多數死刑或多數無期徒刑之宣告下，不可能再執行其他的死刑或無期徒刑外，鑒於受刑人因服刑所受的痛苦與惡害，並不是隨著服刑期間的延長而呈現直線性的增加，而是呈現累進式的增加，因此不論在犯罪預防或是應報衡平的觀點下，均無採用該科刑法則之必要。參閱黃榮堅：犯罪的結合與競合；刑法問題與利益思考，頁461，月旦出版社股份有限公司，1995年6月初版。

14 自沿革上來說，依據區別「行爲單一」或「行爲複數」的基本概念而形成的競合理論，可謂是大陸法系刑法理論發展上最古老的一部分。中古時期的義大利刑法理論及實務，雖然就同一行爲人之犯罪，概以「併科主義」的方式，各罪分別宣告，合併執行，而無處斷上一罪的概念；但是當時的刑法學者，已經注意到「行爲單數」、「行爲多數」乃至於「連續犯」等與犯罪行爲的單元概念相關的問題，並提出了「吸收主義」、「限制加重主義」、「統一處罰主義」等處斷的法則。至於現代刑法競合理論中的實質競合與想像競合概念的區別，則可謂是十九世紀時期在德國實務中，逐漸形成的見解，於一八一五年首先爲普魯士刑法典所採納，並爲一八七一年的德國刑法所續採。一九六〇年代的德國刑法改革，曾經就刑法理論與刑法規定內容，從事嚴格的審酌。德國刑法改革后仍於其刑法第五十二條及第五十三條保留實質競合與想像競合的規定條文；至於「連續行爲」概念的運用，雖未如我國法制（刑法第五十六條）設有連續犯的明文規定，但是其屬行爲單元概念的範疇，在德國實務見解上，則可謂已經根深蒂固，其處斷法則的適用，並不受明文化與否的影響。參閱蘇俊雄，競合理論之探討，法令月刊第49卷第2期，頁4。

有違。[15]」故現代刑法多於實體法採一罪一罰原則，於程序法上採一事不再理原則，以防止雙重評價的發生。因此，競合論之提出，係以處理「行為人之行為，多次實現犯罪構成要件時，究應如何加以處罰，始能避免雙重評價與累罰效應」之問題，為主要目的。[16]

第二款　競合論之體系[17]

競合論的提出，目的在探討並解決：在多數的刑法條款競合在一起的情況

---

15 依學者說明：「對於同一犯罪行為，不得重複地多次加以處罰，此即刑事實體法上之一罪一罰原則。為實踐此一實體法上之原則，在刑事程序法上，乃採取一事不再理原則，認為對於同一被告之同一犯罪事實，不得重複開啓另一刑事訴訟程序，以重新裁判。由於行為人之同一行為有可能實現數個構成要件，這種狀況究為一行為抑屬數行為，而應成立一罪或數罪，在刑法之評價上應有可數性，而能決定行為人之行為究屬犯罪單數抑屬犯罪複數，如此才能避免一罪數罰；因此，刑法必須透過競合論，才能固守一罪不數罰原則，並在罪責原則下，順利運作。」參閱林山田，「刑法通論下冊」，頁569，三民書局，1998年2月增訂6版。

16 依學者所述，「按刑法評價的最終工作，並非僅在確認多少構成要件被實現；而是藉由被實現之構成要件，以確認行為人之可罰性為何；對於單一構成要件實現的情況，其行為可罰性之認定，可以藉由反應行為不法內涵的法律效果規定，加以確認；惟如有多數構成要件被實現時，在個別構成要件中，雖有專屬之法律效果，但卻欠缺整體評價的法律效果，因此，刑法對於多數規範被實現的情況，其法律效果的判斷，必須在個別構成要件規定以外，另外再行規範之。然而，何種情況會發生多數構成要件被實現的情況？由於事實情狀萬端，其可能為一行為所實現，亦有可能被數行為所侵害，然而，不論係一行為或數行為所實現之數構成要件，在法律效果的決定上，均不能從個別構成要件中求得，蓋此種情況並不同於單一構成要件實現情況。因此，刑法評價所涵蓋之範圍，應同時包含單一規範實現，以及複數規範實現之事實情狀，而二者間最大之差異，係可罰性認定問題，對於單一構成要件實現的情況，其可罰性的認定，僅需從該規定之法律效果確認即可，惟複數構成要件實現的情況，則需另創可罰性認定之基礎，亦即法律效果決定之標準。基本上，刑法根本的評價關係，係從一行為人之一行為，侵害一客體，造成一規範（構成要件）之實現，以確認一可罰性存在，作為評價的基礎。在一行為實現一構成要件的結構中，可罰性乃源自於該構成要件禁誡規範的非價判斷，而不法內涵則反映在法律效果的規定中。反之，如行為（不論單一或複數）所實現之構成要件並非單一，而係數個時，則可罰性之確認，勢必不能從個別構成要件中求得，必須借助創設之法理，方得以對於反應可罰性之法律效果，明確加以決定，而此一認定工作即落入競合論之中。從而，競合論所處理的問題，並非構成要件該不該當的問題，亦非罪成不成立的問題，而係以數被該當之構成要件為基礎，確認可罰性之法律效果決定問題。」參閱柯耀程，競合論之回顧與前瞻，刑法七十年之回顧與展望紀念論文集（一），頁323、324，元照出版公司，2001年1月。

17 關於數罪併罰之體系，學者有指出：「就競合體系而言，犯罪行為而該當數犯罪構成要件，其法律效果並非把數個犯罪的法定刑做數學式的加算。依據我國實證法的體系以及通說的解釋，大抵上可以把犯罪之競合分成眞正競合與非眞正競合；所謂非眞正競合，指的就是法條競合；至於眞正競合，可以分為想像競合以及實質競合。所謂想像競合，就是刑法第

下，究應如何適用刑法條款以定罪科刑的問題，亦即是行爲所觸犯的數個刑法條款是否可以並行適用；如可，則應如何適用的問題。詳言之，競合論要處理下列兩個問題：（一）同一行爲人的一個行爲或同一行爲實現複數的構成要件時，這些構成要件之間到底是什麼關係，又如何適用構成要件以定罪科刑的問題。（二）同一行爲人違犯複數的犯罪行爲時，如何在同一審判中科處刑罰的問題[18]。前者稱之爲想像競合，而後者則稱爲實質競合。[19]

五十五條前段所規定的一行爲觸犯數罪名的情形；而實質競合，原指數罪併罰的情形。然而我國刑法另有牽連犯及連續犯的規定。因此在我國，有認牽連犯及連續犯也屬於實質競合的範疇。」參閱黃榮堅：犯罪的結合與競合；刑法問題與利益思考，頁452，月旦出版社股份有限公司，1995年6月初版。不過，與以下的說明不同，亦有自雙重評價禁止之觀點理解競合體系者，其謂：「構成要件裡頭不法之內涵有重疊的部分的話，那麼就會造成雙重評價。這種雙重評價是不合理的，所以有重疊的時候，要把「競合」的概念用上，如果是完全的重疊，是法條競合，如果是部分重疊的話，例如使用僞造文書行使詐欺，「使用詐術」這部分是重疊的部分，那麼可以用想像競合，如果完全沒有重疊的部分那麼就用數罪併罰。這是少數學者所提出的概念，亦即競合之概念與一行爲或數行爲完全沒有關係，重要的是說，數個犯罪的不法内涵有無重疊之部分，在法條競合，不法内涵是完全的重疊，換句話說，是一個犯罪構成要件包含另一個犯罪構成要件的全部要素，而且至少又多了一個要素，而不是交叉的情況，所以在此情況，一個法條就夠了，就可以把犯罪事實全部不法内涵表達清楚，但在想像競合的情況兩個條文都要用，否則一定會遺漏一部分的不法内涵，至於在不法内涵完全無重疊的情況，那就是數罪併罰。如果按照這種說法，競合問題和一行爲或數行爲沒有關係。」參閱台大法學基金會1991年1月5日舉辦，「刑法上競合關係」座談會，黃榮堅發言部分，台大法學論叢第20卷第2期，頁161。

18 參閱林山田，競合論概說與行爲單數，政大法學評論第39期，頁30。另參閱黃榮堅，犯罪的結合與競合，刑法問題與利益思考，頁449，月旦出版社股份有限公司，1995年6月。

19 所謂想像競合是指：同一行爲觸犯數項犯罪構成要件或發生多數的同樣罪名的法益侵害，例如行爲人開一槍而同時間構成二人以上的傷亡情形，應如何科刑處斷的問題。以上兩種競合的型態，其作用乃在於決定如何處斷行爲人同時該當數項犯罪構成要件之行爲，亦即與應以「數罪」或「一罪」論處之問題有關，故亦被稱之爲「純正的競合」。至於所謂「法規競合」以及「不罰的後行爲」的競合，在「表象概念上」雖有多數構成要件並存的情形，但是實際上其所牽涉的問題，乃一行爲所該當的犯罪構成要件；因爲法規競合是一行爲而有多種評價規範並存的情形，所以在「雙重評價禁止原則」之下，要求法官對行爲做處斷時，只能適用其中一個法條，而排除其他法條的適用。所以在法理上，法規之競合，實乃純屬應優先適用何項法規的問題，並非實質上去判斷應以一罪或數罪論處的問題。就此，學術上亦稱之爲「假象的競合」，而與純正的競合在概念上應予以區分。實質競合係指同一行爲人，出自多次犯意，分別實行多數獨立的犯罪構成事實，而在同一刑事訴訟程序中，接受裁判論罪予以「數罪併罰」的犯罪競合。不過，以上配合刑法論罪法則規定的相關競合概念，主要涉及想像競合情形中的處斷上「犯罪單一」以及在實質競合場合中之「犯罪多數」的概念；其與犯罪理論上的「行爲單一」與「行爲複數」的概念，雖然有關聯性，但是犯罪理論體系與論罪理論體系的概念，並非完全一致。蓋行爲單數與複數的概念，僅是形成犯罪單數或複數的條件之一，而做爲論段的一項癥結點而已。論罪的競合理論，尚有犯罪單元概念以外之刑罰衡平的考量問題。故刑法理論上的行爲單數或複數的概念，並不完全等於法典上論罪規定中爲了避免一罪數罰，德國刑法界遂認爲：應先探討形式上的數罪（複數構成要件該當），於實質上是否僅爲一罪。德國刑法實務在罪數之判斷上，係運用刑法學理論提出之「行爲單數」與「行爲複數」之法概念，針對具體行爲事實，首先判斷究屬行爲單數、抑屬行爲複數。若屬行爲單數，則續行判斷法律競合現象，除外其餘者即屬想像競合；若認定屬於行爲複數，則應進而判斷是否爲「與罰之前行爲」或「不罰之後行爲」，其餘即屬犯罪複數之「實質競合」。立法上既無牽連犯與連續犯，理論上亦無吸收犯[20]，如此判斷程序，體系簡明，較能得出明確而一致性的判斷結果[21]。

第三款　競合論之內涵與定位

關於競合論的定位，學說上可謂眾說紛紜。一般而言，刑法理論於總則部分可大致區分爲「犯罪行爲論」與「犯罪結果（刑罰）論」二大部分。在禁止雙重評價之基本思考下，雖競合理論一方面在探討犯罪行爲的單元概念，以判別行爲人之一罪或數罪的問題，惟因其另一方面亦兼論刑罰衡平的問題，對其在刑法學上的定位，遂出現不同的認知；學者間有將之歸論於犯罪論的範疇，有於刑罰論中加以討論，亦有謂競合理論是屬於介乎犯罪理論與刑罰論中間，通盤追蹤法條適用的理論[22]。

對於犯罪之科處，原應依刑法分則中之個別規定，予以論罪科刑。不過於多次實現犯罪構成要件的情形中，由於刑法分則並未提供處理之機制，關於如何科刑，即有賴其他的規定加以補充。由於一罪或數罪之區分，只是競合問題的前提，並非主要的規範目的，因此不應將競合問題歸類爲犯罪論之範疇。此外，就其以決定可罰性範圍並確立行爲人之可罰性而論[23]，應將之定位爲法

的「一行爲」或「數行爲」的概念；從而，自不宜將行爲之單數的法律概念，直接視同刑法就想像競合犯所規定的「一行爲」。參閱蘇俊雄，競合理論之探討，法令月刊第49卷第2期，頁4。

20　德國刑法規定之犯罪單數，僅規定想像競合，犯罪競合僅規定實質競合，至於牽連犯與連續犯，則均未規定於刑法之中。參閱林山田，「刑法通論下冊」，頁572，1998年2月增訂6版。

21　參閱林煒民，刑罰行爲之質與量——主論「行爲單數」，兼論「吸收」，刑事法雜誌第40卷第2期，頁29，1996年4月。

22　參閱蘇俊雄，「刑法總論III」，頁3，作者自刊，2000年4月。此說亦爲德國之通說，參閱柯耀程，數罪併罰整體刑之確立與易刑處分，變動中的刑法思想，頁242，1999年9月初版。

23　學者有謂：「蓋於基本上，刑法根本的評價關係，係從一行爲人之一行爲，侵害一客體，造

律效果論，較爲洽當[24]。則關於競合問題，自應以法律效果的適用爲主要的內涵。

第二節　競合問題之處理原則[25]

大陸法系的國家，在避免累罰效應的目的下，對於多數犯罪的處罰，乃採

成一個規範（構成要件）之實現，以確認一可罰性存在，作爲評價基礎，此種結構係刑法最根本的評價型態，亦屬於犯罪行爲論判斷的出發點。惟如行爲（不論單一或複數）所實現之構成要件，並非單一，而係數個時，則可罰性之確認，勢必不能從個別構成要件中求得，必須藉助創設之法理，方得以對於反應可罰性之法律效果，明確加以決定。若再進一步分析刑法的評價關係，可以發現，刑法所關注者，爲可罰性實現問題，而此可罰性認定，在單一構成要件實現的情況，自有所謂法定刑之法律效果爲依據，惟在複數構成要件實現時，卻無法從構成要件體系中，確認出可罰性及責任，亦即無法從被實現之構成要件中，得出具體之法律效果，刑法必須對於此種複數構成要件實現的情況，就法律效果問題，另行思考，此似乎與罪數完全無關。因此，競合論的結構型態，以及其處理形式，應有別於單一構成要件實現之可罰性認定問題。」參閱柯耀程，罪數論根源與發展之探索，月旦法學雜誌第75期，頁61，2001年8月。

24 同此見解如：「由於在複數構成要件實現的情況下，構成要件體系並未提供法律效果決定的基準，因此必須在法律效果的的處理上，另行思考。雖然在結構上，競合問題具有複數構成要件實現，但該複數構成要件並非由競合論來處理判斷，而係以其確立作爲競合論的前提。因此，競合論的定位，應在犯罪行爲論之後，而以犯罪行爲論作爲前提基礎，並非犯罪行爲論之範圍。再者，競合論處理的問題，既係以複數構成要件實現爲基礎，而對其法律效果加以確認，以爲刑罰裁量之基本要素，故競合論應是對於複數構成要件實現問題，爲提供刑罰裁量所需要，以確認出刑罰裁量前提之刑度範圍的問題，故應屬於法律效果認定的問題，其體系定位應爲「法律效果論」的範圍。」參閱柯耀程，競合論之回顧與前瞻，刑法七十年之回顧與展望紀念論文集（一），頁347，元照出版公司，2001年1月。又如：「刑法對於個別犯罪之科處，本可由刑法分則中之個別構成要件，對刑罰運用加以確定。而於多數犯罪存在的情形下，自不能無法律之規定存在，藉以確立於此種情況下刑罰應如何運作。從對多數犯罪存在，而卻確立「刑罰運用」的具體情況上，加以分析，更可說明競合論已然超越犯罪行爲論之範疇，而爲刑罰效果論之本質性問題。此可自競合規定得到驗證，且亦可從整體的實際運用的到確證，更可自歷史的發展加以理解，蓋競合論之基礎，乃在對一罪一刑及數罪併計原則之修正，而其根本亦爲對法律效果之重新檢討和省思。」參閱柯耀程，數罪併罰整體刑之確立與易刑處分，變動中的刑法思想，頁242、243，1999年9月。

25 在行爲人犯數罪的情形中，最原始的處理方式爲累罰原則。此原則係源自羅馬法的觀念，可謂爲最原始的累計方式，亦即將刑爲人所犯之罪，各罪之法律效果分別宣告，且不分法律效果之種類與程度，均合計加以計算。其所依據處理的基礎爲各罪之宣告刑，且不論宣告刑中，有無不同種類之刑罰手段，均分別加以執行。此即所謂「有多少罪，即有多少刑」之理念。在我國刑法中，如一人犯數罪，而非於同一程序中處理，且數罪之成立亦非在裁判確定前所犯者，亦即雖有數獨立存在之行爲，爲複數構成要件之實現，但卻非實質競合之型態

獨立規定的方式，以別於個別犯罪之處罰[26]。以此爲前提所開展的競合論，並非確定個別行爲之可罰性問題，而是於多數犯罪構成要件成立的情況下，對其刑度及刑的種類，予以確定（即對多數刑度及多數刑的種類，予以確定一定之法律效果）[27]。綜觀大陸法系各國的刑法，對於競合問題的處理原則，於立法例上，有採「區別原則」[28]，亦有採行「單一刑罰原則」[29]。以下乃分就各原則的內容，予以說明。

第一款　單一刑罰原則（統一處罰主義）

所謂單一刑罰原則，乃指：雖然行爲人觸犯數罪，但是判決時並不就數

時，即依據累罰原則加以處理，此時行爲人所得之宣告刑，並不能依據實質競合之處理原則論斷，僅能將所有宣告之刑累計處罰。參閱柯耀程，競合論之回顧與前瞻，刑法七十年之回顧與展望紀念論文集（一），頁353，元照出版公司，2001年1月。或因法制上已不採此原則，關於此一處理原則，學者間幾無將之於實質競合之處理原則中予以說明。

26 刑罰成立之前提，乃建構於事實（即行爲人責任）之上，在多數犯罪情況下，欲確定整體罪責，以作爲刑罰之基礎，是否可直接將由個別行爲事實所生之罪責，加以累計，而成爲整體之罪責，繼而整體刑之形成直接取自個別刑之合併？不無問題。通常，於審酌罪責之時，不論係單一犯罪或是多數犯罪，除須考量個別行爲事實之外，尚有其他主、客觀的情狀，亦須注意，例如行爲人主觀上的良知、意思能力、不法意識；客觀上之行爲手段、行爲結果及法益侵害程度以及由行爲所生之危險等等。蓋人並非無目的性之機體，亦非全是目的性的作爲，而於多數犯罪的罪責確定，自不能由個別責任，加以合計。參閱柯耀程，數罪併罰整體刑之確立與易刑處分，變動中的刑法思想，頁240、241，1999年9月。

27 參閱柯耀程，數罪併罰整體刑之確立與易刑處分，變動中的刑法思想，頁242，1999年9月。

28 參閱林山田，競合論概說與行爲單數，政大法學評論第39期，頁31。不過於學說上，有以不同之名稱加以描述者，如：大陸法系的國家就競合犯之處理，在立法上有採實質競合與想像競合，配合數罪併罰與處斷上一罪論的法則，予以分開規定的「分離論罪主義」；以及不論行爲人觸犯犯罪構成要件的單數或複數問題，均以統一論罪之「統一處罰主義」等兩種不同的方式。參閱蘇俊雄，競合理論之探討，法令月刊第49卷第2期，頁4。

29 按競合論所處理者主要可區分爲想像競合與實質競合，前者係指單一行爲之複數評價，後者爲複數行爲之複數評價。本質上競合論之規定旨在提供複數構成要件實現時，法律效果決定之處理原則。處理原則之法律效果適用關係，有直接從法定刑得之者，亦有必須先依據法定刑，對於個別評價客體爲法律效果宣告，再從各別之宣告刑爲處理者，亦有根本不區分競合類型，而就法律效果依據複數實現構成要件之法定刑，爲單一處理者（單一刑體制），不一而足。當然在不同體制下，對於法律效果之處理所採取之認定見解，亦又有程度之差異，然不論是何種處理原則，其出發點均以法定刑爲最根本處理的依據，其中又因法律效果單一制與區分制之不同，而有僅依法定刑爲處理依據者，亦有以法定刑爲各別評價之基礎，而爲宣告刑，進而以宣告刑爲處理的基礎。參閱柯耀程，競合論之回顧與前瞻，刑法七十年之回顧與展望紀念論文集（一），頁350，元照出版公司，2001年1月。

罪分別宣告其刑罰，而是直接就所犯數罪，包括的確定一個刑罰[30]；換言之，法律效果之形成，並不考慮受侵害法規之數，亦不考慮形成競合之形式和種類，而將之直接於刑罰裁量中，委由法官就具體事實，爲刑罰之量定；又有稱爲「單一刑制度」。由於該原則不需針對所實現之各罪作法律效果之考量，其所依據者，乃爲所實現之構成要件的法定刑，故而，競合形式之區分對其而言，並無實質意義存在，想像競合與實質競合概念，在單一刑原則中，僅具有概念上的形式意義而已，並不影響法律效果之決定。因此處理想像競合和實質競合時，在法律效果的確定上，並無外觀型態上之差別。學者有認我國刑法對於競合論問題之法律效果處理，並非採取單一刑體制，故此一原則於我國刑法中，並無適用[31]；惟若自牽連犯及連續犯（複數行爲）之單一刑罰法律效果而論[32]，似可認有此原則之適用[33]。

立法例上就犯罪競合採單一刑罰原則者，計有：1974年的奧地利刑法第28條第1項：「行爲人單一行爲或獨立之多數行爲，違犯數個同種或異種之可罰行爲，而同時接受裁判時，如其所競合之法律，僅規定自由刑或罰金刑者，僅處以一個爲一之自由刑或罰金刑。此一刑罰依科以嚴重刑罰之法律定之。除有特別減輕其刑之規定外，其處罰不得低於各競合法律所規定最低刑罰之最高度。」、1937年的瑞士刑法第68條第1項：「行爲人之一行爲或數行爲觸犯科

---

30 參閱黃榮堅，犯罪的結合與競合，刑法問題與利益思考，頁450，月旦出版社股份有限公司，1995年6月。

31 參閱柯耀程，競合論之回顧與前瞻，刑法七十年之回顧與展望紀念論文集（一），頁359，元照出版公司，2001年1月。

32 有認刑法第55條後段之規定乃單一刑罰原則之類型，如黃榮堅，犯罪的結合與競合，刑法問題與利益思考，頁450，月旦出版社股份有限公司，1995年6月；亦有認此時其適用於單一評價之情形，所依據之處理標準，乃在於被實現構成要件之法定刑上，如刑法第55條；而適用複數評價之情況者，其所依據之處斷標準，則非法定刑，而係各罪之宣告刑，如第51條第1、2、3、8款。參閱柯耀程，競合論之回顧與前瞻，刑法七十年之回顧與展望紀念論文集（一），頁356，元照出版公司，2001年1月。

33 值得注意的是，目前雖未見諸我國現行法明文（法務部於民國90年12月所通過之刑法修正案第55條，已採此原則），惟卻是支配德國刑法處理競合論上之相關問題，特別是針對想像競合問題處理之重要方法：「結合原則」。由於刑的形成，係結合重罪之最重之法定本刑及輕罪法定刑之最重低度刑而成，故又稱之爲結合刑原則。我國在民國79年行政院所提出之修正草案中，對刑法第55條規定之修正，乃採結合原則；其規定爲：「一行爲而觸犯數罪名，或犯一罪而其方法或結果之行爲犯他罪名者，從一重處斷。但不得科以較輕罪名所定罪輕本刑以下。」。此一原則最重要的特徵，即在使輕罪之法律效果，具有「阻斷效應」。參閱柯耀程，競合論之回顧與前瞻，刑法七十年之回顧與展望紀念論文集（一），頁357-359，元照出版公司，2001年1月。

處自由刑之罪，處以罪重犯罪行爲之刑罰，並爲相當之加重。但最重不得超過法定刑的二分之一，並受最重法定本刑之限制。」與1958年的法國刑法第5條第1項：「數重罪或輕罪競合者，僅依最重之刑處斷之。」[34]。根本上單一刑罰原則，並不考量各種競合型態，而僅對犯罪競合問題作單一法律效果之處理。[35]

值得注意的是，由於在此立法原則下，實務上容許法官依「從一重處罰」的法則，不必分別考慮各種法規評價上的困難，而爲「統一刑」的宣告，對於刑罰目的之實現，可謂較爲便捷。但是，此說在有些情況，難免有籠統論罪之嫌，不如分離處罰主義的立法，對個別犯罪行爲的評價，較能實現「罪有應得」之公平處罰的理念。故德國刑法改革法案的研究，經過討論的結果，除於德國少年刑法第31條第1項之立法，採統一處罰的立法原則以外，仍保留分離之競合犯理論[36]。

第二款　區分原則（分離論罪主義）

相對於單一刑罰原則，若對於法律效果之決定，在立法上以實質競合與想像競合之區分爲基礎，配合數罪併罰與處斷上一罪論的法則，予以分開規定的，即可稱爲區分原則[37]。區分原則之處理方法，從學理之發展，目前可歸納爲五種：一是數罪累計原則、二是綜合宣科原則、三是數罪限制加重原則、四是吸收原則、五是折衷原則。[38]

---

34 參閱林山田，競合論概說與行爲單數，政大法學評論第39期，頁34。

35 雖單一刑制度，並不對個別之罪刑予以個別宣告，而僅宣告單一之執行，但刑的形成過程，則具有相當大的彈性，實不應將單一刑制度內在實質意義誤解爲僅得以一刑爲限。又於單一刑制度上，雖對個別罪之各刑不予宣告，但其卻爲刑罰裁量上之重要判斷基礎，並非全無作用。此外，亦有以單一刑制度而爭論「行爲刑法」及「行爲人刑法」者，實爲誤解（至少認識有偏差）單一刑制度之角色，蓋雖採單一刑制度可想像對刑罰裁量份量之加重，但採單一刑制度並非表示於刑罰裁量上，只注重行爲人，進而認定係「行爲人刑法」，此種推論方式本身於命題上，即不成立。參閱柯耀程，競合論之回顧與前瞻，註58之說明，刑法七十年之回顧與展望紀念論文集（一），頁359，元照出版公司，2001年1月。

36 參閱蘇俊雄，競合理論之探討，法令月刊第49卷第2期，頁5。

37 通常採區分原則者，對犯罪競合型態的認定，係從單一評價與複數評價，作爲區隔，對於單數評價的法律效果處理，所依據者爲法定刑之整合，對於複數評價的法律效果，則依據各別宣告刑，作爲處理原則之依據。參閱柯耀程，競合論之回顧與前瞻，刑法七十年之回顧與展望紀念論文集（一），頁352，元照出版公司，2001年1月。

38 關於各該原則之內涵，說明如下：「多數犯罪構成事實，發生競合或牽連時，其法律效果是上述五種區分原則的處理方法，我國刑法第51條第1款：「宣告多數死刑者，執行其一。」、第2款：「宣告之最重刑爲死刑者，不執行他刑。但從刑不在此限。」、第3款：「宣告多數無期徒刑者，執行其一。」、第4款：「宣告之最重刑爲無期徒刑者，不執行他刑。但罰金及從刑不在此限。」、第8款：「宣告多數褫奪公權者，僅就其中最長期間執行之。」係採吸收原則；第51條第5款：「宣告多數有期徒刑者，於各刑中之最長期以上，各刑合併之刑期以下，定其刑期。但不得逾二十年。」、第6款：「宣告多數拘役者，比照前款定其刑期。但不得逾四個月。」與第7款：「宣告多數罰金者，於各刑中之最多額以上，各刑合併之金額以下，定其金額。」係採取限制加重原則；而第9款：「宣告多數沒收者，併執行之。」與第10款：「依第五款至第九款所

否應分別評價或累加計算，亦或適用較爲寬鬆的綜合論罪系統去處理？理論及法制上按事實競合、想像競合及牽連關係或法規競合關係等情況之不同，而有下列各項處罰原則：

（一）數罪累計原則：即就各罪所分別宣告之刑，均加以累計執行。例如被告因犯竊盜罪被宣告有期徒刑一年，另犯傷害罪被宣告有期徒刑八月，應累計執行一年八月。至在刑罰種類中，有因性質上不能累計者，如生命刑、無期徒刑、拘役或罰金刑相互之間，而無法累計執行者；故現刑法除宣告多數之沒收，併計執行以外，另採其他方式之立法例，藉以適用。

（二）綜合宣科原則：就同時觸犯數刑罰法規或構成數次觸犯同一法規之罪，不爲分別之宣告，而綜合其刑從一重處斷，僅宣告各刑罰規定的「統一刑」；故學理上亦稱之爲統一刑原則。此種處理方式，立法上特別如想像競合犯或牽連犯之規定，其爲從一重處罰時，係就一行爲所觸犯的數刑罰法規中，依最重之法規定刑，但量刑不得輕於其他可資適用法規所容許之刑，且得依其他任一法規之規定宣告從刑或保安處分。（刑法第五十五條、德國刑法第五十二條第二項至第四項）

（三）數罪限制加重原則：即就分別宣告之數罪的刑罰，以其中最重刑爲低度，加重其刑至各罪合併之刑最高限度，定其併合刑。例如被告犯殺人罪被宣告有期徒刑十年；又犯侵占罪被宣告有期徒刑二年，又犯傷害罪被宣告有期徒刑八月，則在各刑中罪長期之十年以上，併合刑之十二年八月以下，在此範圍量定執行之刑；但加重之合併刑最高不得逾二十年。（刑法第五十一條第四款）

（四）吸收原則：即以重罪吸收輕罪的原則，就數罪所分別宣告之刑中，擇期最重之一罪的宣告行爲執行刑，其餘輕罪皆吸收於重罪之中，不得再執行。

（五）折衷原則：即兼採上述各種處罰方式，分別就所宣告各罪之刑罰的種類、性質，視其事實上有無併科、加重的意義與相容性，而爲併科、加重或吸收之處理，若可併科或加重者，則折衷定其適當的執行刑。故一般稱之爲「併用主義」。我國刑法第五十一條所規定之數罪併罰的處理方式，即是其適例。其中第一款宣告多數死刑或第二款宣告之最重刑爲死刑、第三款宣告多數無期徒刑或第四款宣告之最重刑爲無期徒刑、第六款宣告多數拘役或第七款宣告多數罰金者，則採限制加重原則。第九款宣告多數沒收及第十款規定按第五款至第九款所定之刑的執行，則採併科原則處理之。」參閱蘇俊雄，競合理論之探討，法令月刊第49卷第2期，頁6、7。

定之刑，併執行之。」採併罰（累計）原則[39]。

第三節　實質競合之限制與內涵

如前說明，競合論在體系上存在實質競合與想像競合二種主要的類型。由於本文旨在探討刑法第50條規定之數罪併罰，因此對於同屬複數行爲之「實質一罪」部分，並不擬加深論。

第一款　範圍的限制

雖然競合問題只在避免複數犯罪之累罰效應，但若認爲所有的犯罪均成立競合關係，「未免過份重視行爲人之人格而忽略犯罪行爲」，因此，對於競合問題的範圍，即有加以限制之必要[40]。至於如何限制，各國立法例互異，約可歸納爲下列三種[41]：一、裁判宣告主義：即數罪併罰之範圍，以裁判宣告前所犯之數罪爲限。如於裁判宣告後，始發現裁判宣告前另犯罪另犯罪者，則應分別執行之，而不在數罪併罰範圍之列。德國、前蘇聯及我國舊刑法採之。二、裁判確定主義：即凡在裁判確定前犯數罪者，均得爲數罪併罰之範圍准予併合處罰之。其適用範圍，較裁判宣告主義爲廣，日本、葡萄牙、匈牙利及我國現行刑法均採之。三、執行未畢主義：即凡在刑罰執行未完畢或赦免前犯數罪者，均得爲數罪併罰之範圍，其適用範圍最廣，義大利、瑞典刑法採之。

對於應以何種程序階段，作爲限制競合範圍之依據（標準），各國於立法沿革上，迭有爭論。不過，由於以執行未畢前所犯之罪爲限之立法例[42]，不無

---

39 參閱柯慶賢，「刑法專題研究」，頁423，三民書局，1999年9月增修3版。

40 關於實質競合之範圍，有認競合論之規範精神，即在將數罪數刑之區別，轉向於一人一刑之制度，此對於犯罪行爲人而言，無疑的乃屬一種寬典；而其理論基礎，乃在於人格責任論。惟若完全基於人格責任論的思想，未免過份重視行爲人之人格而忽略犯罪行爲。參閱楊建華，「刑法總則之比較與檢討」，頁379，三民書局，1998年3月3版。

41 參閱柯慶賢，「刑法專題研究」，頁412，三民書局1999年9月增修3版。

42 如義大利刑法第80條規定：「對於刑罰合計之規定，於判決或科刑命令後，另因其他犯罪行爲，更受審判，或對於同一犯人，有多數判決或科刑命令，而須將所有刑罰加以合計之情形，亦適用之。」既係對於判決惑科刑命令後之犯罪，亦適用之，又未限於判決或科刑命令確定前，始得適用，似係執行未完畢前之犯罪，均得享受數罪併罰之利益。參閱楊建華，「刑法總則之比較與檢討」，頁380，三民書局，1998年3月3版。

鼓勵犯罪之嫌，故爲多數學者所非議[43]，且爲我現行法所不採[44]。事實上，不論以何種標準作爲限制競合範圍之依據，均不免須斟酌於該標準下，非犯罪競合現象之存在是否將導致刑罰之執行出現「累罰」的效應。易言之，競合問題既以避免累罰作爲制度設計的出發點，在此基礎下，若競合範圍之限制造成競合範圍過於狹隘，相對的亦將提高累罰現象出現之可能性。因此，關於犯罪競合之範圍，究應如何加以限制，涉及立法政策，於裁判宣告主義與判決確定主義間，究應如何取捨權衡，尚難一概而論。

第二款　以「裁判同時性」為內涵之實質競合

關於立法例上針對犯罪競合範圍之限制，不論係「裁判宣告」、「判決確定」或是「執行完畢」，本質上係程序法上犯罪處理之各個階段，也就是說，競合問題雖係以實體法上法律效果爲處理之核心，然而此種處理係以程序上之特徵（階段）作爲概念之內涵；因此競合問題可謂兼具程序法與實體法的內涵[45]，不論將之侷限於實體法或程序法的面向，均無法窺得此一概念之全貌。

立法例上，由於德國刑法第53條第1項[46]與奧地利刑法第28條第1項[47]均以

---

[43] 例如：有認行爲人可能因有此項規定，而於裁判宣告有罪後，甚至裁判確定後執行時，或在執行刑罰中，肆意犯罪，以獲取數罪併罰之優遇，此無異以法律鼓勵犯罪。且在受有罪判決確定後，仍沽惡不悛，更行犯罪，其人之惡性深重可知，實無予以數罪併罰利益之必要。本項標準似嫌過寬。而裁判確定主義，固可補救在刑罰執行中犯罪，亦可享受數罪併罰利益而有鼓勵犯罪之嫌之缺失。惟裁判宣告後未確定前，尚有相當期間，在此期間犯罪，亦享受數罪併罰利益，仍不無鼓勵犯罪之嫌，與執行完畢前亦僅爲程度上之差異而已。論者或認爲以裁判宣告前所犯之罪爲限，範圍較小，因有上訴等機會可以變更裁判，不准其併合處罰，嫌其過苛。惟裁判已經宣告，雖未確定，但在上級法院依法定程序變更前，仍有其法律上之效力，行爲人無視國家罪刑宣告之裁判，仍繼續犯罪，其惡性可知，有無就罪刑宣告後之繼續犯罪行爲，予以併合處罰之必要，尚非毫無商榷之餘地。參閱楊建華，「刑法總則之比較與檢討」，頁381，三民書局，1998年3月3版。

[44] 參閱甘添貴，數罪併罰之概念與根據，月旦法學雜誌第61期，頁16，2000年6月。

[45] 此外，由於「是否存在將數個犯罪行爲一起審判的可能性，通常情況下取決於刑事訴訟法，因此，實質競合的規定不僅屬於實體法，而且也屬於程序法。」參閱（德）漢斯・海因里希・耶塞克、托馬斯・魏根特著，徐久生譯，「德國刑法教科書（總論）」，頁885，中國法制出版社，2001年3月。

[46] 其條文爲：「違犯數個犯罪行爲而同時受裁判，科處數個自由刑或數個罰金刑者，併合宣判一個整體刑。」參閱林山田，「刑法通論下冊」，頁572，三民書局，1998年2月增訂6版。

[47] 其條文爲：「行爲人單一行爲或獨立之多數行爲，違犯數個同種或異種之可罰行爲，而同時接受裁判時，如其所競合之法律，僅規定自由刑或罰金刑者，僅處以一個爲一之自由刑或罰

「同時接受裁判」爲實質競合之成立要件。就此而言，其認：「行爲人在裁判確定前所違犯之數個行爲必須能夠在同一刑事訴訟程序接受裁判者，始足以形成數個構成要件之實質競合關係。[48]」之見解，實係以德、奧之法制爲依據[49]。從而在概念上，若將實質競合之概念定位爲「能在同一刑事訴訟程序中接受裁判之一人犯數罪」，關於「裁判確定後發覺餘罪」與「數罪經兩個以上裁判」之情形，即非屬前述實質競合概念之範疇[50]。然而，何以實質競合之規定須以「能在同一刑事訴訟程序中接受裁判」爲要件？

若自程序上之不同階段（裁判宣告、裁判確定或執行完畢），限制實質競合的範圍，不論採裁判確定主義或執行未畢主義，因裁判宣告與裁判確定或裁判執行間，必然存在一定時間上的區隔，似難避免實質競合的範圍，因裁判宣告後再犯罪，出現「擴張」的現象；而唯有採絕對的裁判宣告主義（即一旦未於同一裁判中接受審判，則不成立實質競合），方有可能於程序上只出現「一次」實質競合的現象。有鑑於此，於德國法上遂有認：「由於複數的行爲與複數的可罰行爲評價關係的存在，得以成爲實質競合型態者，必須受到評價程序的條件拘束，亦即必須在同一裁判中，成爲處理的對象，方有實質競合可言。如個別行爲分別在不同的評價程序中處理者，雖客觀上具有複數客體與複數評價的存在，仍不能稱爲實質競合[51]。」簡單來說，之所以須以「同時接受裁判」爲實質競合之內涵要素，其主要目的在避免「競合範圍之不確定」。

金刑。此一刑罰依科以嚴重刑罰之法律定之。除有特別減輕其刑之規定外，其處罰不得低於各競合法律所規定最低刑罰之最高度。」參閱林山田，競合論概說與行爲單數，政大法學評論第39期，頁34。

48 易言之，即行爲人必須在裁判確定前違犯獨立之數個行爲，而構成數罪，且此數罪均能在同一刑事訴訟程序中併案裁判者，方能構成實質競合；否則，行爲人雖違犯數個行爲，但此數個行爲並無法在同一刑事訴訟程序中共同接受裁判之可能性，即無構成實質競合之餘地。參閱林山田，「刑法通論下冊」，頁658，三民書局，1998年2月增訂6版。

49 德國刑法實務認爲：（實質競合）總合刑不是機械地或任意地提高具體刑罰的構成，總合刑的構成反映了行爲人的個性和各具體犯罪之間的聯繫，因此，在對行爲人進行評價時，首先要考慮到的是，犯罪行爲是否表明了犯罪傾向，還是表明了各具體犯罪僅是互不相關的偶犯。在具備數個犯罪行爲的情況下，必須考慮刑罰對行爲人將來生活的影響。對各具體犯罪行爲的總的評價，尤其必須考慮不法內容的整體情況和各具體犯罪行爲之間的內在聯繫問題。參閱（德）漢斯·海因里希·耶塞克、托馬斯·魏根特著，徐久生譯，「德國刑法教科書（總論）」，頁890，中國法制出版社，2001年3月。

50 非在同一刑事訴訟程序中併案審判之數罪，應非屬實質競合之範圍。參閱林山田，論刑法總則之改革，月旦法學雜誌第76期，頁105，2001年9月。

51 參閱柯耀程，「刑法競合論」，頁285，元照出版公司，2000年12月。

刑法競合論的觀念，不論是單一刑罰原則或是區分原則，係以「認定多數犯罪之單一制裁」的理念爲基礎[52]；概念上係將所有的構成要件該當，直接視爲行爲人本身整體危險性之體現，若無法在同一訴訟程序上予以解決，或許根本無由產生刑罰競合的觀念[53]。因此，在實體法中，乃以「能在同一刑事訴訟程序中接受裁判」爲要件。此外，數罪得以於同一裁判中併罰，除其具實體法上之意義外，於程序法上最主要者，乃基於簡化訴訟程序，以及減輕法院負擔[54]。故而，數罪得以併罰，亦唯有於「裁判同時性」之條件成立時，始能成之[55]。

第三款　裁判同時性之探討

雖然在避免實質競合範圍不確定的目的下，對於競合規定，設有「裁判同時性」之限制。不過，關於裁判同時性之內涵，法制上卻也產生究竟應以「一

---

52 學者有認：「不論處理方法係採區分制或單一刑罰制，均係於單一制裁下，針對多數犯罪存在的情況所爲之處理。」參閱柯耀程，數罪併罰整體刑之確立與易刑處分，變動中的刑法思想，頁240，註7，1999年9月。

53 依學者之說明：「由於概念上係將所有法律侵犯直接視爲法律破壞者本身整體危險性之體現，無論係想像競合或是實質競合等實體上複數構成要件實現的型態，若無法在同一訴訟程序上予以解決，或許根本無由產生刑罰競合的觀念。此外，數罪得以於同一裁判中併罰，除其具實體法上之意義外，於程序法上最主要者，乃基於簡化訴訟程序，以及減輕法院負擔。故而，數罪得以併罰，亦唯有於具有裁判之同時性之條件成立時，始能成之。」參閱柯耀程，數罪併罰整體刑之確立與易刑處分，變動中的刑法思想，頁249，1999年9月。

54 就德國法之規範而言，由於法之明文，亦唯有於具有「同時裁判可能性」之條件成立時，不論該當實質競合或是事後併罰，始有實質競合法律效果之適用。因此數罪得以於同一裁判中併罰，除其實體法上之意義外，於程序法上最主要者，乃基於簡化訴訟程序以及減輕法院負擔。參閱柯耀程：數罪併罰整體刑之確立與易刑處分；變動中的刑法思想，頁249，1999年9月初版。我國實務上亦有執此而質疑我國刑法第53條之立法不符訴訟經濟之原則，參閱最高法院24年上字第3972號判例，轉引自蘇俊雄，「刑法總論III」，頁109，註11，2000年4月初版。

55 參閱柯耀程，數罪併罰整體刑之確立與易刑處分，變動中的刑法思想，頁249，1999年9月。

審裁判時[56]」或「二審裁判時[57]」爲界線之歧見。事實上，此種以裁判同時性作爲競合要件之思考，並非單獨存在於實質競合之中。以想像競合爲例，由於單一刑罰原則的規定，在規範上具有將其多數構成要件實現之整體，視爲「一事不再理」適用對象之功能，並作爲單一可罰性評價之基礎；若未於同時接受裁判，自難將所有的構成要件該當行爲，予以單一的刑罰評價。不過，在想像競合已判決確定的情形中，如果事後才發現「部分構成要件該當行爲漏未評價」，由於已本於同一刑罰權爲可罰性評價，基於一事不再理之原則，規範上即認爲該漏未評價的部分，爲前判決之既判力所及；簡言之，在本質上，想像競合原即包含裁判同時性的限制。而在想像競合中，裁判同時性係以最後事實審爲界線，此點並無學說上的爭論；因此，本文認爲：裁判同時性之內涵，應以二審裁判時爲界線。

或許是基於上述想像競合的思考模式，對於同爲處理複數犯罪構成要件實現的實質競合，學說上遂有主張：「當行爲人分別所犯的多數犯罪行爲，有可能在一項裁判中加以評價處斷時，一旦該多數之犯罪係於同一刑事訴訟程序中接受裁判，法律乃予以併罰之整體可罰性評價。此時，雖各該犯罪本具有獨立之性質，惟於處罰上，因確立整體罪責所形成之整體刑於內涵上已異於爲整體刑基礎之個別刑，不免出現以整體刑爲刑罰執行上唯一依據，而非以個別宣告刑爲執行依據之現象。[58]」簡單來說，之所以須以數構成要件實現「能在同一刑事訴訟程序中接受裁判」爲實質競合問題之處理要件，實係由於「整體可罰性評價」之要求所致；若數犯罪未能於同一刑事訴訟程序中接受裁判，所爲之「可罰性評價」即不免欠缺「整體性」。也就是說，在如德國刑法的立法例

---

56 由於得以成爲同一裁判程序之審判內容者，並不侷限在檢察官的起訴範圍，故有主張應「以第一審言詞辯論終結前，作爲整個訴訟程序流程審理範圍的界線。因此宜將裁判同一性的界線，界定在第一審言詞辯論終結之前。如將此一界線無限延伸至裁判確定，則不但對於評價客體無由確認是否爲複數，更會使得原本同一裁判內容的複數轉變成爲單數，更將使得實質競合核心的法律效果處理問題形同虛設。」參閱柯耀程，「刑法競合論」，頁287，元照出版公司，2000年12月。

57 不過，若鑒於「因第二審亦爲事實審，對於行爲人之人格因素，亦能於裁判時斟酌」，爲避免於裁判確定主義之缺失（此即：裁判宣告後未確定前，尚有相當期間，在此期間犯罪，亦享受數罪併罰利益，仍不無鼓勵犯罪之嫌，與執行完畢前亦僅爲程度上之差異），在採裁判宣告主義的前提下，亦有主張：「爲補救裁判宣告主義對行爲人較爲嚴苛之缺失，並使於第二審上訴程序中仍得予以數罪併罰，而裁判宣示後至判決確定前之犯罪，則不予享受數罪併罰之利益，亦可免鼓勵犯罪之譏；乃主張所謂裁判之宣告，係指第二審即事實審裁判之宣告。」參閱楊建華，「刑法總則之比較與檢討」，頁382，三民書局，1998年3月3版。

58 參閱柯耀程，數罪併罰整體刑之確立與易刑處分，變動中的刑法思想，頁251，1999年9月。

中，「整體性刑罰」惟於「數構成要件實現能在同一刑事訴訟程序中接受裁判」時始能獲得；一旦複數構成要件之實現無從於同一裁判中接受審判，即便同爲裁判宣告前所犯之罪，原則上並不將之歸納於「實質競合」之範疇。[59]

不過，值得探討的是，在裁判同時性的要求下，其所產生「限縮實質競合成立」的法律效果，與競合問題避免累罰效應的目的，似有牴觸之疑慮。此外，將同時裁判性作爲實質競合之前提要件，雖可達成確定實質競合範圍之目的；然而，相較於「想像競合中，如於事後發現部分構成要件該當行爲漏未評價，基於一事不再理之原則，規範上即認爲該漏未評價的部分，爲前判決之既判力所及」，由於實質競合在規範上未將漏未裁判之犯罪，與前述想像競合的情形，做相同的處理，而是須另就餘罪審判；在此前提下，似不應認爲實質競合之法律效果，與想像競合之法律效果，具有相同的「單一可罰性評價」內涵。因此，本文認爲：於法理上，似無必要認爲實質競合與想像競合一樣，本質上均包含此一「同時裁判性」的限制；縱然實質數罪未於同一程序中接受裁判，亦非必然不得適用競合規定[60]。

第四節　我國刑法規定之數罪併罰

關於外國法制上競合問題的發展與實質競合的內涵，已於先前有所說明。然而我國刑法，並未以「實質競合」一詞，指稱多數構成要件該當（實質數罪）之情形；實務之發展，亦未如外國法制般，以競合論之法理作爲判斷的基礎。因此，我國法制上之實質數罪，在內涵上是否與前述實質競合相同？實有待說明。於本節中，本文將介紹學者間對於實務的批評，並說明我國刑法第50條規定下之數罪併罰範圍。

---

59 以此爲前提，學者更有本於德國刑法第五十三條之觀點，提出我國刑法第五十條之修正方向。其認現行刑法第50條應修正爲：「裁判確定前犯數罪，而數罪均能在同一刑事訴訟程序中接受裁判者，併合處罰之。」參閱林山田，論刑法總則之改革，月旦法學雜誌第76期，頁104，2001年9月。

60 事實上，在德國法的規範模式下，未於同一程序中接受裁判的實質數罪，在一定的條件下，仍有實質競合法律效果的適用（詳見本章第五節）。

第一款　法制沿革

數罪併罰一語，依學者之見，有廣狹二義，狹義之數罪併罰，係謂裁判確定前，犯數罪，而併合處罰之謂；廣義數罪併罰，乃指除狹義數罪併罰以外，包括形式上數罪（此乃指犯罪之併合，刑法第55條想像競合犯、牽連犯及第56條連續犯）之併合處罰在內。我國刑法第七章章名所謂「數罪併罰」，係採廣義說[61]。關於數罪併罰之規定，我國舊律原仿日本舊刑法之章名「數罪俱發」，而定為「俱發罪」的章名。然日本新刑法，鑒於其所規定之內容，並非僅限於數罪俱發，即數罪各別發覺，亦得適用，故改稱之為「併合罪」。又所謂併合罪，併非將數罪併合為一罪，而係各罪仍獨立存在，僅在處斷上併合而已，故我國現行法乃採其併合論罪的涵意，而改為數罪併罰[62]。

我國刑法處理競合問題的依據，在立法理由上，均係認定為「罪」之問題，在第七章規定中，即以「數罪併罰」為標題。其主要之立法理由沿革謂：「查第二次修正案謂原案本章名俱發罪，沿用舊律之名稱，但本章之規定，非限於數罪俱發，即數罪各別發覺，亦得適用。是以日本舊刑法名為數罪俱發，新刑法改為併合罪，然所謂併合罪，並非將數罪併合為一罪，其各罪仍獨立存在，不過併合處斷之耳。故本案改為併合論罪。」[63]依參與我國刑法前身「大清新刑律」編纂之日籍學者岡田朝太郎之見解：「論數罪俱發之要素，不可無二個以上之罪。犯罪以其所為為成立條件，除因一所為成立一罪，及因數所為成立數罪外，別有因數所為成立一罪時，更有因一所為成立數罪時（想像上數罪）各有複雜之問題在，故先自數罪與一罪之區別立論。」[64]似可瞭解罪數「處斷」問題轉變為「判斷」問題的基本思考[65]。

61　參閱郭君勳，「案例刑法總論」，頁608，三民書局，1988年11月修訂版。

62　參閱蘇俊雄，「刑法總論III」，頁16，作者自刊，2000年4月。

63　參閱蔡墩銘主編，刑法暨特別法立法理由、判解決議、令函釋示、實務問題彙編，頁255。轉引自柯耀程，競合論之回顧與前瞻，刑法七十年之回顧與展望紀念論文集（一），頁318，元照出版公司，2001年1月。

64　參閱柯耀程，罪數論根源與發展之探索，月旦法學雜誌第75期，頁67，2001年8月。

65　關於我國法制上罪數論之形成與發展，請參閱柯耀程，罪數論根源與發展之探索，月旦法學雜誌第75期，頁64以下，2001年8月。

第二款　規範目的之探討

雖然學說上有基於我國法制沿革的觀點，主張數罪併罰乃我國固有的法制度[66]。然因我國刑法在競合問題上，並未建構如外國法制般之理論基礎，所以學說上乃不乏探究數罪併罰規範目的之說明。其中，有自責任刑法的角度，認爲數罪併罰乃一人一刑與一罪一刑之折衷[67]；有自訴訟經濟之觀點，主張「獨立數罪如分別裁判，法院及當事人必將多所勞費[68]」；亦有認爲數罪併罰乃本於刑事政策觀點所爲之規定[69]。不過，如本章第一節第一款所述，競合問題的提出，主要在避免累罰效應對受刑人造成過度不利益[70]；而不論持前述何種觀點，誠如學者所言：「所宣告之刑若均逐一執行，往往刑期過長，犯人經相當期間之刑法教育，或已改過遷善，如仍須長期繫獄，殊無必要，故設執行刑之

---

66 其謂：「我國法制，關於數罪併罰，早已見諸唐律，名之曰俱發，其規定爲：諸二罪以上俱發，以重者論，等者須從一斷，亦即指發現其犯二罪以上時，應從其一重罪論處，若各罪相等時則依一罪論處已足之謂。考我舊法暫行新刑律，即於總則第五章，定名爲俱發罪，其第二十三條規定：確定審判前犯數罪者，爲俱發罪，各科其刑，並依下列定其應執行刑者，即係淵源於唐律而來，現行刑法則改爲數罪併罰，殊非始自外國法例始。」參閱謝兆吉、刁榮華合著，刑法學說與案例研究，頁96，漢林出版社，1976年10月。

67 按依責任刑法之理論，刑罰之數應與犯罪之數相等，犯一罪處一刑，犯兩罪處兩刑。惟各罪之間，因有其特殊關係，不宜堅守一罪一刑之原則，有合數罪爲一罪者，亦有合數刑爲一刑者，此即爲數罪併罰之問題。然無責任即無刑罰，非具責任之行爲，非爲處罰之對象，刑法固非不得基於道義責任立場，對於行爲人之心意予以適當之處遇，但在刑罰制度上，仍應以客觀上有行爲之事實，並引起結果之發生，爲其處罰之對象。一人犯數罪，究應一罪一刑，或應一人一刑，則又因行爲則任與人格責任而有不同。在採行爲責任論者，因係以各個行爲定其責任，故以一行爲一罪爲原則。在採人格責任論者，認犯罪行爲乃犯人惡性之表徵，犯人之惡性與犯人之人格不可分離，一人犯數罪與一人犯一罪並無不同，故應以一人一刑爲原則。一罪一刑固過分偏向客觀主義，忽視行爲人之性格；一人一刑又過分偏向於主觀主義，忽視犯罪行爲。如何折衷至當，實爲立法上值得檢討之事項。參閱楊大器，「刑法總則釋論」，頁280，大中國圖書公司，1992年3月18版。

68 參閱楊大器，數罪併罰之理論與實用，法律評論第54卷第1期，頁10，1988年1月。

69 其認爲：「原則上，一人犯一罪應依一罪論處，並擔負一罪之罪責與刑責；本此而言，一人犯數罪時，自亦應擔負數罪之罪責與刑責。然而本於前述對所有犯罪總體評價之思考，各國立法例，爲免一一執行過於嚴苛，並出於衿恕之懷，多有數罪併處之規定。」參閱謝兆吉、刁榮華合著，刑法學說與案例研究，頁96，漢林出版社，1976年10月。

70 學者有認：「原則上行爲複數該當複數構成要件之實現應具有表徵複數國家刑罰權之意義。惟因競合論之基礎，乃再對一罪一刑及數刑併計原則之修正，而其根本亦爲對法律效果之重新檢討和省思。」參閱柯耀程，數罪併罰整體刑之確立與易刑處分，變動中的刑法思想，頁243，1999年9月。

規定，以縮短其執行期間。[71]」實質上均包含避免受刑人遭受過度不利益之目的在內。因此，數罪併罰實同於外國法制之競合問題，以累罰效應之避免為主要目的。

第三款　對於我國實務與罪數論之批評

依學者所見，「由於我國刑法在競合論上，迄今大多只是實務取向的探討，一開始即一頭撞進於一罪或數罪的判斷，而將競合論界定在罪數的問題[72]。」故所發展出的架構，完全將問題之焦點，放在判斷罪數之上[73]。而以實務見解為中心的相關學說，亦將數罪併罰問題的核心，置於罪數判斷之問題，漸漸形成決定數罪併罰的基本機制，乃在於罪數判斷的看法[74]。

雖然我國刑法將競合問題，於法律規定中稱為「數罪併罰」，然此所稱之「罪」，究係指獨立之犯罪事實本身？或是指行為？抑或指法益之侵害？或者指實現之構成要件而言？學說上眾說紛紜；故而導致處理競合論問題時，如果必須從確定罪數著手，對於一罪（包含：單純的一罪、包括的一罪與處斷上的一罪）與數罪（僅指裁判確定前犯數罪之數罪併罰）之判斷，即會出現「在判斷過程中，未先建立判斷行為單、複數的基準，即已進入欠缺客觀判斷標準的罪數判斷[75]。」的流弊。

71　參閱楊大器，數罪併罰之理論與實用，法律評論第54卷第1期，頁10，1988年1月。

72　參閱林山田，競合論概說與行為單數，政大法學評論第39期，頁62。

73　亦即決定何種情況下，行為人所犯者為「一罪」；何種事實情況，對於行為人之歸責應屬於「數罪」。參閱柯耀程，競合論之回顧與前瞻，刑法七十年之回顧與展望紀念論文集（一），頁319，元照出版公司，2001年1月。

74　參閱柯耀程，罪數論根源與發展之探索，月旦法學雜誌第75期，頁61，2001年8月。

75　參閱林山田，競合論概說與行為單數，政大法學評論第39期，頁62。此外，亦有學者自文義解釋的角度，提出批判，其謂：「學理上所謂「罪數論」所稱之「罪」，意義為何？究竟為構成要件揭示犯罪目錄之「罪（Delikt）」，亦或是評價結果之「罪（Straftat od. Verbrechen）」？如果其為犯罪目錄所揭示之罪，則競合問題所生者，必然為複數構成要件實現，亦即為「數罪（Mehrheit der Delikte）」，則學理所認定之情況，亦非「罪數」之決定，而係「數罪」；如所稱之「罪」為評價結果，則評價的基準，並非在構成要件的實現上，而係在評價對象單複數認定關係而已，此時所稱「單數」，實為評價客體之行為數，惟評價結果係以評價標準之規範，作為判斷，何以會發生複數評價標準（可能發生於單數評價客體，亦可能發生在複數之評價客體），卻成為單數關係的「罪」？猶有進者，如同為單一行為卻發生所實現構成要件有差異的情形，以評價結果作為認定「罪」的關係，則會發生此「一罪」不同於彼「一罪」之情況，此時乃產生評價客體與客體評價間之矛盾現象。」參閱柯耀程，罪數論根源與發展之探索，月旦法學雜誌第75期，頁61，2001年8月。

同時，實務見解除未能明確界定特別、補充與吸收等三種法律競合關係外，並濫用「吸收」一詞，導致判例上動輒出現各種分屬各種不同關係的吸收，使人不知法律競合中的「吸收關係」與學說討論的「吸收犯」是否同屬一物；另在處斷上一罪中，分由德國刑法與日本刑法引進想像競合犯、牽連犯與吸收犯等「同時併存而概念與內涵混淆不清，卻終又能得出相同結果[76]」之立法規定，更使我國刑法在競合論部分，令人感到一頭霧水。[77]甚至有學者認爲：「罪數論爲刑法學理發展過程的一種誤認[78]。」因此，不應僅自罪數的角度，理解數罪併罰的法律效果。事實上，關於數罪併罰的法律效果，誠如學者所言：「所謂數罪併罰，係指同一犯人於裁判確定前犯獨立的數罪，由法院分別宣告各罪之罪刑，並定其應執行之刑而言；其所犯各罪之罪刑獨立存在，僅因定其應執行之刑，而將各罪之宣告刑併合處罰，係屬刑罰之合併；而非將數罪併爲一罪。[79]」

---

[76] 參閱林煒民，刑罰行爲之質與量——主論「行爲單數」，兼論「吸收」，刑事法雜誌第40卷第2期，頁29，1996年4月。

[77] 與我國實務不同的是，德國刑法實務在罪數之判斷上，係運用刑法學理論提出之「行爲單數」與「行爲複數」之法概念，針對具體行爲事實，首先判斷究屬行爲單數、抑屬行爲複數。若屬行爲單數，則續行判斷法律競合現象，除外其餘者即屬想像競合；若認定屬於行爲複數，則應進而判斷是否爲「與罰之前行爲」或「不罰之後行爲」，其餘即屬犯罪複數之「實質競合」。立法上既無牽連犯與連續犯，理論上亦無吸收犯，如此判斷程序，體系簡明，較能得出明確而一致性的判斷結果參閱林煒民，刑罰行爲之質與量——主論「行爲單數」，兼論「吸收」，刑事法雜誌第40卷第2期，頁29，1996年4月。

[78] 就我國學理上對於罪數決定的公式觀察，其中涉及競合問題者，有二：（一）形式數罪或稱裁判上一罪：即以一犯意（含概括犯意），爲一行爲或數行爲，其結果侵害數法益，成立數罪名者，包括想像競合、牽連犯及連續犯；（二）實質數罪：以數犯意，爲數行爲，結果侵害數法益，成立數罪名者。然而，既以數罪名的存在作爲形成競合問題的前提，何以數罪名卻成爲「一罪」？此所稱罪數決定，其所指之「罪」應爲評價之結果，藉以與成立條件的「罪名」作區隔，惟評價結果作爲罪數決定之基準，所依據者，應非「罪名」，而係作爲評價客體之行爲，蓋唯有行爲單一，或其雖非單一卻具有特定之關聯性，如牽連關係或連續關係存在時，將該評價客體，作一整體性評價，如此方有評價單一的情況，唯有此種情況，方得謂評價單數，然評價內容則屬複數，蓋評價內容係由數「罪名」建構而成。因而，將複數之罪名，稱之爲「一罪」，頗令人不解，其中包含有二部分之疑慮存在：（一）如何區分「罪數」與「罪名數」，其標準何在？刑法中是否具有二不同「罪」之概念？其中是否意謂著一爲評價標準的構成要件所揭示之罪，一爲以此標準所爲之評價結果？而二者均通稱爲「罪」；（二）即使罪數得以明確區分，是否即意謂著競合論之任務，在確認罪數之時，即以完成？事實不然，即使確認罪數，仍須進一步對於可罰性之法律效果，加以檢討。參閱柯耀程，罪數論根源與發展之探索，月旦法學雜誌第75期，頁61-63，2001年8月。

[79] 參閱楊大器，數罪併罰之理論與實用，法律評論第54卷第1期，頁10、11，1988年1月。

第四款　牽連犯與連續犯之法律效果

由於我國現行刑法承認牽連犯與連續犯，就此而言，數罪併罰之體系，乃異於德國競合論之體系。然而，關於牽連犯與連續犯之定位，非無爭論。有認牽連犯與連續犯屬於實質競合之範疇[80]；就二者亦具備「裁判宣告前犯數罪」與「裁判同時性」之特徵而言，這種說法，似不無道理。不過，對於其法律效果的性質爲何，學說上仍有歧見。

依刑法第55條後段規定，牽連犯之法律效果，爲從一重處斷。學說上對此法律效果有持「罪之吸收[81]」、「刑之吸收[82]」與「刑之合併[83]」等不同見解[84]。由於前二說均存在忽略輕罪之不當；且「依罪刑不可分原則，評價上數

---

80 關於數罪併罰之體系，學者有指出：「就競合體系而言，犯罪行爲而該當數犯罪構成要件，其法律效果並非把數個犯罪的法定刑做數學式的加算。依據我國實證法的體系以及通說的解釋，大抵上可以把犯罪之競合分成眞正競合與非眞正競合；所謂非眞正競合，指的就是法條競合；至於眞正競合，可以分爲想像競合以及實質競合。所謂想像競合，就是刑法第五十五條前段所規定的一行爲觸犯數罪名的情形；而實質競合，原指數罪併罰的情形。然而我國刑法另有牽連犯及連續犯的規定。因此在我國，有認牽連犯及連續犯也屬於實質競合的範疇。」參閱黃榮堅：犯罪的結合與競合；刑法問題與利益思考，頁452，月旦出版社股份有限公司，1995年6月初版。

81 倘認其爲「罪之吸收」，因輕罪被重罪所吸收，輕罪已不復存在，則不僅在判決主文上，不必輕重罪併舉；且在刑罰裁量上，亦毋庸考慮輕罪之不法內涵與罪責內涵；甚至亦無法發生「不得科以較輕罪名所定最輕本刑以下之刑」之封鎖作用。因此，在終局評價上，無異承認想像競合犯與牽連犯，本質上僅屬於一罪，如此不但與現行法規定其爲廣義數罪併罰之體系，有所牴觸；且勢將與法條競合爲評價上一罪之情形，無從區別。參閱甘添貴，科刑一罪處斷刑之性質，月旦法學雜誌第56期，頁8，2000年1月。

82 至持「刑之吸收」者，在終局評價上，想像競合犯與牽連犯，在本質上仍屬數罪，惟既認輕罪之刑爲重罪所吸收，則亦如前述，不但在刑罰裁量上，毋庸考慮輕罪之不法內涵與罪責內涵；且亦無法發生「不得科以較輕罪名所定最輕本刑以下之刑」之封鎖作用。此外，輕罪之刑既爲重罪之刑所吸收，則重罪無從刑，而輕罪有從刑時，例如，因犯罪所得之物等，是否仍得宣告沒收，勢將無法作妥適之說明。參閱甘添貴，科刑一罪處斷刑之性質，月旦法學雜誌第56期，頁8，2000年1月。

83 所謂從一重處斷，乃係合併想像競合犯與牽連犯組成分子的數個評價上一罪，而成爲科刑一罪；而其所對應之刑罰，則係合併其組成份子之各個評價一罪之數法定刑，而爲一個處斷刑之意。想像競合犯與牽連犯，在犯罪認識上爲數罪，在犯罪評價上亦爲數罪，僅在科刑上以一罪處斷。論其性質，乃係就刑爲人所觸犯之數罪，在科處刑罰制裁時，從其中一個重罪處罰；亦即就行爲人所觸犯之數罪中，依其最重罪名之法定刑爲準，作爲一個處斷刑之判斷依據。參閱甘添貴，科刑一罪處斷刑之性質，月旦法學雜誌第56期，頁8，2000年1月。

84 至其特性如何？則其說不一。有採罪之吸收說者：此說認爲想像競合犯與牽連犯之處罰，係採吸收主義，所謂「從一重處斷」，係指從一重罪處斷，而非從一重刑處斷；即從重罪處斷之結果，輕罪遂被吸收於重罪，故爲「罪之吸收」；有採刑之吸收者：此說認爲想像競合犯

罪之各罪，皆有其各自對應之法定刑；而科刑上一罪，亦有其對應之處斷刑。在罪質上，想像競合犯與牽連犯，雖係科刑一罪，惟其實質乃係連結數個評價上一罪而合併爲科刑上一罪。[85]」似應認爲牽連犯之法律效果，本質上係「刑之合併」；其所形成之處斷刑，不同於各個犯罪之法定刑。

又，依我國刑法第56條規定，連續犯之法律效果，爲以一罪論。由於連續犯所連續實施之數個行爲，已分別獨立構成犯罪，因此，不但在犯罪認識上爲數罪，在犯罪評價上，因其侵害數個法益（或對於同一法益爲數次性之侵害），故亦爲數罪。只不過因其所觸犯者，爲同一罪名，故在科刑上規定以一罪論處，而非規定從一重處斷[86]。因此，所謂「以一罪論」，亦同於想像競合犯與牽連犯，均指「以科刑上一罪論」之意。「所謂以一罪論，在性質上，亦屬刑之合併，而非罪之吸收，亦非刑之吸收[87]。」

基於上述說明，雖然就「裁判宣告前犯數罪」與「裁判同時性」之特徵而言，可認牽連犯與連續犯屬於實質競合之競合類型；不過，與德國法上所謂實質競合不同者，牽連犯與連續犯在處理方式上，並不採區分原則，而是採單一刑罰原則。因此，數罪併罰在法律效果的評價上，應有異於牽連犯與連續犯。

第五款　數罪併罰之範圍

由於我國刑法第50條之規定，並未以「裁判宣告前之犯罪」與「裁判」爲前提，因此數罪併罰之範圍，除包含與德國刑法第53條規定內涵相同之實質競合外，更包含「於第一個有罪裁判宣告後、判決確定前，其他個別發覺、個別裁判的犯罪」在內（如案例一之乙罪）；換言之，除數罪同時接受裁判之實質競合外，關於數罪分別審判，其於事後併合裁判之情形（其類型有二：一、數罪併罰，於裁判確定後，發覺尙有未經裁判之餘罪者；二、數罪併罰，其數罪

與牽連犯，其輕罪之刑爲重罪所吸收，故爲「刑之吸收」，我實務亦採之。參閱甘添貴，科刑一罪處斷刑之性質，月旦法學雜誌第56期，頁8，2000年1月。

85 參閱甘添貴，科刑一罪處斷刑之性質，月旦法學雜誌第56期，頁8，2000年1月。

86 就此而言，所謂「以一罪論」，乃立法技術上針對「觸犯同一罪名」所爲的修飾語，並非將其所觸犯之數罪，評價其爲一罪，而與想像競合犯或牽連犯有不同之義。

87 且基於罪刑不可分原則，此連續犯所對應之刑事處罰效果，係以其組成分子中較重之評價上一罪之法定刑爲基礎，得加重其刑至二分之一，做爲此一連續犯之處斷刑。參閱甘添貴，科刑一罪處斷刑之性質，月旦法學雜誌第56期，頁8，2000年1月。

經各裁判科刑，分別確定[88]），亦為我國刑法第50條數罪併罰之規定所包含。因此，較之德國實質競合之立法例，我國刑法中數罪併罰之範圍，更為廣泛。鑒於德國刑法上所謂的「實質競合」，於內涵與範圍上，與我國刑法第50條所謂的數罪併罰有所不同，本文並不以「實質競合」此一名詞稱呼我國刑法第50條之規定，而仍以「數罪併罰」之名稱之，以為概念上之區別。

第五節　事後併罰

行為人於判決確定前所犯的實質數罪，如係同時發覺，自應一併起訴，並於同一訴訟程序中予以審判，並於同一裁判中，依刑法第51條的規定，分別宣告其罪刑，並定其應執行刑；此一刑法適用過程，實為具備前述裁判同時性時，所應進行的訴訟程序。不過，「若所犯各罪之犯罪行為雖在裁判確定之前，然其犯罪分別發覺，且經分別起訴審判，則必有二以上之裁判，為顧及犯人享受定執行刑之利益，刑法第53條規定，仍應適用同法第51條定其執行刑，此為二以上裁判所定之執行刑。[89]」此時，即出現異於前述具備同時裁判性的併罰型態。

此外，由於犯罪事實之認定，乃刑事法院之權限；因此，關於行為人於何時犯何罪，唯有依照已確定之有罪判決，始有可能正確認定。從而，行為人所犯之數罪間，是否符合刑法第50條之規定，只有在所有的有罪判決均告確定後，才有正確判斷的可能。不論採用何種立法例，均無法避免因訴訟程序進行之遲緩，造成前裁判作成後，甚至執行完畢後，始發現「其他合於數罪併罰規定之犯罪」之情形。或因如此，於各國之立法上，大多均承認於事後（原科刑裁判後）亦有競合規定之適用。此種競合之類型，相較於「於同一裁判中定應執行刑（同時數罪併罰）」之實質競合，本文稱為「事後併罰[90]」。

88　參閱郭君勳，「案例刑法總論」，頁612，三民書局，1988年11月修訂版。

89　參閱楊大器，數罪併罰之理論與實用，法律評論第54卷第1期，頁11，1988年1月。

90　學者間有以「事後競合」一詞，指稱「未於同一裁判中對複數犯罪進行可罰性評價」的情形，其謂：「整體刑之形成，主要係於因複數評價客體具有裁判同一性的條件，而對獨立數罪所生之個別刑之整合。如欠缺裁判同一性的條件，自然無法成為同一裁判的內容，亦無由成立實質競合。但為對於一行為人法律效果的處斷，避免不必要的處罰，仍認有重新調整法律效果的必要，此時對於法律效果的調整，並非真實競合處斷的問題，而僅是所謂事後競合而已。故而事後競合的本質，並非評價關係的競合，而僅是法律效果的競合罷了。事後競合

第一款　事後併罰之法律效果

事後併罰既屬數罪併罰中之一種類型，於法律效果上，原應與數罪併罰同。不過，關於事後併罰之處理，學者間尚有不同見解。多數學說與現行實務認為：事後併罰於法律效果上，與數罪併罰同[91]。然而，與此見解相對，亦有學者主張事後併罰並無刑法第51條規定之適用[92]。

細究前述學說上之爭議，主要的問題在於：應否於時間上限制數罪併罰的適用？如果不應限制，則不論何時，只要數犯罪間符合數罪併罰的規定，即應適用其法律效果；反之，不論是何種限制，一旦違反該限制規定，縱然數犯罪間符合數罪併罰之規定，亦無其法律效果之適用[93]。究竟事後併罰應如何處理？於法制上應否限制其範圍？針對學說之爭議，立法例上對事後併罰之規

情形的發生，係源自於獨立之數罪往往不限於一裁判，而時有數裁判存在之情況。」參閱柯耀程，「刑法競合論」，頁296，元照出版公司，2000年12月。不過，應予注意的是，鑒於德國刑法上所稱之事後競合，尚須受其刑法第55條第1項：「受審判人在宣告刑執行完畢前，或在時效中止或赦免前，因原判以前之其他犯罪而受審判者，得適用第五十三條、第五十四條之規定。」之限制，而我國刑法就「各犯罪行為在裁判確定之前，然其犯罪分別發覺，且經分別起訴審判」並未設有相類似的限制規定，因此，本文乃以「事後併罰」一詞，指稱「裁判作成後，甚至執行完畢後，始發現其他合於刑法第50條數罪併罰規定之犯罪」之情形，以免發生概念上的混淆。

91　其謂：「數罪併罰之規定，即便於裁判確定後，發覺尚有未經裁判之餘罪者，仍應就未經裁判之餘罪，宣告其罪之刑，並合與已經裁判確定之刑，依刑法第五十一條各款之規定，決定應執行之刑；蓋定執行刑，本以宣告刑為基礎，已經判決確定之數罪，縱已定有執行刑，然因發覺餘罪而須另行改定，自宜以前數罪之數個宣告刑與後發覺之餘罪之宣告刑，更定應執行之刑。」參閱韓忠謨，「刑法原理」，頁339，1972年4月增訂第15版；林山田，「刑法通論下冊」，頁589，1995年9月增訂5版。而實務見解可參照87年度台抗字第404號裁定：「查應定其執行之刑者，並不以尚未執行者為限。數罪併罰中之一部分，縱經執行完畢，如合於合併定其應執行刑之規定者，仍應與未執行部分合併定其應執行之刑。又數罪併罰中之一罪，其最重本刑雖在三年以下，而他罪之最重本刑，如已超過三年，則因併合處罰之結果，根本上不得易科罰金。抗告人所犯非法販賣安非他命罪為五年以上有期徒刑之罪，經與抗告人所犯非法吸食安非他命罪定應執行刑之結果，抗告人所犯非法吸食安非他命罪部分，即不得易科罰金。抗告意旨指摘原裁定不當，非有理由，應予駁回。」

92　依其主張：現行刑法第五十二條：「數罪併罰，於裁判確定後，發覺未經裁判之餘罪者，就餘罪處斷。」中所指之「就餘罪處斷」，於系統解釋上不該當「依前條之規定，定其應執行之刑」，而將實質競合之併合處罰限縮於「在同一刑事訴訟程序中併案審判者」始有適用之餘地，則非在同一刑事訴訟程序中併案審判者即非屬實質競合之併合處罰。因此，未經裁判之餘罪不可與在前之裁判確定之罪，定應執行之刑，而應單獨宣判罪刑，個別而為執行。參閱林山田，「刑法通論下冊」，頁664，三民書局，1998年2月增訂6版。

93　惟如此一來，「未經裁判之餘罪」與「在前之裁判確定之罪」間，即形成累罰之關係，而非併罰關係，本文認為此種見解似將擴大累罰之範圍，而有違競合規範之初衷。

定，即有參考之必要。

第二款　未限制事後併罰之立法例

採單一刑罰原則之立法例[94]，雖於根本上並不考量各種競合型態，而僅對競合問題作單一法律效果之處理；惟在此規範型態下，仍有針對事後併罰之問題，予以規定。按瑞士刑法第68條第3項：「因他罪已受自由刑之宣告，而對此宣告之前已有犯罪行爲，亦應處以自由刑時，法官在定執行刑時，應注意不使其較數犯罪行爲同時受審判時所受之刑罰爲重。」與奧地利刑法第31條第1項前段：「已受刑之宣告之人，因另一犯罪而受裁判，自後罪遂行之時觀之，應在前罪程序中即已受判決，則宣告追加刑。」之規定，特別重視有無同時合併審判之可能性，就該等條文之反面解釋，如自後罪遂行之時觀之，在前罪程序中並無受判決之可能性，即不能適用數罪併罰之規定[95]。換言之，其僅以「同時接受審判之可能性」，爲適用實質競合法律效果之限制；不過，由於此種立法例並未限制事後併罰的形成，不難得知其承認：縱於前犯罪執行完畢後，前後二犯罪間亦有可能形成實質競合；此外，與我國刑法之牽連犯或連續犯不同，前判決之既判力，並未及於所有具備「同時接受審判之可能性」之犯罪。

而在採區分原則的立法例中，亦有未限制事後併罰的規定。日本刑法在併合處罰的問題上，採取與德國刑法不同的規範模式。日本刑法第45條：「未經確定判決之數罪爲併合罪。如判處監禁以上刑罰之罪，已經判決確定時，僅該罪和其判決確定前所犯之罪爲併合罪。」之規定，與我國刑法第50條之規定相同，乃以「判決確定前之數罪」爲併合罪之範圍。惟與我國刑法不同者，其乃以「是否同時接受裁判」作爲不同法律效果之區分標準[96]。簡單來說，如果

94　如：奧地利刑法第28條第1項：「行爲人單一行爲或獨立之多數行爲，違犯數個同種或異種之可罰行爲，而同時接受裁判時，如其所競合之法律，僅規定自由刑或罰金刑者，僅處以一個爲一之自由刑或罰金刑。此一刑罰依科以嚴重刑罰之法律定之。除有特別減輕其刑之規定外，其處罰不得低於各競合法律所規定最低刑罰之最高度。」與瑞士刑法第68條第1項：「行爲人之一行爲或數行爲觸犯科處自由刑之罪，處以罪重犯罪行爲之刑罰，並爲相當之加重。但最重不得超過法定刑的二分之一，並受最重法定本刑之限制。」之規定。

95　參閱楊建華，「刑法總則之比較與檢討」，頁383，三民書局，1998年3月3版。

96　依日本學者所述，併合罪在處分上，區分爲「同時審判的場合」與「審判餘罪的場合」。就同時審判的場合而言，如果各罪均判處有期徒刑，依刑法第47條之規定處理。而在審判餘罪的場合，即應依刑法第50條與第51條的規定處理。而在審判餘罪的場合中，由於各罪原本得

併合之數罪係於同一訴訟程序中接受裁判，即於「其最重之罪所定刑罰之最高刑期加其半數」之範圍內爲其應處刑之依據；惟若併合之數罪未於同一訴訟程序中接受裁判而出現二以上之裁判時，即將各個各個判決所確定之刑罰合併執行[97]。以案例一之事實而言，依日本刑法的規定，只要合併執行甲乙二罪之宣告刑即可。換言之，縱然出現事後併罰之狀態，即無須如我國刑法第52條：「數罪併罰，於裁判確定後，發覺未經裁判之餘罪者，就餘罪處斷。」與第53條：「數罪併罰，有二裁判以上者，依第五十一條之規定，定其應執行之刑。」之規定，另定應執行刑，而係合併執行各個刑罰。

韓國刑法[98]就事後併罰亦未設有限制規定，依其刑法第37條：「以尙未判決確定的數罪，或已確定判決之罪和該確定判決前所犯的罪，爲競合犯。」、第38條第1項：「在競合犯同時加以判決時，須依如下處罰之。（第1款）倘該罪所定之刑中，最重罪爲死刑或無期懲役或無期禁錮（無期徒刑）時，應依最重罪處罰。（第2款）倘在對各罪所定的刑種，爲除了死刑或無期懲役或無期禁錮以外的同種刑時，應加重該罪所定的最重罪中最長期刑或最高額罰金之二分之一。但不可超過將對各罪所定的刑期中最長期刑或最高額罰金加以合算之刑期或額度，但科料與科料、沒收與沒收得加以併科。（第3款）倘對各罪所定的刑種，爲除了無期懲役或無期禁錮以外之不同刑種時，應併科之。」與第39條：「（第1項）競合犯中有未受裁判者，須對該罪宣告刑罰。（第2項）倘依前項規定而有數個判決時，須依前條的規定加以執行。（第3項）受競合犯之判決宣告者，倘競合犯中某種罪被赦免或免除其刑時，須對另外的犯罪定刑罰。（第4項）依前三項之規定執行時，須合計已執行之刑期。」數罪併罰在

以同時接受審判，因此刑法第50條與第51條的規定目的，乃在取得與同時審判的場合相均衡的法律效果。參閱（日）野村稔著，全理其、何力譯，「刑法總論」，頁464-466，法律出版社，2001年3月。

97 日本刑法第47條：「併合罪中有兩個以上應判處有期徒刑之懲役或監禁之罪時，應按其最重之罪所定刑罰之最高刑期加其半數爲其應處刑之最高刑期，但不得超過各罪所定刑罰之最高刑期之總和。」、第50條：「併合罪中，已經判決之罪及未經判決之罪並存時，應再就未經判決之罪判處。」與第51條：「併合罪有兩個以上之判決時，應將各個刑罰合併執行。但應執行死刑者，除沒收外，不執行其他刑罰。應執行無期懲役或監禁者，除罰金、罰款及沒收外，不執行其他刑罰。有期之懲役或監禁之執行，不得超過其最重罪所定刑罰之最高刑期再加其半數之總合。」關於日本刑法之規定，參閱蔡墩銘譯，「德、日刑法典」，頁15，五南圖書出版有限公司，1993年12月。

98 關於韓國刑法條文規定，參閱韓國判例研究院編，「判例刑事法典」，頁32-38，青林出版，1996年3月增補版。

處理上，與我國刑法的規定相當類似。[99]

第三款　限制事後併罰之立法例

爲了避免數罪併罰的範圍無限制的擴張[100]，關於事後併罰之處理，立法例上多有限制；茲就其限制之內容，說明如下：

德國刑法雖亦以「同時受裁判」爲實質競合之前提要件，不過，並非限於第53條第1項「數罪同時受裁判」之情形，始有「合併刑（總合刑）」之適用。依德國刑法第55條第1項[101]：「受審判人在宣告刑執行完畢前，或在時效中止或赦免前，因原判以前之其他犯罪而受審判者，得適用第五十三條、第五十四條之規定。」之規定，只要裁判宣告前之犯罪，在原宣告刑（或實質競合之整體刑）執行完畢前接受審判，即存在合併刑嗣後構成（事後併罰）之空間。簡單來說，德國刑法將實質競合法律效果之適用範圍，延伸至「非同時接受裁判之部分」，並以「原宣告刑執行完畢前接受審判」爲合併刑嗣後構成（實質競合法律效果適用）之限制。數罪如原有可能同時接受裁判，卻於事實上未同時受裁判，只要「原裁判宣告前所犯之其他犯罪」在執行完畢（或時效中止或赦免）前接受審判，即可與原裁判所宣告之犯罪，形成事後併罰之關係[102]。以案例一之事實而言，由於甲罪已執行完畢，因此在德國刑法的規定

---

99 韓國的實務見解，亦與我國的實務見解相似；例如：韓國大法院（最高法院）74刑事上告公判事件第3458號判例：「如二個以上的公訴事實，符合刑法第三十七條前段所定的競合犯關係，應對上開事實合併審理，並以一個判決處斷。且應依刑法第三十八條第一項所定之例，在競合加重的刑期範圍內，以單一的宣告刑處斷被告人。」參閱韓國判例研究院編，「判例刑事法典」，頁37，青林出版，1996年3月增補版。韓國大法院（最高法院）67刑事上告公判事件第6號判例：「依刑法第三十九條第一項、第二項和同法第三十八條第一項第二款之規定，所加以執行乙事，在解釋上應認爲，基於將其各判決之宣告刑所合算的刑期，依上開條文規定，於競合犯中的最重罪中最長期刑或最高額罰金之二分之一範圍內，加以執行的旨趣。」參閱韓國判例研究院編，「判例刑事法典」，頁38，青林出版，1996年3月增補版。

100 參閱柯耀程，「刑法競合論」，頁300，元照出版公司，2000年12月。

101 參閱蔡墩銘譯，「德、日刑法典」，頁21，五南圖書出版有限公司，1993年12月。

102 關於德國刑法上事後併罰之適用，說明於後：「根據第五十五條之規定，總合刑還可以在事後構成。事後構成總合刑的先決條件是，後來被判處的犯罪行爲的實施先於原來被判刑的行爲，因此，在第一個訴訟程序中實際上就必須構成總合刑，如果法院當時就了解另一犯罪行爲。後來被判刑的犯罪行爲是否是在先前判處的犯罪行爲之前實施的，最重要的是要看對罪責和刑罰問題作出裁決的上一個判決是在何時宣布的，法院在該判決中本來應當可以做出總合刑的裁判。此外，原先的刑罰在後一個犯罪裁判時不得執行、經過時效或赦免，因爲只有一個尚未完結的刑罰可以被納入新的訴訟程序，被運用於構成總合刑。對後一個判決起決定

下，甲乙二罪並不能適用實質競合的法律效果（定應執行刑）。[103]

依中華人民共和國之刑法[104]，「數罪併罰的數罪，必須發生在法定期間以內，具體來說，包括以下五種情形：(1)判決宣告前一人犯數罪：(2)判決宣告以後，刑罰沒有執行完畢前，發現被判刑的犯罪分子，在判決宣告以前還有其他罪沒有判決的；(3)判決宣告以後，刑罰沒有執行完畢前，被判刑的犯罪分子又犯新罪；(4)被宣告緩刑的犯罪分子，在緩刑考驗期限內犯新罪，或者在判決宣告以前還有其他罪沒有判決；(5)被假釋的犯罪分子，在假釋考驗期限內犯新罪，或者發現在判決宣告以前還有其他罪沒有判決。[105]」不過，對於事後併罰，亦有類似於德國刑法之限制規定。雖其刑法第69條：「判決宣告以前一人犯數罪的，除判處死刑和無期徒刑的以外，應當在總和刑期以下、數刑中最高刑期以上，酌情決定執行的刑期，但是管制最高不能超過三年，拘役最高不能超過一年，有期徒刑最高不能超過二十年。（第1項）如果數罪中有判處附加刑的，附加刑仍須執行。（第2項）」係以判決宣告前所犯之數罪爲併罰之基礎，惟於第70條：「判決宣告以后，刑罰執行完畢以前，發現被判刑的犯

作用的時刻，是上一個法官的判決。在上一個判決中已經科處了總合刑，則應當撤銷之，並基於當時判處的具體的刑罰和第二個判決中確定的刑罰，重新確定起始刑罰。該起始刑罰可根據關於構成總合刑的一般規定予以加重。後一個判決要對附加刑等統一予以科處。如果先前的判決中已經有附加刑，原則上予以保留。如果先前所科處的刑罰被准予緩刑交付考驗，並不妨礙事後構成總合刑。由於被納入新的判決，緩刑變得無對象，在構成總合刑時第二個法官還必須對緩刑重新作出決定。起決定作用的是總合刑的高度。刑法第五十八條第二項對已經經過的緩刑期間和被判刑人已經履行的給付義務的計算作出了規定。構成新的判決的犯罪行爲部分存在於先前的判決之前、部分存在於先前的判決之後，必須構成兩個總合刑。由於法院不了解先前的判決，在後一個判決中未依據第五十五條的規定嗣後構成總合刑的，可依據刑事訴訟法第四百六十條的規定，以決定方式重新作出裁決。」參閱（德）漢斯・海因里希・耶塞克、托馬斯・魏根特著，徐久生譯，「德國刑法教科書（總論）」，頁890-892，中國法制出版社，2001年3月。

103 德國學者並指出：「在以下二個條件下，同一行爲人的數個犯罪行爲構成實質競合：（一）在其中一個犯罪行爲被一審法院科處刑罰之前，數個犯罪行爲均已實行終了。（二）所科處之刑罰同時交付執行。在非同時裁判的情況下，只有（在先前之判決確定生效後）對後來發生之犯罪進行事後裁判時，對先前判決的改判仍有可能，只有先前判決所確定的刑罰尚未完全執行完畢，始可認爲構成競合。」參閱（德）封・李斯特（Dr. Franz v. List）著，（德）施密特（Dr. Eberhard Schmidt）修訂，徐久生譯，「德國刑法教科書」，頁399，法律出版社，2000年5月。

104 相關的條文內容，參閱劉金林，「海峽兩岸刑罰執行制度之比較研究」，頁188，作者自刊，2000年8月。

105 參閱于志剛主編，「刑罰制度適用中的疑難問題研究」，頁289，吉林人民出版社，2001年1月。

罪分子在判決宣告以前還有其他罪沒有判決的，應當對新發現的罪作出判決，把前后兩個判決所判處的刑罰，依照本法第69條的規定，決定執行的刑罰。已經執行的刑期，應當計算在新判決決定的刑期以內。」卻明確指出以「判決宣告以后，刑罰執行完畢以前發現」「在判決宣告以前還有其他沒有判決的犯罪」爲併罰效果適用之限制；因此，如前所述，若係在刑罰執行完畢後，始發現在判決宣告以前還有其他沒有判決的犯罪，即不能適用數罪併罰之法律效果[106]。

第四款　事後併罰限制之檢討

基於前述說明，可知除非在裁判宣告主義之立法例中，另以「同時接受裁判」爲適用實質競合規定的「絕對性」前提限制，否則即不免出現事後併罰之現象。或許在「限制事後併罰之範圍，旨在避免任意更動應執行刑所致法律狀態之無法確定[107]。」之思考下，才會出現如前述各國立法例「限制事後併罰適用實質競合法律效果」之規定。不過，値得注意的是，一旦限制事後併罰適用實質競合之法律效果，不免造成原本合於實質競合規定之數犯罪，出現合併執行的累罰效應。

細究此一法律狀態不安定現象之發生，實係由於競合問題本質上即具有程序法之要素所致。易言之，由於是否形成實質競合，原有賴各犯罪訴追程序所確定之犯罪時點，始得確定；此外，亦由於競合狀態原本即以程序上之階段（裁判宣告、裁判確定或執行完畢），爲形成之基礎；因此，既然於先進行的案件訴追、處罰的各階段中，均無從確定是否尚有其他的犯罪，得與之形成實質競合的關係[108]，則所謂「競合狀態的不確定」，實即創設競合規範所必然附隨的狀態。從而，在探討立法例上各種針對事後併罰的限制規定後，本文認

106 不過在前述限制規定外，依該法第71條：「判決宣告以后，刑罰執行完畢以前，被判刑的犯罪分子又犯罪的，應當對新犯的罪作出判決，把前罪沒有執行的刑罰和后罪所判處的刑罰，依照本法第六十九條的規定，決定執行的刑罰。」之規定，似又承認在執行完畢前之犯罪，縱非判決宣告前之犯罪，亦得形成事後併罰。相較於德國法之體例，此種規定更擴大了事後併罰之範圍。

107 參閱柯耀程，「刑法競合論」，頁300，元照出版公司，2000年12月。

108 也就是說，非於其他犯罪的訴追程序完成後，本質上尚無從詳明該犯罪與先前之它犯罪間，是否形成實質競合的關係。

爲：不論自累罰避免之觀點，或是基於訴訟程序進行遲緩[109]無從歸責於被告之立場，對事後併罰設有範圍上之限制，而導致被告於刑事執行上承受如同累罰般的不利益，似非妥適。縱認此部分爲立法形成的空間，似應進一步探討：此種立法形成的結果，是否符合憲法的規範秩序。針對此部分之疑義，本文將在第五章中予以說明。

第五款　我國刑法規定之事後併罰

承接以上的說明，不論採裁判宣告主義之德、瑞、奧等國，或採裁判確定主義之日本，在立法例上對於事後併罰適用實質競合的法律效果，均有適當限制，「數犯罪行爲間，如已介入已經宣告之裁判或已經確定之裁判，其前後犯罪，即不認有數罪併罰之適用[110]。」不過，應予注意的是，我國刑法並未針對數罪併罰之法律效果適用，設有限制規定，此點乃與上述各國之立法例有所不同；或許此點正爲前述學說爭議發生的原因。

由於德國刑法第53條第1項，關於實質競合之法律效果，定有阻斷式之限制，因此，自難想見如案例一所示，在先確定之案件確定多時（甚至已對該案所宣告之罪刑開始執行或已執行完畢）後，始事後併罰，並依應執行刑另行執行之現象。而我國刑法於「裁判確定前犯數罪」外，並未就數罪併罰設有任何適用上之限制，因此，在行爲人多次實現犯罪構成要件之前提下，任一案件先確定後，隨時均有可能形成事後併罰之狀態，此實爲德國法制下，作成實質競合整體刑裁定時，所不需考慮之情形。因此，本於事後併罰容許範圍上之差異，德國法制下之詮釋，於我國現行刑法第50條之規範下，自不應做相同之理解，亦不宜直接予以「繼受」。[111]

既然我國刑法數罪併罰之規定，本質上並不會造成被告於刑罰執行上出現累罰之不利益（且於適用上多有利於被告），該併合處罰中之一罪與他罪縱非於同一裁判中加以評斷處罰，本於程序法上之考量及實用上之必要[112]，在法未明文限縮數罪併罰適用範圍的前提下，本於罪刑法定原則之精神，於定應執行

---

109 並因此導致原合於實質競合規定之犯罪，未於同一裁判中接受審判。

110 參閱楊建華，「刑法總則之比較與檢討」，頁384，三民書局，1998年3月3版。

111 易言之，在我國數罪併罰之現行規定包含實質競合與事後併罰之前提下，應執行刑之定位，即不應僅自實質競合整體刑之觀點予以說明。

112 參閱柯耀程，數罪併罰整體刑之確立與易刑處分，變動中的刑法思想，頁249，1999年9月。

刑時，不論先確定之犯罪於執行階段上係該當「尚未開始執行」、「已開始執行」甚或「已執行完畢」，依刑法第53條：「數罪併罰，有二裁判以上者，依第五十一條之規定，定其應執行之刑。」之規定，均應認有數罪併罰法律效果之適用。如此說來，前述實務運作與學者通說，即無不當[113]。

第六節　數罪併罰之法律效果

由於競合問題在定位上屬於法律效果的範疇，且法制上各立法例，亦於刑法分則規定外，另行創設處理競合問題之規定（依據），因此競合問題之重點除於前述所指之「範圍」與「限制」外，法律效果之規範，實爲另一個值得重視的焦點。惟不論法律效果的規範方式爲何，均不外以獨立於個別犯罪可罰性之方式，另行規定犯罪競合之「刑罰適用」依據。在我國，即爲刑法第51條「應執行刑」之決定。

第一款　應執行刑之內涵

數罪併罰在定其「應執行刑」之際，除死刑、無期徒刑、與褫奪公權之刑，係採吸收主義外，其係計期計額者（如：有期徒刑與罰金刑），自應再爲應執行之刑的決定，學理亦稱之爲「併合刑之構成」。就有期徒刑之併合刑而言，在我國採限制加重主義的立法原則下，係於宣告的最長刑期或額度以上，各刑合併的刑期或額度以下定之。依學者所見：「應執行刑之決定，亦是一項法定義務，如有違反即屬違法裁判。應執行刑的併合刑，亦屬一種特別的量刑過程；故其考量結果，並非單純表示一種數罪刑度的總和而已，而是出於同一行爲人人格的流露，所以學理上毋寧可謂是一種總體概念，而有其獨立的意

---

113 由於刑法第50條，並未將數罪併罰之法律效果，限於「在同一刑事訴訟程序中併案審判者」之情形，始有適用之餘地；因此不應認爲最高法院43年台上字第441號判例：「數罪併罰的案件，裁判時應依刑法第五十一條之規定，分別宣告其罪之刑，定其應執行之刑者，以其數個罪刑的宣告，係於同一判決所爲者爲限。」可以排除司法院院字第662號解釋：「合併論罪一罪已裁判者，應專就他一罪審斷，依本條（舊刑法第七十條）定其應執行之刑。」之適用。事實上，最高法院43年台上字第441號判例應只有針對刑法第51條「直接適用」的情形，加以解釋。

義[114]。」刑法第57條定有科刑時應審酌的事項，不過，此項規定僅係對一般犯罪行爲之裁量而言。關於併合刑的宣告，則屬一種就犯罪人本身及所犯之各種犯罪的綜合判斷；法制上，德國刑法第54條第1項第三句，乃明文加以規定：「定併合刑時，應就犯罪人本身及各個犯罪綜合審酌之。」我國法制上雖無明文，但處理上亦應有其適用[115]。

第二款　事後併罰之應執行刑

雖然在我國法制下，事後併罰亦有刑法第50條法律效果的適用。令人質疑的是，事後併罰的應執行刑與同時併罰的應執行刑，二者有無差異[116]？

由於德國刑法規定之實質競合，係以「數犯罪於同一訴訟程序中同時接受裁判」爲前提；並就事後併罰，設有限制之規定。因此，關於「併合刑之構成」，學說上有以「是否於同一訴訟程序中同時接受裁判」爲區分標準，將於同一裁判所形成之併合刑稱爲「根本之整體刑」，而將事後併罰所形成之整體刑稱爲「衍生（或次級）之整體刑」。並因二者於確定執行刑時並無方法上之不同，故認於探討整體刑時並無差別[117]。依其見解，不論是否爲事後併罰，應執行刑均具有相同內涵之整體性。

不過，縱認「根本之整體刑」與「衍生之整體刑」二者於確定執行刑時，並無方法上之不同，且整體刑之內涵亦無差別；由於實際上事後併罰將不可避免地出現「非接續執行」之現象[118]，因此於「實質競合之併合刑」或「數罪

---

114 德國聯邦法院判決BGH24,269；轉引自蘇俊雄，「刑法總論III」，頁109，作者自刊，2000年4月。

115 參閱蘇俊雄，「刑法總論III」，頁110，作者自刊，民國89年4月初版。

116 換言之，於此情形中，嗣後所定之應執行刑（即衍生或次級之整體刑），與「同時接受裁判之數罪併罰」所定之應執行刑（即根本之整體刑），是否具有相同的意義？或是應予以不同的定位？

117 其謂：「關於整體刑之態樣，由於立法例上之差異，而有強制整體刑與選擇整體刑之不同。例如我國刑法第五十一條之規定，皆係強制性之整體刑，其又包括強制性整體生命刑、自由刑及罰金刑三者；所謂強制性之整體刑，乃指法院對於整體刑之內容，僅能依刑的種類，而依限制加重原則（或吸收原則）而爲整體刑之確立。而基於刑法的彈性運用，或基於個別化原則，或基於特別預防之構想，而更有選擇性整體刑之適用，如德國刑法第五十三條第二項之規定。」詳請參閱柯耀程，數罪併罰整體刑之確立與易刑處分，變動中的刑法思想，頁250以下之說明，1999年9月。

118 關於德國刑法上事後併罰之適用，雖然德國聯邦法院認爲：「原先的刑罰在後一個犯罪裁判時不得執行、經過時效或赦免，因爲只有一個尚未完結的刑罰可以被納入新的訴訟程序，被

併罰之應執行刑」之「整體性」判斷上，乃至於刑罰執行程序上，學者所稱之「根本之整體刑」與「衍生之整體刑」二者，即存在不同之特徵。此實爲相關競合問題所應留意之現象。

在我國，若以德國刑法上之「裁判同時性」作爲區分標準，仍然可將數罪併罰區分爲同時併罰與事後併罰；而將其法律效果區分爲「根本之應執行刑」與「衍生之應執行刑」。而且於執行上，存在「前者必然接續執行，後者則有可能出現非接續執行」之差異。如此之結果，似乎與前述實質競合的立法例同。不過，由於在我國法制規範下，不但數罪併罰的範圍大於德國法上的實質競合，而且事後併罰亦存在較大的形成空間。因此，若仍自外國法制上之整體刑概念，理解我國法上之應執行刑，並認二者具有相同之內涵，似不洽當。不過，於現行刑法第50條之規範架構下，究應如何理解我國刑法之「應執行刑」？實爲極待釐清之課題。

第三款　應執行刑整體性之探討

關於應執行刑之內涵，我國刑法並未規定；學說上雖有主張：「對於具有實質競合關係之數罪所宣告之有期徒刑，與單純一罪所宣告之有期徒刑，並無任何不同。[119]」卻未明確指出其理由爲何。究竟數罪併罰之應執行刑與單純一罪之宣告刑，是在什麼基礎上，具有相同的內涵？

首先，由於德國刑法實務認爲：「（實質競合）總合刑不是機械地或任意地提高具體刑罰的構成，總合刑的構成反映了行爲人的個性和各具體犯罪之間的聯繫，因此，在對行爲人進行評價時，首先要考慮到的是，犯罪行爲是否表明了犯罪傾向，還是表明了各具體犯罪僅是互不相關的偶犯。在具備數個犯罪行爲的情況下，必須考慮刑罰對行爲人將來生活的影響。對各具體犯罪行爲的總的評價，尤其必須考慮不法內容的整體情況和各具體犯罪行爲之間的內在聯繫問題。[120]」簡單來說，實質競合之總合刑，乃針對各具體犯罪行爲與人格，

運用於構成總合刑。」不過，在原先的刑罰開始執行後，始進行後一犯罪的審判程序的情形中，縱然停止執行，也使得併合刑的執行，於整體觀察上，出現非接續執行的現象。關於德國聯邦法院之見解，參閱（德）漢斯・海因里希・耶塞克、托馬斯・魏根特著，徐久生譯，「德國刑法教科書（總論）」，頁891，中國法制出版社，2001年3月。

119 參閱林山田，論併合處罰之易科罰金，刑事法雜誌第39卷第1期，頁23。

120 參閱（德）漢斯・海因里希・耶塞克、托馬斯・魏根特著，徐久生譯，「德國刑法教科書（總論）」，頁890，中國法制出版社，2001年3月。

所為的總體評價；一經評價後，即無從區分各罪刑與人格因素之影響。此與單一犯罪之宣告刑，亦為對具體犯罪行為與人格，所為的總體評價；一經評價後，即無從區分罪刑與人格因素之影響，具有相同的內涵。[121]因此，前述之學說與最高法院82年度台上字第6865號判決：「蓋數罪之合併定執行刑，無從嚴於區分各罪分別於何時執行完畢。」之見解，或許即是受到德國見解與單一刑罰原則的影響。

再者，由於我國刑法於法制沿革上，關於數罪併罰於前提上存在「罪數論」與「行為論」之混淆，因此關於數罪併罰之法律效果定位，即不免出現自裁判上一罪（罪數）之角度出發所提出的見解。例如學者有主張：「我國刑法第51條第5至7款，對於有期徒刑、拘役與罰金之執行方式，採限制加重原則。宣告多數有期徒刑所以採限制加重原則，且執行刑之上限，以二十年為限，係因狹義數罪併罰，乃就數罪所諭知之宣告刑予以合併執行，其具有執行一次性之特質。數個宣告有期徒刑之罪，經數罪併罰後，僅合併執行一次之有期徒刑[122]。」實質上，此種「執行刑吸收宣告刑」之理解，似乎將數罪併罰之法律效果，於性質上類比為想像競合犯、牽連犯或連續犯（處斷上單一、刑罰合併），而出現類似「基於一罪為處斷（類似於「一罪」之可罰性判斷）、執行」之思考。在此種基礎上，所定之整體刑即被視為「單一」可罰性反應，並於執行上被視為一個不可割裂整體（執行一次性）。

就「根本整體刑」而言，由於其以「裁判同時性」為基礎，或可謂「整體可罰性」得於同一裁判程序中獲得確認，亦可於同一裁判程序中考量如何量刑始不至對於被告造成「累罰效應」；在此種型態下，尚可認所形成之應執行刑具有如單一處斷刑之效力。然而，於「衍生整體刑」之情形中，因其係以事後併罰為前提，執行上經常會出現「非接續執行」之現象，若仍認此時所形成之應執行刑，亦具有與單一處斷刑完全相同之效力，就其執行型態所存在之差異

---

121 此種說法，亦與單一刑罰原則的法律效果，具有類似之處；學者有謂：「刑罰的競合，是指同一犯罪人犯有數罪，並應處不同刑罰的情況。根據義大利刑法第七十一條至第八十條的規定，對於同一犯罪人因不同犯罪而被分別判處的有期監禁刑或財產刑，原則上均應全部執行；如果不同犯罪被判處同一種刑罰，應將刑期相加，按單一刑執行。」參閱陳忠林，「義大利刑法綱要」，頁273，中國人民大學出版社，1999年10月。

122 此外，學者於非有期徒刑部分亦認為：「被告所觸犯之多數犯罪，均宣告死刑，解釋上，數罪併罰，乃係就數罪所諭知之宣告刑予以合併執行。所謂宣告多數刑者，執行其一，其效果乃及於所有併合處罰之各罪，並非謂僅執行其中一罪之刑，而置其餘各罪之刑於不顧。因此，此一刑之執行，實已吸收併合處罰各罪刑之宣告刑。」參閱甘添貴，狹義數罪併罰與執行刑之加重與併科，月旦法學雜誌第67期，頁14、16，2000年12月。

而言，不免令人感到困惑。因此於理解上，即然數罪併罰有可能存在二次以上之可罰性評價過程，特別是在第一次作成「宣告刑或根本之整體刑」可罰性評價時，無法確定是否會於將來出現另一次之可罰性評價之情形下，實難認該次之評價結果，具有反應所有犯罪之單一可罰性之機能。而一旦出現二次以上之可罰性評價過程，即與單一宣告刑只存在一次可罰性評價過程有異。

此外，於單純一罪或科刑上一罪的可罰性評價上，除於累犯之涵攝出現誤認，而有刑法第48條[123]規定之適用外，是不可能出現二次以上的評價程序；縱然於事後發覺「未於先前之訴追程序中接受審判之其他犯罪行爲」，亦因既判力之阻斷，而無法另行開啓訴訟程序予以追訴處罰。此種現象與數罪併罰或實質競合中，「縱於事後發覺其他未及於前程序中訴追審判之犯罪行爲，尙得單獨針對該犯罪，進行可罰性之評價，並與前程序所處斷之犯罪，事後形成應執行刑」之情形，有很大的不同；簡單來說，由於數罪併罰並未在規範上，將多數構成要件實現之整體，視爲「一事不再理」適用之對象，以「單一可罰性評價之基礎」之觀點理解應執行刑，並不洽當。縱然基於教育刑、目的刑之理念，數罪則未必要數罰，然而在未完全以人格責任論爲刑罰基礎的立法中（亦即未採絕對的人格責任論之刑事立法），將應執行刑視爲具有「執行一次性」之特質，亦有未洽。

第四款　應執行刑具高度不確定性

在我國刑法未明文限制數罪併罰之適用範圍與避免累罰效應之考量下，由於「總體」數罪併罰之範圍，須俟事後所進行之訴訟程序全部終了，始得「逐次」確定；以案例一爲例，只有在乙罪判決確定後，才能決定甲乙二罪是否數罪併罰；如果事後更發現甲罪判決確定前所犯的丙罪，亦只有在丙罪判決確定後，才能決定甲乙丙三罪是否數罪併罰。在此前提下，由於「甲乙二罪之應執行刑」裁定後，尙有可能另外出現「甲乙丙三罪之應執行刑」，訴訟程序進行中所形成的應執行刑，本身具有高度不確定性的特徵。

不過，衍生整體刑縱未具有「執行一次性」之特質，仍應具有反應複數犯罪「總體（非單一）」可罰性並作爲執行依據之功能；也就是說，事後併罰的應執行刑仍應具有決定「總體」應執行刑「刑罰強度（刑度）」與開啓執行程

123 其條文爲：「裁判確定後，發覺爲累犯者，依前條之規定更定其刑。但刑之執行完畢或赦免後發覺者，不在此限。」

序之功能[124]。經由以上之說明，本文認爲：由於數罪併罰乃以實質數罪爲規範對象，因此處理上，既不同於實質一罪（想像競合犯、牽連犯與連續犯）之模式，其法律效果，亦應有別於實質一罪之可罰性認定。特別在事後併罰非接續執行的型態下，前述應執行刑於「執行上被視爲一個不可割裂整體」之觀點，即應揚棄。

承接前述關於數罪併罰的說明，考慮在我國刑法數罪併罰之規範架構下，事後併罰可能存在非接續執行之現象後，本文認爲：應執行刑，雖較諸個別犯罪之宣告刑有其獨立性，於定位上似仍不能本於「整體刑單一可罰性認定」之角度，理解應執行刑之功能。蓋依最高法院59年台抗字第367號判例：「若裁判確定前所犯各罪，有一裁判宣告數罪之刑，雖曾經定其應執行之刑，但如再與其他裁判宣告之刑定其執行刑時，前定的執行刑則當然無效，仍應以其各罪宣告之刑爲基礎，定其執行刑，不得以前的執行刑爲基礎，以與後裁判宣告之刑，定其執行刑。」之見解[125]，在事後併罰之情形中，由於所定之應執行刑具有高度之不確定性，隨時均有可能出現應執行刑「當然無效」的現象[126]。若以之作爲可罰性認定之基礎，將因難以確定該次之應執行刑是否爲「最終」之應執行刑，導致出現「（總體）可罰性不確定」之結果[127]。此一現象不啻與刑事裁判旨在確認犯罪行爲可罰性與法安定性之目的相違。因此，不宜自「單一」可罰性認定之觀點，理解並定位應執行刑。

---

124 本於我國法制中應執行刑於存續上具有不確定之特性，因而在應執行刑之概念下，應肯認除以應執行行爲刑罰執行之依據外，仍得以個別宣告刑爲刑罰執行之依據；而在此觀點下，其功能應僅限於「當合併所割裂執行之刑罰已該當應執行刑」時，得獨立評價該次併罰之數罪刑罰權均已實現（因實現而消滅）。

125 此外，最高法院85年度台非字第50號判決：「一裁判宣告數罪之刑，雖曾經定其應執行刑，但如再與其他裁判宣告之刑定其執行刑時，前定之執行刑當然失效，仍應以其各罪宣告之刑爲基礎，定其執行刑，……。」亦同此旨。

126 與本號判例不同，德國法並不認爲先前所定的應執行刑當然無效，依德國學者之說明：「在上一個判決中已經科處了總合刑，則應當撤銷之，並基於當時判處的具體的刑罰和第二個判決中確定的刑罰，重新確定起始刑罰。該起始刑罰可根據關於構成總合刑的一般規定予以加重。後一個判決要對附加刑等統一予以科處。」參閱（德）漢斯・海因里希・耶塞克、托馬斯・魏根特著，徐久生譯，「德國刑法教科書（總論）」，頁891，中國法制出版社，2001年3月。

127 如甲因犯A、B二罪，於同一判決中分別宣告有期徒刑七年與一年，並依刑法第51條規定定應執行刑爲有期徒刑七年八月；嗣後發現與A、B二犯罪間具有符合刑法第50條規定數罪併罰關係之C罪，經依刑法第52條規定判處有期徒刑一年，並依刑法第53條規定，另就ABC三罪裁定應執行刑，此時數應執行刑間即出現不安定之現象，特別當嗣後所定之應執行刑爲有期徒刑七年十月時（即於外觀上被告所享刑罰之寬典超過其中某犯罪之宣告刑），此種不安定之現象將更爲明顯。

第四章　數罪併罰之易科罰金

關於釋字第366號解釋，學說上有主張：「釋字第366號解釋因不明易科罰金的本質與忽視實質競合的犯罪複數的事實，才會錯誤地認定刑法第41條與第51條相配合之下，與憲法第23條的規定未盡相符[1]。」並進而認為該號解釋「竟將正確的刑法規定錯誤地解釋[2]」。然而，該號解釋果眞存在前揭錯誤嗎？在數罪併罰中，是否有易科罰金規定之適用？又，犯罪複數與易科罰金的本質間，究竟有什麼關係呢？為能正確認識數罪併罰之易科罰金，本文於此章中，將先探討易科罰金之內涵與定位，並針對釋字第366號解釋的批評，提出本文的回應。

第一節　短期自由刑易科罰金

第一款　易科罰金之規範目的

刑罰理論之演進，由應報理論始，漸進至一般預防理論，期以刑罰之苦痛與威嚇，對全民產生心理強制，而嚇阻犯罪之發生。嗣後，刑罰被認為不應是盲目或是本能直覺之社會反應，而應具有必要性及合目的性，其目的非犯罪惡害之報應或藉刑罰之苦痛以衡平犯人之罪責，而係教育或矯治犯人之再社會化手段，是為個別預防理論。現今之法治國家，通常揉以上述理論綜合之，以作為其刑罰準據。刑法第41條規定得「因身體、教育、職業或家庭之關係，執行顯有困難者」，而將有期徒刑或拘役易科罰金，顯然蘊有濃厚的個別理論（教育刑）之色彩[3]。

易科罰金制度，自其沿革觀之，初因慮及外國水手無法隨船離去，為防衛本國反因此增一飄零無業之異國遊民而設；復因短期自由刑未能矯治犯人之惡

1　參閱林山田，評易科罰金的修正，月旦法學雜誌，第74期，頁144，2001年7月。

2　參閱林山田，論刑法總則之改革，月旦法學雜誌，第76期，頁104，2001年9月。

3　參閱朱敏賢，「數罪併罰之易科罰金」之研究——以釋字第三六六號解釋為中心，刑事法雜誌第40卷第4期，頁111。

習，爲避免其在監感染犯罪習慣而倡。然其所蘊含之另一目的，端在確保徒刑之執行並避免因徒刑不執行造成之不良影響。雖本制度制定時在成文法國家中尙乏先例，且立法之初對於外國水手無法隨船離去之顧慮，在日前交通發達之世界中亦不存在；然因短期自由刑確難收矯治犯罪之功效，則於一定之條件下以易科罰金爲短期自由刑之執行方法，亦符近代行刑政策廢止短期自由刑之潮流[4]。

第二款　對現行執行實務之批評

雖然易科罰金係以救濟短期自由刑爲規範之目的，不過實務運作似乎未完全落實此項立法原意；也就是說，並非所有的短期自由刑宣告，均以易科罰金之方式執行[5]。對於此種與立法精神有落差的執行實務，曾有一位執業律師，本於刑法第41條第2項的修法理由，提出嚴厲的批評[6]。事實上，該文眞正指控的問題核心乃在於：究竟應於何時判斷「刑罰執行有無困難」？是否如實務所言，一旦被告已經在監執行，即不存在刑罰執行之困難？

4　參閱金欽公，刑法第四十一條之研究，司法週刊第532期第2版；陳樸生，「刑法第四十一條至第四十六條之研究意見」，刑法總則研究修正資料彙編，頁763，司法行政部，1975年12月。

5　當然，此部分也包括因受刑人無力繳納罰金，不得已入監服刑的情況在內。應予說明的是，本文的批評係以「受刑人有資力繳納罰金，卻遭駁回」的情形爲中心。

6　其指出：「現行刑法第四十一條第一項之修正，是因應各監獄已經人滿爲患，而且監獄執行短期自由刑的效果不彰。雖修法立意甚佳，但是，好法律到了執法人員的手裡，可就大大的不一樣了。首先，依民國九十年一月十日，和刑法第四十一條同時修訂公佈的刑法施行法第三條之一第一項規定：刑法第四十一條之規定，中華民國九十年一月四日刑法修正施行前已裁判確定之處罰，未執行或執行未完畢者，亦適用之。條文中所謂執行未完畢者亦適用之，就是說依照修訂放寬前，本來已經發監執行的不得易科罰金的案件，於刑法第四十一條修訂公佈，放寬易科罰金的範圍後，刑期未滿執行未完畢的案件，也可以適用新法易科罰金。執法人員視新法規定如無物，依其一成不變的作法，又何須前述刑法施行法第三條之一第一項「執行未完畢者亦適用」的規定？再者，其既執意於此，於當初電話詢問時何不直截了當據實相告？又何須詢問有沒有聲請裁定易科罰金折算標準、台北地檢有沒有送裁定給他、要找被告三親等以內的親屬去辦、去辦時要帶高院裁定、人來辦就好，不要再打電話、別人代辦要有被告委任等等，白白給人留下這麼大的可以易科罰金的想像空間？爲配合修訂放寬的新法，法務部於新法修訂公佈後，還要通函各地檢轉請各監獄、看守所及其他執行機關，統一調查登記所有可以適用新法的案件，經各地檢署彙送各法院裁定得易科罰金的折算標準，以便各地檢執行易科罰金。執法人員一夫當關萬夫莫敵，則法務部之提案修法、立法機關之立法程序，以及修法後的通函調查登記、法院之裁定等等，心血豈不全部付之流水！」參閱楊秋合：從徒刑易科罰金之執行談司法改革，司法改革雜誌第34期，頁65-67，2000年8月。

第三款　刑罰執行困難[7]之認定

依刑法第41條第1項之規定，行爲人所犯係屬最重本刑爲五年以下有期徒刑以下之刑之罪，而受六月以下有期徒刑或拘役之宣告，若因身體、教育、職業或家庭之關係，執行顯有困難時，即具備「得易科罰金」之資格。關於被告所犯是否爲最重本刑爲五年以下有期徒刑以下之刑之罪、所受是否爲六月以下有期徒刑或拘役之宣告，僅須單純以論罪科刑之確定判決爲判斷依據；但在什麼情況下，可認該當「因身體、教育、職業或家庭之關係，執行顯有困難」之要件？由於法律並未明定，本質上應屬立法者授與司法者之裁量權限。

此時司法者裁量權究應如何行使？司法院大法官釋字第245號解釋對此有所說明，該號解釋指出：「受刑人或其他有異議權人對於檢察官不准易科罰金執行之指揮認爲不當，依刑事訴訟法第四百八十四條向諭知科刑裁判之法院聲明異議，法院認爲有理由而爲撤銷之裁定者，除依裁定意旨得由檢察官重行爲適當之斟酌外，如有必要，法院自非不得於裁定內同時諭知准予易科罰金。[8]」因此，受刑人是否因身體、教育、職業或家庭之關係，導致刑罰之執

---

[7] 關於刑法第41條所規定之「執行顯有困難」，論者多謂此乃不當之立法。蓋以國家機關之公權力執行刑罰，並無執行困難之理，受刑人因「身體、職業、家庭或教育」之個別因素，僅應爲刑罰執行妥當性之審酌要件而已；因此，刑法修正草案已將「執行顯有困難」等字，改爲「不宜執行所宣告之刑」，以求適切。相關說明請參閱林山田：論併合處罰之易科罰金——兼評釋字第三六六號解釋，刑事法雜誌第39卷第1期，頁16；林山田，評易科罰金的修正，月旦法學雜誌，第74期，頁144，2001年7月；林山田，論刑法總則之改革，月旦法學雜誌，第76期，頁104，2001年9月；朱敏賢，「數罪併罰之易科罰金之研究」——以釋字第三六六號爲中心，刑事法雜誌第40卷第4期，頁112；蘇俊雄著，罰金刑的比較研究，刑事法雜誌第37卷第6期，頁25。

[8] 此外，最高法院77年台非字第158號判決對此亦有詳細之說明，甚值參酌；該號判決指出：「刑法第四十一條有關宣告有期徒刑、拘役應否准許易科罰金執行之換刑處分，依刑事訴訟法第四百五十七條規定固由檢察官指揮之，屬於檢察官指揮執行時得自由裁量之事項。但檢察官之指揮執行，仍應詳酌刑法第四十一條所定『因身體、教育、職業或家庭之關係』，執行有期徒刑或拘役是否顯有困難，妥爲考量後爲適法之執行指揮，否則，其自由裁量權之行使即難謂當。刑事訴訟法第四百八十四條、第四百八十六條分別規定：『受刑人或其法定代理人或配偶以檢察官執行之指揮爲不當者，得向諭知該裁判之法院聲明異議』；『法院應就異議之聲明裁定之』。此項規定係對檢察官之指揮執行，認有不當時有其救濟之方法，求以撤銷或變更該項不當之執行指揮。法文既無法院不得變更檢察官之執行指揮之規定，參酌刑事訴訟法第四百十六條規定，對於檢察官之處分所爲之準抗告，法院得對該項處分予以撤銷或變更，則性質上相同之對於檢察官之執行指揮所提異議之聲明，受理之法院自亦得予以撤銷或變更之，而受理異議聲明之法院，得審核之範圍應及於刑之執行或其方法。從而，刑法第四十一條規定關於應否准予易科罰金之執行指揮，受理異議之聲明之法院，若認其爲不當時，自得撤銷或變更之；如認法院僅得撤銷檢察官之執行指揮，不得變更之，倘檢察官不爲變更其處分時，將使上述規定之救濟程序失其效用，當非立法之本旨。」

行顯有困難，原則上係由檢察官於執行時逕行認定；惟於受刑人不服檢察官之認定並聲明異議時，始例外由法院補充[9]。

第四款　易科罰金之時期

雖然刑事訴訟法第309條第2款規定：「若所諭知者係六月以下有期徒刑或拘役者，如得易科罰金，並應諭知其折算之標準」，惟邏輯上，唯有在實際執行時，始有可能判斷「執行有期徒刑是否適宜」。然而何以「刑罰執行是否顯有困難」，本質上非於開始執行時難予認定？就有罪之科刑判決而言，雖法官已審酌被告之一切情狀（包括得否易科罰金），始爲裁判；然而，實際執行之時點與判決成立之時點二者間，必然經過一段期間。因此，被告縱於判決成立時並不具備「執行顯有困難」之情狀，亦不表示其於實際開始執行時，「必然」不具備執行顯有困難之情狀[10]。反之，若被告於裁判時存在執行困難之情形，一旦於實際執行時已不存在[11]，縱然裁判時已諭知易科罰金之折算標準，亦應因不符刑法第41條第1項之規定而不得易科罰金[12]。換言之，究竟得否易科罰金，並無從於裁判時，預爲「正確」之審查。

世事無常，刑罰執行困難之事由於開始執行時尚未存在，卻於入監服刑後始發生之情形，並非不能想見；例如受刑人於執行中因罹重病，非出監就醫將使病情惡化或有生命之危險；又如受刑人於執行中因配偶、家屬病故，致其老邁之父母或年幼之子女等無自救力之人乏人照料，非出監養育照顧將使其發生生命危險……等。若發生此等情形時，仍令受刑人須在監服畢原有刑期，難免對其本人或家庭產生不良之影響。由於刑法第41條並無限制「因身體、教育、職業或家庭之關係，執行顯有困難之事由」須於何時存在之規定，自無僅以

[9] 如韓忠謨氏與潘培恩氏主張：易科罰金係爲避免執行之困難而設，若因特定關係致執行上有困難，即許易科罰金。從而，宣告時只須載明折算標準，至於有無執行困難，毋庸預爲認定或特爲預知。轉引自朱敏賢，「數罪併罰之易科罰金」之研究——以釋字第三六六號解釋爲中心，刑事法雜誌第40卷第4期，頁112。

[10] 例如：判決後突染重病，不適宜入監服刑；或者家人亡故，年邁之長輩或年幼之子女乏人照顧。

[11] 例如：判決時所染之重病痊癒；需人照料之年邁長輩已亡故。

[12] 若檢察官於開始執行時准許受刑人以繳納（易科）罰金之方式執行，卻因其無資力繳納罰金之金額而先命其先入監服刑，受刑人於執行中亦得於有資力時再向檢察官聲請改依易科罰金之方式執行，而檢察官於此時亦應重爲刑罰執行是否顯有困難之認定；蓋若受刑人已具備刑法第四十一條第一項所規定之各要件，似無不許易科之理。

「開始執行時」為判斷「是否執行顯有困難」之唯一時點。復相較於其先前犯罪所造成之惡害及法律上對該犯罪所為之非難、評價[13]，若於執行中不許易科罰金，似有輕重失衡之虞[14]。

基於以上的說明，所謂執行顯有困難之判斷，應不問原處徒刑或拘役已否開始執行，只要受刑人已具備刑法第41條所規定之各項要件，縱然於開始執行後執行完畢前始發生刑罰執行困難事由，均應准許受刑人按原諭知易科罰金之標準繳納罰金，以代全部或一部拘役徒刑之執行[15]。也就是說，本文反對前述實務上以「已經在監執行」作為不准易科罰金之理由。

第二節　易科罰金之法律性質

在上一節中，對於易科罰金之規範目的、刑罰執行困難之認定與易科罰金之時期等問題，雖然已經有了初步的認識，不過，易科罰金之規定，究竟賦予受刑人什麼樣的地位？仍有進一步說明之必要。

第一款　易科罰金之定位

在德國刑法上，對短期自由刑的適用，係以刑法第47條[16]第1項加以限

---

13 一般而言，符合刑法第41條第1項所規定：「犯最重本刑為五年以下有期徒刑以下之刑之罪」、「而受六月以下有期徒刑或拘役之宣告」二種要件之犯罪，不論在犯罪情節或所生惡害之評價上，多屬輕微；蓋最重本刑為五年以下有期徒刑以下之刑之罪，立法者於犯罪情節或所生惡害之評價上，已歸類為非重大犯罪；而受六月以下有期徒刑或拘役之宣告之犯罪，亦已經司法者評價為輕微犯罪。

14 若實際上受刑人怠於向檢察官為易科罰金之聲請，縱事實上存在執行困難之事由，檢察官亦無從得知受刑人究因何種事由導致其於刑罰執行產生困難。若事實上得易科罰金之犯罪存在執行困難之事由，卻因受刑人於開始執行時不知其得聲請易科罰金而入監服刑時，於執行中若仍存在執行困難之事由，亦應准其易科罰金之聲請。然而實務上此種情形甚少發生，因實務上對「因身體、教育、職業或家庭之關係，執行顯有困難」之要件，審核並不嚴格；原則上除侵犯智慧財產權之案件外，有可能易科罰金之犯罪皆得依易科罰金之方式執行。且通常於開始執行前，會先詢問受刑人是否欲聲請依易科罰金之方式執行。

15 參照前司法行政部40年台指參字第420號函。另同部57年令刑（二）字第7042號令：「如檢察官依原則執行時，於在監執行中始發生執行顯有困難之原因，則依易科罰金之立法本意，未嘗不可對其所餘刑期准予易科罰金」，亦同此旨。

16 其條文為：「法院依據犯罪和犯罪行為人人格具有的特別情況，認為必須判處自由刑始能影

制。也就是說，除非有特殊情況，要求必須判處自由刑，才能影響犯罪人和維護法律秩序時，始可判處六個月以下的自由刑。反之，「如果法官認爲六個月以上的自由刑，超過了量刑基礎的罪責程度，且相關的刑法規定又沒有規定罰金刑，此時應依刑法第47條第2項前段之選擇規定，對行爲人判處罰金刑[17]。」換言之，關於短期自由刑之避免，德國法係授權法官於實際個案的裁判時，逕行決定；縱於刑法分則的條文無罰金刑的明文規定時，亦然。[18]由於此時乃將自由刑於本質上轉換爲罰金刑，因此所執行者，亦爲罰金刑，而非自由刑。

由於我國刑法第41條第1項之規定，與德國刑法第47條第2項前段之規定不同，因此在避免短期自由刑的問題上，並不能與德國刑法做相同的解釋。在我國刑法第41條第1項的規範架構下，得否易科罰金，仍須受到法定刑與宣告刑的限制。然而，在此等限制下，我國易科罰金規定之法律性質爲何？即值注意。雖通常認爲其係易刑處分之一種[19]；不過，若認易刑處分係法官科刑上的權限，此種說法似有與德國法制混淆之虞。觀之刑法第44條：「易科罰金，易服勞役或易以訓誡執行完畢者，其所宣告之刑，以已執行論。」規定，由於原宣告之刑並不因易科罰金而失其存在，因此，如同假釋亦爲自由刑之執行方法般，將易科罰金定位爲「關於自由刑執行方法之規定[20]」，本質上仍認爲所執

響犯罪人和維持法律秩序時，得判處六個月以下的自由刑。（第一項）本法未規定罰金刑和六個月或六個月以上自由刑，又無前項必須判處自由刑情況，法院得判處其罰金。本法規定之最低自由刑較高時，最低罰金以最低自由刑爲準，三十單位日額金相當於一個月自由刑。（第二項）」。參閱蔡墩銘譯，「德、日刑法典」，頁18，五南圖書出版有限公司，1993年12月。

17 參閱（德）漢斯·海因里希·耶塞克、托馬斯·魏根特著，徐久生譯，「德國刑法教科書（總論）」，頁921、922，中國法制出版社，2001年3月。

18 這種特別的懲罰、儆戒的作用與效能，概念上主要是指刑法在一般積極的預防作用之下，基於國民信守法律秩序的維護，有其不得不採納的理由而言，法理上稱之爲「最後手段條款」。參閱蘇俊雄，自由刑理論與刑法改革的比較研究，台大法學論叢第23卷第1期，頁107。

19 參閱朱敏賢：「數罪併罰之易科罰金」之研究——以釋字第三六六號解釋爲中心，刑事法雜誌第40卷第4期，頁111；鄭文中，刑事執行程序中之辯護——以自由刑之執行爲中心，頁105，台大法研所碩士論文，1999年7月。。

20 其認：「現行法之易科罰金，係關於刑之執行方法之規定，並非換刑處分，與德國一九五九年刑法草案第五十八條所採代替自由刑制度不同。」參閱陳樸生，「刑法第四十一條至第四十六條之研究意見」，刑法總則研究修正資料彙編，頁764，司法行政部，1975年12月；鄭文中：刑事執行程序中之辯護——以自由刑之執行爲中心，頁108，台大法研所碩士論文，1999年7月。

行者爲自由刑，似乎較爲洽當[21]。

第二款　程序救濟權

關於易科罰金之請求，就程序而言，當行爲人犯最重本刑爲五年以下有期徒刑以下之刑之罪，並受六月以下有期徒刑或拘役之宣告，不論在開始執行時抑或在執行中，於其主觀上認爲因身體、教育、職業或家庭之關係致執行顯有困難時，均得向檢察官聲請依易科罰金之方式執行；不過，此時檢察官並不受受刑人聲請之拘束，仍應依實際之情形，判斷客觀上是否具有「因身體、教育、職業或家庭之關係致執行顯有困難」。如果受刑人不服檢察官不准易科罰金之執行指揮，其得依刑事訴訟法第484條：「受刑人或其法定代理人或配偶以檢察官執行之指揮爲不當者，得向諭知該裁判之法院聲明異議。」之規定，向檢察官所屬之法院聲明異議；此時，依前述實務見解之說明，關於受刑人是否確因身體、教育、職業或家庭之關係致執行顯有困難，即應由法院依具體情狀予以認定[22]。

上述異議程序之發生，實乃導因於受刑人對於「其本身是否因身體、教育、職業或家庭之關係致執行顯有困難」之主觀認知，異於檢察官就客觀情狀與法律要件所爲之涵攝所致。由於受刑人是否因身體、教育、職業或家庭之關係致執行顯有困難之判斷，乃司法裁量之權限，並不受受刑人主觀見解所拘束；因此，刑法第41條第1項之構成要件，尙待檢察官或法院加以補充。受刑人在該條項規定之三要件尙未完備之前提下，雖無權決定得否易科罰金，然此時其得聲請易科罰金之資格，實爲一種程序法上「有以罰金代替自由刑執

21　雖然有自：易科罰金純爲「執行上」之問題或易科罰金不僅爲「執行上」之問題且爲「裁判上」之問題之觀點來討論易科罰金之法律性質。參閱朱敏賢：「數罪併罰之易科罰金」之研究——以釋字第三六六號解釋爲中心，刑事法雜誌第40卷第4期，頁111、112。不過，由於此種說法只不過是建立在不同的程序階段所爲的觀察，並無法否認「惟有在實際執行時，始能正確的評價執行有無困難」。再者，該主張本質上乃在探討「易科罰金審酌權之歸屬問題」。因此，本文不採此種見解。

22　按受刑人「是否因身體、教育、職業或家庭之關係致執行顯有困難」並非操諸受刑人之主觀認知判斷，縱於前述六月以下有期徒刑或拘役開始執行時甚或執行中，受刑人主觀上認爲其將因身體、教育、職業或家庭之關係致執行顯有困難，亦僅得請求檢察官或法院審核此要件是否該當；若檢察官與法院均不認受刑人將因身體、教育、職業或家庭之關係致執行顯有困難，受刑人即因未符刑法第41條第1項所定之三要件而不得易科罰金。

行之機會」的地位[23]。鑒於此種得請求易科罰金之地位，本質上涉及自由刑之執行，與人民之基本權利密切相關[24]，參酌釋字第469號解釋之解釋理由書：「如就法律之整體結構、適用對象、所欲產生之規範效果及社會發展因素等綜合判斷，可得知亦有保障特定人之意旨時，則個人主張其權益因公務員怠於執行職務而受損害者，即應許其依法請求救濟。」之說明，本文認爲：鑒於易科罰金制度旨在避免短期自由刑之流避並確保刑罰執行，在僅具備刑法第41條第1項所規定的「法定刑」與「宣告刑」的要件下，受刑人此種程序法上「有以罰金代替自由刑執行之機會」的地位，乃一值得法律保護的利益。於定位上，應將之評價爲一種「以程序法上的異議權爲內涵，值得法律保護的易科罰金聲請權」。[25]

第三節　釋字第366號解釋[26]所引發之批評

在確認易科罰金之判斷時期與法律性質後，本文接下來將討論於數罪併罰

23　司法院釋字第366解釋於解釋理由書中亦曾指出：「如犯最重本刑均爲三年以下有期徒刑之刑之罪，而分別宣告之有期徒刑亦均未逾六個月，因身體、教育、職業或家庭之關係，執行顯有困難者，依同法第四十一條規定，本均得易科罰金，而有以罰金代替自由刑之機會……」。換言之，由於「惟有在實際執行時，始能正確的評價執行有無困難」，倘若否定受刑人前述得請求易科罰金之資格，不啻變相地剝奪其依刑事訴訟法第484條聲明異議之權利；因此，實不應否定受刑人於其主觀上認爲「因身體、教育、職業或家庭之關係致執行顯有困難」時，得聲請依易科罰金之方式，執行原宣告刑之資格。

24　參閱鄭文中：刑事執行程序中之辯護——以自由刑之執行爲中心，頁108，台大法研所碩士論文，1999年7月。

25　此外，在檢察官或法院已准許受刑人易科罰金的情形中，雖然此時刑法第41條第1項所規定之三要件均已具備，由於在執行上，受刑人尚有權選擇入監服刑或是易科罰金。既然此時服刑之方式係由受刑人所決定，此種以自由權與財產權爲內涵之地位，本文稱之爲「服刑方式選擇權」。

26　釋字第366號解釋，乃結合二個聲請釋憲案而作成。其背景事實如下：
在梁○○案中，聲請人涉犯違反槍砲彈藥刀械管制條例、吸用化學合成麻醉藥品罪兩罪，均各經處徒刑四月並准易科罰金。而其中一罪已於民國八十二年二月二十二日易科罰金執行完畢，其後八十二年四月板橋法院始再將該兩罪併罰裁定應執行徒刑七月；而在李文進案中，聲請人前因賭博案件，分別於八十一年九月三十日、八十二年六月卅日經台灣桃園地方法院以八十一年度易字第三八八四號、八十二年度易字第一三二三號刑事判決論處聲請人各有期徒刑三個月、六個月（該二刑事判決均諭知得易科罰金），因八十一年度易字第三八八四號刑事判決論處聲請人有期徒刑三個月部分，因先確定在讞而已經執行完畢結案，詎料後確定之八十二年度易字第一三二三號刑事判決，於八十二年十一月八日經桃園地方法院檢察署檢

中，可否易科罰金的問題。值得注意的是，同樣是處理數罪併罰得否易科罰金的問題，釋字第144號解釋作成後，並未出現批評的聲浪；然而釋字第366號解釋作成後，卻引發不少的批評與質疑。因此，以下本文將以「數個得易科罰金犯罪併罰之類型」為基礎，先介紹關於釋字第366號解釋的批評，並提出本文的回應。而關於釋字第144號解釋的說明，將於下一章中提出。

察官以聲請人前開二賭博罪行認係數罪併罰案件，聲請桃園地院刑事庭裁定定執行刑，今桃園地方法院亦無視聲請人前經量處有期徒刑三個月之該案件已執行完竣，竟同意檢察官所請而以八十二年度聲字第一六二八號刑事裁定將前開「數罪併罰」之該二案件定執行刑為有期徒刑捌個月（當然無易科罰金之諭知）。

聲請人梁◯◯主張：合併裁定適用之刑法第五十三條，該條殊與憲法保障之權利牴觸：按該五十三條規定，數罪併罰有二裁判以上者，依五十一條定其執行刑。查：「1.數罪中一罪已執行完畢者，已無該罪可資合併。2.不分其中一罪執行完畢已否，概予合併，有違法理，蓋既執行完畢之部分已不存在，自無再予復活之理（死了不能復活），徵之刑法第五十四條規定，各罪中有赦免者，僅以餘罪定刑或餘一罪就宣告刑執行，其意旨應屬相通。3.數罪併罰旨在基於刑事政策及訴訟經濟之要求，故予寬待處罰，觀刑法第五十一條自明（請併參見坊間刑法諸著作），如依同法第五十三條，將如本案兩罪原本各均得易科罰金，併罰後反不得易科而改應坐牢，顯非立法本意。或謂兩案各處徒刑四月，合併定刑僅七月（減少一月），已屬有利聲請人，實則大錯，蓋此形式上雖對聲請人有利，然實質上須執行徒刑而不得易科罰金，有何利可言？衡之社會實情，誰願坐牢？4.第五十三條除違上陳數罪併罰原理，且不符刑法從輕原則－如刑法第二條（新舊法變更）、刑訴法第四四八、四四七（不利不及被告）條等法意。5.依五十三條，就已執行完畢之裁判，其後仍可拿來合併定執行刑，致使已執行完畢（不僅已確定）之裁判，永遠陷於不確定之狀態，法理不通亦絕非立法本意甚明。況其出爾反爾，令民無所是從，盡失司法威信。」是至少應解為數罪中，已執行完畢之部分，無刑法第五十三條之適用，否則有違憲法保障人民之權利。

又聲請人李◯◯主張：其因賭博犯行致遭刑典科處，本應欣然服刑絕無任何怨尤之言，惟今該二件賭博案件如非數罪併罰之案件，因分別論處三個月、六個月有期徒刑，且均為得予易科罰金之諭知，聲請人就先確定之三個月徒刑部分之該案件，如前所敘，已繳納罰金執行完畢在案，今如非數罪併罰之適用，則，後確定之該六個月有期徒刑之刑期諭知部分，因判決主文內亦有得予易科罰金之宣告，「或許」分別執行之下，聲請人尚有得予易科罰金而免除牢獄災害之可能。今卻因適用刑法第五十三條、第五十一條第五款、第十款有關數罪併罰之條文，導致裁定應執行刑之刑事法院，無法考量聲請人一部分之犯行已執行完畢之現實情況，一併將「全部」數罪併罰之案件合併定執行刑為有期徒刑捌個月，如此，當然剝奪了聲請人得予易科罰金結案之機會，間接違背憲法第二十二條所概括保障人民之自由權利的規定，蓋刑法第五十三條、第五十一條第五款、第十款之相關規定，衡諸立法意旨，係不採最有利於受刑人之吸收主義，亦不採最不利於受刑人之併科主義，而採擇所謂折衷之「限制加重主義」，實蘊育有啓勵受刑人兼顧其利益之量刑原則也，今僅因該數條法令規定不盡完善翔實，且過於僵化導致適用法院就聲請人所遭遇之本案情況無法作出一公正合理，並合乎憲法第二十二條所保障人民權益之判決出現，謂其違背憲法本旨實不過言。況且，有如聲請人前所闡明，如聲請人今日所犯情狀，係屬「非數罪併罰」之二賭博犯行，尚有易科罰金免予牢獄艱苦之可能；今反適用有利於受刑人之「數罪併罰」條文的規範，卻落得入獄服刑之下場，比例權衡，如何令人信服。

第一款　本於執行實務的批評

釋字第366號解釋之作成，雖一改先前學說與實務對於「數個得易科罰金之犯罪併罰」，如何易科罰金之見解，不過該號解釋卻也引起不少批評。前大法官翟紹先即曾於該號解釋的不同意見書[27]中指出：「犯實質上數罪，對宣告

---

[27] 該不同意見書之理由如下：

一、刑法第四十一條規定，犯最重本刑爲三年以下有期徒刑以下之刑之罪，而受六月以下有期徒刑或拘役之宣告，因身體、教育、職業或家庭之關係，執行顯有困難者，得以一元以上三元以下折算一日，易科罰金。

易科罰金，學理上謂係換刑處分，或稱曰代替刑。良以宣告之自由刑，如其刑期短促，對人犯縱執行羈押，亦難望改過遷善，且偶發初犯，因受監禁，以致自暴自棄，後果堪虞。故現行刑法恢復暫行新刑律之易科罰金制度，行之迄今，收效頗宏。

二、惟易科罰金依上開第四十一條規定，設嚴格之要件如下：

（一）須犯最重本刑爲三年以下有期徒刑以下之刑之罪。

（二）須受六月以下有期徒刑或拘役之宣告。

（三）須因身體、教育、職業或家庭之關係，執行顯有困難者。

是爲杜絕流弊，易科罰金，不宜失之過寬。又法院雖於判決主文中，諭知折算罰金之標準，但易科之准駁，純屬檢察官執行之職權，被告是否合乎上列要件，應由檢察官於執行時決定之。若謂判決主文中既諭知易科罰金，檢察官即應一律照准，不無誤會。且易科罰金執行完畢後，而原來宣告之刑，如爲有期徒刑，五年內再犯有期徒刑以上之罪者，仍屬累犯。顯見易科罰金，祇不過係換刑之處分。

三、世界各邦，關於數罪併罰之立法例，不外採（一）吸收主義（二）限制加重主義（三）併科主義。其利弊互見，我國刑法兼採以上各種主義，以資截長補短，故於刑法第五十一條、第五十三條分別規定：「併合處罰之標準」、「二裁判以上合併執行之方法」，準此規定，可收刑罰以及執行經濟之目的，其立法意旨，殊無可議之處。

四、茲就犯實質上數罪，對宣告之各罪刑一一執行之，或就宣告之罪刑合併之結果定其應執行之刑，何者對被告完全有利，尚難以斷言，茲舉例以明之：

（一）甲犯侵入住宅罪（本刑一年以下），處有期徒刑二月，得易科罰金，又犯傷害罪（本刑三年以下），處有期徒刑四月，得易科罰金。如均予執行，須繳六個月之罰金。此例就六月以下四月以上更定執行有期徒刑五月，得易科罰金，即僅繳五個月之罰金，自屬有利被告。

（二）乙犯脫逃罪（本刑一年以下）處有期徒刑六月，得易科罰金。又犯收受贓物罪（本刑三年以下）處有期徒刑六月，得易科罰金。其罪刑分別執行，固可以金贖刑，對被告而言，較爲有利。但檢察官於實際執行時，未必皆准其易科罰金，已詳上述。如合併定其執行刑七月，雖不得易科罰金，亦不違背正義公平原則。蓋乙第一次犯罪後，不知安分守己，仍以身試法，要屬無可原宥。

（三）丙除犯上述脫逃、收受贓物罪外（均判如上刑），又犯僞造公文書罪（本刑七年以下）處有期徒刑一年，竊盜罪（本刑五年以下）處有期徒刑二年，以上四罪刑適用刑法第五十一條第五款，應於四年以下二年以上定其應執行有期徒刑二年四月，顯然有利被告。若對各刑一一執行，除脫逃、收受贓物兩罪，准繳易科罰金外，仍應執行僞造公文書及竊盜罪，即合爲有期徒刑三年，匪僅對被告不利，且使囹圄擁擠，不易管理，增加國庫負擔，種種弊端，毋待贅言。

之各罪刑一一執行之，或就宣告之罪刑合併之結果定其應執行之刑，何者對被告完全有利，尚難以斷言。上開刑法各條，既無缺失，應屬合憲，本席對本件解釋意旨，歉難表示同意。」換言之，其乃透過所提出的具體案例，以個案間利益衡量之方式，反對該號解釋之內容。

第二款　本於實質競合「應執行刑整體性」的批評

關於數個徒刑定執行刑與易科罰金，學者有基於德國法上實質競合之觀點，反對釋字第366號解釋，其認爲：「依現行刑法規定之限制加重原則，於各宣告刑中最長期以上，各有期徒刑合計之總刑期以下，所定出之執行刑，有如單一犯罪之宣告刑，即屬受判決人應行執行之刑期，故實質競合而併合處罰之受判決人得否易科罰金，自應視其應執行刑之整體刑期是否爲六個月以下之有期徒刑而定，而與就個別之罪所宣告之個別刑期無關。凡是經裁定應執行刑依限制加重原則而逾六個月之刑期者，即與易科罰金之法定要件不符，而不得易科罰金，即使各罪分別宣告之徒刑，均未逾六個月，亦不受其影響。[28]」以此爲基礎，其除指陳釋字第366號解釋：「解釋偏離焦點」、「解釋不當干涉立法權」與「一罪兩罰之問題並未解決」外，更主張：「刑法第51條與第41條兩條文，依實質競合之法理，以及爲避免執行六個月以下之短期自由刑而設之易科罰金制度而論，根本就不存在問題，而屬完全符合刑法理論之適當規定。[29]」

（四）因併合處罰所定執行刑逾六個月者，仍得易科罰金，顯然失平，如丁犯侵入住宅、傷害、脫逃、收受贓物四罪，各判有期徒刑六月，均得易科罰金，併合定其執行刑一年二月（十四月），依本解釋，仍得易科罰金。而戊祇犯傷害一罪，判有期徒刑七月，不得易科罰金，即應發監執行，身繫囹圄，如此不平，焉有不鳴者也。

（五）綜上所述，上開刑法各條，既無缺失，應屬合憲，本席對本件解釋意旨，歉難表示同意。

[28] 其更謂：「易言之，即實質競合之數罪併罰而就各罪分別宣告之徒刑，就各罪分別宣告之有期徒刑雖均未逾六個月，但一經依現行刑法規定之限制加重原則決定應執行之刑期，自有可能逾六個月，此雖係就數個獨立之罪併合處罰而定之執行刑，但在刑法之定罪科刑上仍屬對於具有實質競合關係之數罪所宣告之有期徒刑，而與單純一罪所宣告之有期徒刑，並無任何不同。因此，單純一罪之宣告刑逾六個月者，固無易科罰金之適用，數罪實質競合而併合處罰，經定執行刑逾六個月者，自亦同樣因不具易科罰金須受六個月以下有期徒刑宣告之要件，而不得易科罰金。」參閱林山田：論併合處罰之易科罰金，刑事法雜誌，第39卷第1期，頁23。

[29] 其並具體指出釋字第366號解釋之內容，存在以下的錯誤：「（一）裁判確定前犯數罪之實質競合係須併案審理之數罪，此等犯數罪之行爲人所表現之惡性，顯較一罪或非屬實質競合

此外，亦有基於應執行刑的整體性，對釋字第366號解釋「未整體判斷數罪併罰」提出質疑，並批評釋字第366號解釋將不當造成「處罰割裂」的現象；而針對「事實上事後併罰存在得易科罰金的執行現象，所可能引發的不平等疑義」，更主張應由受刑人負擔此一風險。[30]

之數個一罪爲強，固不宜易科罰金。數個宣告之徒刑依限制加重原則而定應執行之徒刑若已逾六個月者，自不得以個別宣告之徒刑均未逾六個月，而主張仍得易科罰金。實質競合之數罪在刑罰裁量上自與毫無競合關係的數個單獨犯罪有所不同，故不得以因實質競合而受較數個沒有任何關係之一罪爲重之刑罰之執行，即屬對於受裁判人權利之不當侵害。（二）易科罰金之易刑處分除爲確保宣告之徒刑之執行外，係屬專爲避免執行短期自由刑之行刑措施。無論是一罪之宣告刑，抑爲數罪之定執行刑，均屬務必執行之刑罰，而以六個月之刑期爲限，始有避免執行徒刑而代之以罰金而爲執行之必要。今受裁判人因數罪併罰之兩裁判而定執行刑之刑期已逾六個月，而不得易科罰金，乃屬事理之當然，而無權利受到不當之限制可言。（三）受六月以下徒刑之宣告者，依第四十一條之規定，係得易科罰金，而非應易科罰金，亦即司法者對於是否易科罰金，仍有相當之裁量權。行爲人犯實質競合之數罪，其個別宣告之徒刑雖均爲六月以下之刑期，縱定執行刑亦未逾六個月，亦可能因其犯數罪之惡性表現，而有必要執行徒刑之情況者，司法者自亦得裁定不予易科罰金，不得謂如此即不當地侵害受裁判人之權利。（四）受裁判人係因犯實質競合之數罪，致不得易科罰金而必須受徒刑之執行，並非因第五十三條、第五十一條與第四十一條規定有何不當之處，致使其無端受到徒刑之執行，而其權利與自由受到不當之剝奪。」「釋字第三六六號解釋無上述之認識，而無視於刑法競合論之法理與針對短期自由刑而設計之行刑措施，完全否定法官之刑罰裁量權，竟然會將因實質競合之數罪併罰定執行刑之結果，致不符第四十一條明定之要件而不得易科罰金之具有必然性之結論，誤認爲係造成對人民自由權利之不必要限制，與憲法第二十三條未盡相符，而主張刑法第五十一條及第四十一條應檢討修正，故本號解釋顯屬錯誤，刑法第五十一條及第四十一條在數罪併罰之易科罰金上，規定正確而無任何不妥之處，故亦無檢討修正之必要。」參閱林山田：論併合處罰之易科罰金，刑事法雜誌，第39卷第1期，頁27-31。

30　其指出：「單一犯罪之易科罰金，刑法第四十一條之規定已如法文所示；而數罪併罰之易科罰金，其應就行爲人所犯之數罪作分割判斷，抑或應爲整體判斷？吾人認爲前者萬萬不可，此同學說通說所見。依吾人所信，易科罰金與否之決定，或許存立於終局裁判之前或後，然易科罰金決定之對象，則應係以同一裁判上之行爲罪責爲『累積的』判斷。數罪中之單一犯罪，分別觀之，雖處於得寬待之情狀，惟其『累積』數罪後，所『包括判斷』之『整體刑』，如認爲應課負之刑責，已逾刑罰所得容許之臨界點，則刑法自由權剝奪之發動，即無繼續退讓之必要，此亦非易科罰金所須關心之課題。倘刻意退讓，縱表現出刑法之謙抑，誠恐犧牲刑罰發動對象之統一性，而處處形成刑法處罰之割裂現象。至於，何程度爲刑法得忍受之臨界點，依社會之相當性，立法者應有其立法之裁量權，除其刑罰程度顯然違背人性尊嚴之尊重或違反比例原則等，司法機關尚無以違憲審查之方式介入之必要。較困難者，係數罪分別繫屬於不同法院之判斷：倘各罪分別論處均符合刑法第四十一條易科罰金之法定要件，（設若其係繫屬於同一法院而予累積論罪將逾六個月者），該各罪因罪刑法定主易雖均得易科罰金；反之，因『繫屬同一法院』則無法易科罰金，是否法有失平？吾人以爲，此不平等之危險，應由行爲人負擔，此由同法第五十二條『數罪併罰，於裁判確定後，發覺未經裁判之餘罪者，就餘罪處斷』之規定得導出，如此可信，則本問題是得迎刃而解。」參閱朱敏賢：「數罪併罰之易科罰金」之研究——以釋字第三六六號解釋爲中心，刑事法雜誌第40卷第4期，頁117。

第三款　本於刑法第41條限制規定的批評

由於刑法第41條第1項，針對易科罰金的適用，設有「最重本刑爲五年以下有期徒刑以下之刑之罪」與「受六個月以下有期徒刑或拘役之宣告」之前提規定，因此，學者間有認：刑法第41條第1項之規定，將使得易科罰金的適用範圍，限縮在單一構成要件該當的情形；蓋如涉及二以上構成要件該當，尚難稱爲係犯最重本刑爲五年以下有期徒刑以下之刑之罪。換言之，刑法第41條之所以無法適用於二以上構成要件處理時，主要的原因，並不在於最終是否受六月以下有期徒刑或拘役之宣告，而係在於前段之限制性規定之上。而「這樣的限制規定，無異限縮刑法第41條的本應具備的適用範圍，也使得其爲補救短期自由刑弊端的立意，被完全抹煞。這也正是釋字第366號解釋所面臨的核心問題。[31]」

---

31 依其所述：「此種限制條款，使得易科罰金的適用範圍限縮在單一構成要件，蓋如涉及二以上構成要件之規定，則殊難稱爲係犯最重本刑爲三年以下有期徒刑以下之刑之罪。從此種限制規定所指的並非刑的本身，而係罪名，因罪名在構成要件的規定具有單一性，而使得易科罰金之適用範圍僅限於行爲人之行爲僅能該當一構成要件之時，如有超出單一構成要件該當之情形，即無刑法第四十一條易科罰金之適用。這樣的限制規定，無異限縮刑法第四十一條的本應具備的適用範圍，也使得其爲補救短期自由刑弊端的立意，被完全抹煞。這也正是釋字第三六六號解釋所面臨的核心問題。刑法第四十一條之所以無法適用於二以上構成要件處理時，主要的原因，並不在於最終是否受六月以下有期徒刑或拘役之宣告，而係在於前段之限制性規定之上。刑法第四十一條之規定雖存在問題，但並不能任意分開詮釋，也就是將罪與宣告刑分開觀察，而認爲如所犯之罪均爲三年以下有期徒刑以下之刑之罪，祇要犯罪後之宣告刑爲六個月以下有期徒刑或拘役者，均可依第四十一條之規定易科罰金。此種認知無異係誤解第四十一條整體性規定的意義。刑法第四十一條之所以無法適用於二以上構成要件處理時，主要的原因，並不在於最終是否受六月以下有期徒刑或拘役之宣告，而係在於前段之限制性規定之上。如爲落實易科罰金係爲補救短期自由刑，則似乎不應對於罪本身加以限制規定，蓋不論是否爲單一構成要件，甚或法定本刑爲超過三年以下有期徒刑以下之刑之罪，其均有可能出現受六月以下有期徒刑或拘役宣告之情況。而祇要最終之執行刑爲六月以下有期徒刑，其仍爲短期自由刑，如其不能適用易刑處分，其短期自由刑存在之弊端依舊未排除。根本解決之道，乃將該條之單一性限制條款刪除，僅保留關於宣告刑之規定，如此除可避免適用範圍的限縮，及認定上的偏差，而使得易科罰金問題，在數罪併罰的處理上，減少困擾。同時，也可眞正落實易科罰金在補救短期自由刑之效用。」其更進一步指出數罪併罰案件適用易科罰金規定之難題：「刑法第四十一條之規定，由於設置單一性適用的限制條款，而使得其在數罪併罰情況下，產生相當大的難題。其一爲易科罰金之本質爲受宣告之自由刑，再併罰的處理時，仍應以宣告之刑爲基礎。此時因限制條款的關係，不能因併罰結果，其執行刑仍爲六月以下有期徒刑，而遽認爲可適用易科罰金。其二爲不同裁判的處理，如同一行爲人因不同行爲，而在不同裁判受刑之宣告，而受宣告之刑均得易科罰金，但由於刑法第五十二條適用第五十一條之處理，仍然產生同前者一樣之問題。其三爲刑之一部已執行問題，主要的癥結乃在於已執行之刑，亦爲易科罰金（如分期繳納，已繳納一部分），則

第四款　本於刑事政策的批評

除前述批評外，本諸刑事政策的立場，亦有指出：由於實質競合的不法內涵與罪責內涵，均高於犯罪單數，本於「屬於輕罪的犯罪單數」才能易科罰金的刑事政策，縱然複數犯罪均爲輕罪，亦不得易科罰金。[32]也就是說，「易科罰金之設計除了可以避免短期自由刑的執行外，尚考慮到行爲的輕微性，故本法原限於法定刑三年以下有期徒刑，而宣告刑爲六月以下者，方可適用。對於裁判確定前犯數罪分別宣告均未滿六月有期徒刑，因依本法第51條併合處斷定其應執行刑逾六月者，則依刑法第41條的規定及其精神，本不得易科罰金。[33]」

第五款　本文的回應

針對前述批評，本文於此先簡單的回應本於「執行實務」與「刑事政策」

對於後發現而於另外裁判所爲判決之刑的併罰問題，倘若後判決仍爲得易科罰金，則在處理上，顯得相當棘手。事實上，排除刑法第四十一條之單一性限制條款的問題，亦僅能解決同一裁判之數罪併罰情形，對於不同裁判或對於已有刑之部分執行情況，仍未能有效解決。此仍須借助於自由刑與罰金刑間所建立的相容性，方能完全解決此類爭議問題。我國刑法中，對於罰金刑與自由刑的規定，可謂涇渭分明，二者並無彈性融通互用餘地。因此在數罪併罰情況下，使得非單一裁判所宣告之刑，在處理上頗多問題，特別是對於已有部分罰金之繳納情況，尤爲明顯。雖然實務上爲避免此種難題的出現，認爲如有一行爲不得易科罰金，或未爲得易科罰金之宣告，則所有行爲所犯之罪，均不得易科罰金，但此僅係治標，並非治本，且使得易科罰金的立意即效用，大打折扣。就如同現行法之規定，如碰到有數罪併罰情況，其最後宣告之執行刑仍爲短期自由刑，仍然須排除易科罰金之適用，此應是法律規定缺失所致。爲解決數個得易科罰金案件，由於數罪併罰關係，即使最後之宣告之執行刑仍爲短期自由刑，依舊不得爲易科罰金處理的難題，除排除刑法第四十一條之限制規定外，更須在第五十一條加入自由刑與罰金刑相容性之規定。如此方能一勞永逸。」參閱柯耀程，易科罰金的數罪併罰問題探討，收錄於蔡墩銘主編，「刑法爭議問題研究」，頁378-381，五南圖書出版股份有限公司，1999年2月初版。須加注意的是，由於刑法第41條之規定已於民國90年1月修正，因此該文中所指的刑法第41條，現爲刑法第41條第1項，而「三年以下有期徒刑以下之刑之罪」於現在係指「五年以下有期徒刑以下之刑之罪」。

[32] 依其所述：「屬於犯罪複數的實質競合，其不法內涵與罪責內涵自然高於犯罪單數，刑事立法政策上得以易科罰金者，應以屬於輕罪的犯罪單數爲限，雖屬輕罪，但係犯罪複數者，自不以得易科罰金爲宜。況且，數罪併罰所定應執行的刑期若超過六個月者，已非屬於得以易科罰金的短期自由刑。」參閱林山田，評易科罰金的修正，月旦法學雜誌，第74期，頁144，2001年7月。

[33] 參閱林山田，論刑法總則之改革，月旦法學雜誌，第76期，頁104，2001年9月。

的批評。至於本於「實質競合應執行刑整體性」與「刑法第41條限制規定」的批評部分，由於涉及易科罰金規定適用於數罪併罰案件之核心部分，較爲複雜，因此將於下節以後，另行探討。

第一目　釋字第366號解釋的不同意見書

首先，觀之釋字第366號解釋的不同意見書，其反對之理由，似乎有部分已超出了該號解釋之範圍，而兼述及「得易科罰金之犯罪與不得易科罰金之犯罪併罰」之類型[34]。也就是說，該部分係以釋字第144號解釋的內容爲基礎。鑒於釋字第144號解釋與釋字第366號解釋係以不同的併罰類型爲案例背景，因此，此種理由並不洽當。

此外，雖然其說明亦以實際的併罰類型與實務運作情形作爲說理的依據，惟相較於本文先前針對實務見解與實務運作所爲的說明，其說明似乎忽略於我國現行法制下所存在的事後併罰現象，及本於事後併罰所衍生出的問題；且並未自競合理論體系的觀點予以切入。而所謂「祇犯傷害一罪，判有期徒刑七月，不得易科罰金，即應發監執行，身繫囹圄，如此不平，焉有不鳴者也。[35]」似更忽略易科罰金係以輕微犯罪[36]爲適用的前提；而是否屬於輕微犯罪，則屬法官量刑之權限。故就其論述而言，尚不足以作爲反對釋字第366號解釋的有力依據。

第二目　刑事政策

如本章第一節所述，易科罰金之規範目的，旨在救濟短期自由刑之流弊，特別在輕微犯罪的情形中。然而，此種刑事政策的目的，是否必然因數罪併罰的適用，而無所附麗？茲舉下列案例作爲說明的依據。

---

34 如該不同意見書中四之（三）：「丙除犯上述脫逃、收受贓物罪外（均判如上刑），又犯僞造公文書罪（本刑七年以下）處有期徒刑一年，竊盜罪（本刑五年以下）處有期徒刑二年，以上四罪刑適用刑法第五十一條第五款，應於四年以下二年以上定其應執行有期徒刑二年四月，顯然有利被告。若對各刑一一執行，除脫逃、收受贓物兩罪，准繳易科罰金外，仍應執行僞造公文書及竊盜罪，即合爲有期徒刑三年，匪僅對被告不利，且使囹圄擁擠，不易管理，增加國庫負擔，種種弊端，毋待贅言。」即已超出釋字第三六六號解釋的範圍。

35 參閱釋字第366號解釋，大法官翟紹先之不同意見書。

36 如我國刑法第41條第1項所規定「犯最重本刑爲五年以下有期徒刑以下之刑之罪」、「受六月以下有期徒刑或拘役之宣告」之情形，即爲我國刑事法上之輕微犯罪。

案例三：被告犯過失傷害罪，被判處有期徒刑三月；此外，被告於過失傷害罪判決確定後另犯贓物罪，被判處有期徒刑六月（此時，過失傷害罪與贓物罪間，並不符合刑法第五十條的規定）。

於上述之案例中，由於過失傷害罪與贓物罪間，並不符合刑法第50條的規定，關於是否得易科罰金，只須個別判斷是否有刑法第41條第1款之適用，即爲已足。也就是說，縱然在犯罪複數的情形中，並非全然無易科罰金之可能。固然可認爲犯罪複數的不法內涵與罪責內涵高於犯罪單數，惟在案例三的輔證下，似無由直接導出：「刑事立法政策上得以易科罰金者，應以屬於輕罪的犯罪單數爲限，雖屬輕罪，但係犯罪複數者，自不以得易科罰金爲宜[37]」之結論。

事實上，是否該當輕微犯罪，本屬法官之裁量權，如果法官認爲被告必須入監服刑，方能收教育、改善之功效者，只要在宣告罪刑時，處以高於六個月之有期徒刑，即可達其目的，並不須透過「數個輕微犯罪併罰」的方式，讓被告入監服刑。雖然可認爲「行爲人犯競合之數罪，其個別宣告之徒刑雖均爲六月以下之刑期，縱定執行刑亦未逾六個月，亦可能因其犯數罪之惡性表現，而有必要執行徒刑之情況者，司法者自亦得裁定不予易科罰金[38]」，惟若執此認爲犯數罪之惡性表現，必然均有執行徒刑之必要，未免倒果爲因，有失客觀；蓋在目前行政刑罰過於肥大的法制現狀下，並非所有的犯罪行爲均具有高度的刑事不法內涵，因此，縱然在複數犯罪的情形中，亦不乏被告惡性仍屬輕微的情況。再者，數罪併罰的原意，本在避免因累罰效應所造成的過度處罰，並未堅持必須以某種方式執行刑罰。倘若因數罪併罰之適用，而導致如案例三中本可易科罰金之數犯罪，喪失易科罰金之機會，毋寧將對被告造成更爲過度的處罰。此種結果，反倒有違數罪併罰規範的本意[39]。就此而言，刑法第41條第2項的規定，應較符合數罪併罰的規範精神。

37　參閱林山田，評易科罰金的修正，月旦法學雜誌，第74期，頁144，2001年7月。

38　參閱林山田，論併合處罰之易科罰金，刑事法雜誌，第39卷第1期，頁28。

39　蓋雖然可承認「競合之數罪在刑罰裁量上，與毫無競合關係的數個單獨犯罪有所不同」，但若因此而認爲：「數罪併罰之結果，將造成受較數個沒有任何關係之數犯罪爲重之刑罰之執行」，即不甚洽當。

第四節　易科罰金規定適用於數罪併罰案件之疑義

第一款　應執行刑整體性之內涵

在數罪併罰的情形中，由於應執行刑具有獨立於各犯罪宣告刑之裁判依據與地位，因此，不免令人自其外觀，產生「應執行刑之內涵具有整體性」之判斷，並導致於「數罪併罰得否易科罰金」之問題上，出現「應就行爲人所犯之數罪作整體判斷」之見解。不過，值得注意的是，既然肯認「易科罰金與否之決定，或許存立於終局裁判之前或後」，並進而提出「數罪分別繫屬於不同法院之判斷：倘各罪分別論處均符合刑法第41條易科罰金之法定要件，該各罪因罪刑法定主易雖均得易科罰金；反之，因繫屬同一法院則無法易科罰金，是否法有失平[40]」之質疑；令人不解的是，何以在前述質疑下，仍會導出「易科罰金決定之對象，應就行爲人所犯之數罪作整體判斷」之見解？

不論是否爲「數個得易科罰金之犯罪併罰」之類型，以事後併罰（如第二章第三節第二款之案例）爲例，由於應執行刑中，該當宣告刑之部分，業已於先前執行；因此，縱認應執行刑具「整體性」，其內涵亦不應包括「應執行刑必然接續執行」在內。也就是說，應執行刑並無如單一犯罪之宣告刑，必然具有「接續執行」之外觀；學說上一概地認爲「就數個獨立之罪併合處罰而定之執行刑，在刑法之定罪科刑上仍屬對於具有實質競合關係之數罪所宣告之有期徒刑，而與單純一罪所宣告之有期徒刑，並無任何不同。[41]」之見解，似乎有欠周延。進而，以該見解作爲「數個得易科罰金之罪併罰」時，應執行刑不得易科罰金之理由，即存在前提上的矛盾。換言之，依最高法院47年台上字第41號判例：「抗告人所犯行賄罪之最重本刑，雖在三年以下，但其竊取森林主產物所犯森林法第五十條之罪之最重本刑，則已超過三年，因併合處罰之結果，根本不得易科罰金，縱其因犯竊取森林主產物罪，所宣告之徒刑，經已執行完畢，亦與刑法第五十四條，及司法院院字第一三〇四號解釋所謂僅餘一罪之情形迥然不同，仍應依同法第五十三條定其應執行之刑。」之說明，由於應執行刑在客觀上存在接續執行與非接續執行二種執行類型，故其不具備「接續執

40　參閱朱敏賢，「數罪併罰之易科罰金」之研究——以釋字第三六六號解釋爲中心，刑事法雜誌第40卷第4期，頁118。

41　參閱林山田，論併合處罰之易科罰金，刑事法雜誌，第39卷第1期，頁23。

行」之內涵[42]。在此前提下，縱仍將應執行刑評價爲整體性之刑罰判斷，其內涵亦應如最高法院83年台上字第5578號判決：「若數罪中一罪之有期徒刑先執行期滿，嗣法院經檢察官之聲請，以裁定定其數罪之應執行之刑確定後，其在未裁定前已先執行之罪，因嗣後合併他罪定應執行刑之結果，檢察官所換發之執行指揮書，係執行應執行刑，其前已執行之有期徒刑部分，僅應予扣除。」與88年台抗字第500號裁定：「法院即應依法裁定定其應執行之刑，不因其中部分確定裁判已否執行而受影響，如抗告人確有因易科執行繳納罰金情事，係屬執行時應否扣抵之問題，與定其應執行刑之裁定無涉，其抗告爲無理由，應予駁回。」等實務見解所云，僅於「刑期計算上」，具有整體性；而不包括「限制自由刑之執行方法，應具有整體性與一致性」之內涵。

然而，反對釋字第366號解釋之學者，似非全然未慮及前述之說明；爲避免事後併罰導致非接續執行，有學者本於德國刑法的規定[43]主張：「刑法第53條規定之有二個以上裁判之實質競合依刑法第51條規定，而定執行刑之情形，自以二個以上之裁判均尚未執行者爲限，因爲裁判若已執行者，即不得作爲重複定執行刑之基礎，而無由再據之以定執行刑，故二裁判中若已執行其一者，則尚未執行之另一裁判，自應單獨執行，而無再與已執行之刑定執行刑之理；否則，即有違一罪一罰原則。[44]」以案例一來說，如果認爲已執行完畢的犯罪，不得作爲數罪併罰的基礎，即可排除發生非接續執行的現象；如此，於執行外觀上，亦不會違反應執行刑整體性判斷的本質。[45]

---

42 事實上，縱於一罪宣告刑的執行中，如果符合刑法第41條第1項之要件，亦非必然以單一的執行方法加以執行。例如：被告犯過失傷害罪，經法院判決有期徒刑三月，得易科罰金；不過在開始執行時，被告並無資力繳納罰金，因此入監服刑；俟服刑一個月後，被告之家屬或朋友代其覓得資金，始以繳納罰金之方式，執行所餘之二個月刑期。於此例中，事實上存在易科罰金與入監服刑等二種短期自由刑之執行方法，因此，短期自由刑於執行方法上，並不存在「整體性」或「一致性」的要求。

43 依德國刑法第55條第1項：「受審判人在宣告刑執行完畢前，或在時效中止或赦免前，因原判以前之其他犯罪而受審判者，得適用第五十三條、第五十四條之規定。」之規定，只要裁判宣告前之犯罪，在原宣告刑（或實質競合之整體刑）執行完畢前接受審判，即存在合併刑嗣後構成（事後併罰）之空間。詳請參閱本文第三章第五節第三款之說明。

44 「至若三裁判中有一裁判已執行者，則其餘之二個裁判，仍得依第五十一條之規定，定執行刑。爲使現行刑法第五十三條之規定條文，能夠明確展現上開意旨，免卻刑法實務上之爭議，實有必要增定如下之但書規定，即：但已執行之裁判不得作爲定執行刑之基礎。」參閱林山田，論併合處罰之易科罰金，刑事法雜誌，第39卷第1期，頁25。

45 學者有謂：惟因裁判確定後，所發覺之未經裁判之餘罪與業經裁判確定之罪，並非在同一刑事訴訟程序中併案審判，故非屬實質競合之數罪併罰。就刑法第五十二條：「數罪併罰，於裁判確定後，發覺未經裁判之餘罪者，就餘罪處斷。」之語意觀之，因條文僅稱就餘罪處若依上述之見解，非但可以免去前述「忽略非接續執行存在」之指摘；而且單獨執行餘罪之法律效果，亦將使得形成事後併罰之犯罪（如案例一中之乙罪），具有獨立判斷得否易科罰金之地位；因此，這樣的說法，似乎頗具合理性。不過，如欲採前述之見解，於前提上似應先詳明：在「裁判後發覺餘罪」與「二以上之法院分別裁判」的情形中，是否可透過立法方式，排除事後併罰之非接續執行？此部分本文將於下一章中，予以說明。

第二款　單一性限制條款的拘束

關於易科罰金之適用，由於刑法第41條第1項之規定乃以「犯最重本刑爲五年以下有期徒刑之刑之罪，而受六月以下有期徒刑或拘役之宣告」爲前提要件，就文義而言，若不符此項前提規定，本即無易科罰金規定之適用可言；換言之，易科罰金之適用對象除係針對宣告刑外，更須於罪名上受到「犯最重本刑爲五年以下有期徒刑之刑之罪」之限制（又稱單一性限制條款）。若採此種見解，依刑法第51條所定應執行刑縱屬六個月以下有期徒刑或拘役，因尚難稱之爲「最重本刑爲五年以下有期徒刑之刑之罪」，故不能認「應執行刑」得易科罰金。就此而言，前述司法院院字第2702號解釋、司法院釋字第144號解釋、最高法院40年台非字第12號判例及最高法院57年台非字第127號判例等實務所示之見解似無不當可言；本此意旨之實務運作或爲正當。

惟查易科罰金之設，除確保刑罰執行之目的外，尚有補救短期自由刑弊端之立意，因此學者有認：「刑法第41條第1項就易科罰金所設之單一性限制條款，非但不當限縮其本應適用的範圍，亦使得其爲補救短期自由刑弊端的立意，被完全抹煞。蓋短期自由刑的產生，並非只有在單一法律效果的宣告時才存在，即使是經由數罪併罰後，仍有可能產生。故而，如確立易科罰金的目

斷，而未言及定執行刑，因此，未經裁判之餘罪不可與在前之裁判確定之宣告刑，定執行刑，而應單獨宣判罪刑，個別而爲執行。例如行爲人犯竊盜罪與詐欺罪兩罪。竊盜罪判決確定後，始發覺詐欺罪，故除執行竊盜罪之宣告刑外，尚須就詐欺罪處斷並單獨執行，而不必依刑法第五十一條之規定，定執行刑。因此，未經裁判之餘罪不可與在前之裁判確定之宣告刑，定執行刑，而應單獨宣判罪刑，個別而爲執行。行爲人違犯之數罪，必須具備實質競合之要件者，始有數罪併罰可言；否則，行爲人縱然違犯數罪，可是因非在同一刑事訴訟程序中併案審判，而不具實質競合之要件，自無數罪併罰之餘地。然而現行刑法第五十二條之規定，在「於裁判確定後，發覺未經裁判之餘罪者」之前，卻明定爲「數罪併罰」。此顯屬不當之規定，而易生誤解，故刑法第五十二條之現行規定，宜修正爲：犯數罪而於裁判確定後，發現有未經裁判之餘罪者，僅就餘罪處斷併執行之。參閱林山田，論併合處罰之易科罰金，刑事法雜誌，第39卷第1期，頁24。

的，係在避免短期自由刑，則任何限制均屬不當，針對此部分法律規定之缺失，其補救之道，除應排除刑法第41條第1項之限制規定外，更須於刑法第51條加入自由刑與罰金刑相容性之規定（又稱銜接條款）[46]。」而依此見解，縱然可認我國刑法第41條第1項就易科罰金之適用設有單一性限制條款，導致應執行刑在學理上無從易科罰金；但是似乎向來之學說與實務均不認刑法第41條第1項所規定之單一性限制條款，具有限制易科罰金之效力；反而認爲在「數個得易科罰金之犯罪併罰」之情形中，一旦應執行刑爲六個月以下之有期徒刑或拘役，仍得易科罰金。以此爲基礎，司法院釋字第366號解釋乃更進一步指出，於「數個得易科罰金之犯罪併罰」的情形中，縱然所定應執行刑逾有期徒刑六個月，亦不受刑法第41條第1項「六個月以下有期徒刑」規定之限制。

雖然說在法無明文「銜接條款」的前提下，關於應執行刑如何適用易科罰金規定乙事，的確存在前述法制上的闕漏。不過，就規範的角度來說，刑法第41條第1項與第2項（釋字第366號解釋），雖非如德國刑法第47條第2項之規定，具有授權法官選擇以罰金刑救濟短期自由刑的功能；不過，刑法第41條第2項規定，事實上仍提供了易科罰金適用於數罪併罰的基礎。本文認爲，刑法第41條第2項規定，應可解讀爲：於「數個得易科罰金之犯罪併罰」之情形中，關於應執行刑之易科罰金，已排除刑法第41條第1項「犯最重本刑爲五年以下有期徒刑之刑之罪」與「受六個月以下有期徒刑或拘役之宣告」之限制。換言之，在數個得易科罰金之犯罪併罰之情況下，不論其應執行刑之刑期是否大於六個月，於執行上均得依易科罰金之方式執行。

第三款　得易科罰金與不得易科罰金之犯罪併罰之易科罰金

然而，由於釋字第366號解釋與第144號解釋間，存在背景事實的差異；因此，以上之觀點，並無法提供於「得易科罰金之犯罪與不得易科罰金之犯罪」之併罰類型中，如何適用易科罰金規定的說理基礎。在釋字第144號解釋的併罰類型中，現行刑法並未提供任何類似刑法第41條第2項的規定，以致於無法於此正面處理關於「得否易科罰金」、「如何易科罰金」等問題。不過，這樣的法規闕漏並不表示，前述司法院院字第2702號解釋、釋字第144號解釋、最高法院40年台非字第12號判例及57年台非字第127號判例等實務見解，沒有加

46 參閱柯耀程，易科罰金的數罪併罰問題探討，收錄於蔡墩銘主編，「刑法爭議問題研究」，頁381，五南圖書出版股份有限公司，1999年2月初版。

以檢討之必要。以案例一來說，如果先執行的是得易科罰金之乙罪，在與甲罪併罰之前，並未出現不得易科罰金之結論[47]；惟依最高法院87年台抗字第404號判決：「查應定其執行之刑者，並不以尚未執行者為限。數罪併罰中之一部分，縱經執行完畢，如合於合併定其應執行刑之規定者，仍應與未執行部分合併定其應執行之刑。」不過，一旦甲乙二罪數罪併罰，依釋字第144號解釋之說明，乙罪即不得易科罰金。如果實務見解不須檢討，又將如何解釋實務運作「事實上存在乙罪易科罰金的現象」與實務見解「於得易科罰金之犯罪與不得易科罰金之犯罪併罰之情形中，並不生易科罰金之問題」間之矛盾呢？

此外，由於在「得易科罰金之犯罪與不得易科罰金之犯罪併罰」之類型中，唯有在非接續執行的執行類型中，始可能出現易科罰金之執行方式，那麼是否可如法務部74年法檢字第14488號函：「按數罪併罰案件中之數裁判既經確定，即具有執行力，在未定其應執行之刑前應可執行。惟如其中有得易科罰金者，是否須俟聲請定其應執行刑裁定確定後執行，或於裁定確定前先為執行，宜由執行檢察官就個案審酌有無因定其應執行刑之結果，致有不得易科罰金之情形而定。」所云，以不同的執行類型（接續執行或非接續執行），作為規範上區別得否易科罰金之標準呢？究竟在數罪併罰中，應如何判斷易科罰金之適用？

附此一提，釋字第144號解釋本身亦非全然不可採，本文認為：「數罪併罰中之一罪，依刑法規定得易科罰金，若因與不得易科之他罪併合處罰結果而不得易科罰金。」之見解，在「被告在監服刑的必然性」消滅前，仍為合理的推論；舉例來說，設若被告所犯之子、丑二罪符合數罪併罰規定，其中子罪判處有期徒刑一年，而丑罪為得易科罰金之罪，判處有期徒刑三月，法院就子丑二罪定應執行刑為一年二月。不論是否為接續執行，由於存在被告因子罪而必須在監服刑的必然性，因此，尚無討論丑罪是否有易科罰金之必要。反之，若已欠缺被告在監服刑之必然性，此時丑罪得否易科罰金，仍應有另行判斷之必要，而不受釋自第一似似號解釋之拘束。至於何謂「在監服刑之必然性」？本文將於下一章中加以說明。

鑒於現行法並未針對於「得易科罰金之犯罪與不得易科罰金之犯罪併罰」之類型中，易科罰金規定有無適用之問題有所規定，且實務運作與實務解釋間存在不小的矛盾，因此，本文將於下一章中，以憲法上人權保障的觀點為基礎，回過頭來回應前述問題。

47　換言之，在應執行刑出現之前，被告本有請求以易科罰金之方式執行乙罪的地位（或可稱為易科罰金請求權）。

第五章　憲法觀點之有期徒刑執行

關於數罪併罰以及易科罰金的範圍與限制，已如前述各章的說明。不過，在探討該等問題之際，必須認識：「倘若刑事規制體系的存在，不會對個人受憲法保障的基本人權造成任何影響，那麼自始即無必要從憲法的觀點來考慮這個問題，直接交給刑事政策學來處理反而更爲洽當。[1]」就此而言，向來的說法，不論對於數罪併罰或是易科罰金，似乎僅自刑事政策或是比較法的觀點，提出相關的論述，並未以憲法基本人權保障爲核心，進行相關的討論。因此，本文以下乃以憲法的觀點爲基礎，進一步回應本文之提問。首先說明的是，憲法與刑法的關聯，以及所衍生的罪刑法定主義。

第一節　憲法秩序下之刑事法

第一款　憲法與刑法之關聯

憲法與刑法的關聯爲何？一般說來，由於憲法爲國家之根本大法，一切法令均須依據憲法而產生，且不得違反或牴觸憲法；如果法律或命令違反、牴觸憲法，均屬無效。而刑事法作爲法秩序之一環，自不能獨外於此項原則。依學者之說明：「刑法乃規定國家行使刑罰權之刑事實體法，刑罰權乃國家主權之一部分，故刑法須有憲法之依據。[2]」「刑事法是和人身自由關係最密切的法律，它規定適當與否，和人身自由關係很大，故由這一角度看，憲法和刑事法之間，尤有密切的關係，亦可反轉過來，由刑事法的發生和發展，看出憲法一部分變遷的情形。[3]」簡單來說，憲法爲人權保障的基礎，刑法的立法與解

1　參閱王乃彥，論人格尊嚴對國家刑罰權力實現過程的統制，頁4，國立中興大學法律學研究所碩士論文，1996年6月。

2　參閱林山田，「刑法通論」，頁19，三民書局，1994年8月增訂4版。

3　其謂：「在法治國家中，憲法爲國家之根本大法，是一切法令之母，一切法令依據憲法而產生，且不得違反或牴觸憲法，法律命令之違反牴觸憲法者無效，這是憲法和一切法令之關係，刑法也不能獨外，所以近代以後，刑法是由於憲法的產生而產生，跟著憲法之變遷而變遷的。故憲法的整個精神，和其中有關刑事法的規定，應該是刑法立法的基本原則，也是刑

釋，均須符合憲法的精神。因此，「憲法的作用是消極劃定國家刑罰權的外圍界限，而非積極賦予國家刑罰權以根據。[4]」

第二款　罪刑法定主義

當代刑法最重要的精神，首推罪刑法定主義（原則），因此各國之立法例，多以該原則爲第一條之規定。依學者所述，罪刑法定主義乃憲法保障基本人權的重要手段。[5]

關於罪刑法定主義的本質，一般來說，包含四項個別大原則：（一）成文法（制定法）的要求，禁止藉由不成文的習慣法創設刑罰與加重刑罰。（二）明確性的要求，禁止不明確的刑法。（三）嚴格法的要求，禁止以類推適用創設刑罰與加重刑罰，而且類推適用與解釋之間必須有界限。（四）事前法的要求，由此主要導出禁止溯及既往。由此四項個別大原則，又共同產生刑法的保障功能。[6]

事法令的解釋基礎。憲法這一部分的變化，則爲刑事法變化的先驅。」參閱林紀東，憲法與刑法，憲政思潮第29期，頁1-5，1975年1月。

4　參閱王乃彥，論人格尊嚴對國家刑罰權力實現過程的統制，頁19，國立中興大學法律學研究所碩士論文，1996年6月。

5　依學者所見：「如果我們由現代法治國家的角度來思考，罪刑法定原則也被歸屬於憲政法治原則之一。此原則告訴我們，凡行爲沒有法律規定要處以刑罰，就不構成犯罪。既然不構成犯罪，則在任何情形之下，不得施以刑事處罰。換句話說，犯罪行爲的法律構成要件及其法律效果，都必須以法律明確地加以規定，法律如果沒有明文規定，則沒有犯罪與刑罰可言。罪與刑明確規定在刑法條文內，使社會成員知道，自己做了什麼行爲會成立犯罪，而且會受到如何的處罰。因爲明定國家刑罰權的範圍，保障人民沒犯罪時不受刑事追訴，即使犯罪也不受濫刑處罰，由此而產生刑法保障人權的功能。」參閱劉幸義，罪刑法定原則的理論與實務批判，刑事法雜誌第38卷第5期，頁43，1994年10月。亦有認爲：「在警察國家時代，因急於伸張國權，以致嚴刑峻罰，又因法制未備，論罪科刑沒有一定的標準，人民憔悴於虐政，備感尊重人權、罪刑法定之必要。罪刑法定主義，實以下列三種思想爲其理論基礎：（一）自然法上天賦人權的思想；人權既由天賦，統治者自然不能橫加剝奪，縱令有剝奪之必要，亦必須有明白的根據，適當的手續，這些根據和手續，載諸法律；法律的內容，無論爲社會契約所明定（社會契約説），或議會所議決，要係出於人民的意思。（二）立法至上的思想；法治既以法律爲治，法律具有至高無上的權威，司法機關只能依照法律的規定，論罪科刑。（三）罪刑均衡論的思想；十八世紀的學者如：盧梭、貝加利亞等，均盛倡罪刑均衡論，以爲犯人因犯罪所得的快感，應以因處罰所得的不快遏制之，犯罪和刑罰，應由法律明白規定，而後人人恍然於犯罪和刑罰的密切關係，以遏止犯罪的傾向。換言之，憲法保障人權的目標，乃構成刑法基本原則——罪刑法定主義」參閱林紀東，憲法與刑法，憲政思潮第29期，頁6，1975年1月。

6　學術上無爭議的是，這些原則適用於刑法分則的構成要件。反之，是否也適用在其他方面，雖然罪刑法定主義存在適用範圍的爭論，不過，「由於罪刑法定原則的精神要旨，在於有利行爲人的保護作用，因此唯有當立法與司法違反此原則，而使行爲人處於不利的地位時，此原則才介入。反之，此原則並不阻止法官作有利於行爲人的處理，例如有利行爲人的類推或溯及地減輕刑罰。依其保護方向來看，明確性的要求與禁止溯及既往主要是針對立法者，制定刑法條文時有義務遵守。反之，禁止以習慣法與類推適用創設與加重刑罰，主要是針對法官而設。[7]」在釋字第392號解釋[8]已肯認刑事司法之範圍包含刑事執行之說明下，自應認爲刑事執行，應受罪刑法定主義的拘束；如果在法無明文的情形中，採取造成行爲人不利益的執行方法，即有違罪刑法定主義的要求[9]。

不過，值得注意的是，縱然可認「依法行刑應是罪刑法定主義的派生概念[10]」，也不能簡單的認爲：只要有法律的規定，對什麼樣的行爲都可以科以刑罰、或都可以科處嚴厲的刑罰。在此基礎上，學者間有進一步主張此時應「根據犯罪的內容，是否有必要用刑罰進行處罰（處罰的必要性和合理性），而且對於該種犯罪所定的刑罰，是否與其他犯罪相平衡（犯罪上刑罰的均衡），亦即從所謂實體的正當程序的角度，來強調罪刑法定的意義。[11]」也就

例如其他一般的可罰性要件以及行爲後果，則有爭論。參閱劉幸義，罪刑法定原則的理論與實務批判，刑事法雜誌第38卷第5期，頁44，1994年10月。詳細的內容，請參閱該論文之説明。

[7] 參閱劉幸義，罪刑法定原則的理論與實務批判，刑事法雜誌第38卷第5期，頁45，1994年10月。詳細的內容，請參閱該論文之説明。

[8] 該號解釋指出：「司法權之一之刑事訴訟、即刑事司法之裁判，係以實現國家刑罰權爲目的之司法程序，其審判乃以追訴而開始，追訴必須實施偵查，迨判決確定，尚須執行始能實現裁判之內容。是以此等程序悉與審判、處罰具有不可分離之關係，亦即偵查、訴追、審判、刑之執行均屬刑事司法之過程，其間代表國家從事偵查訴追執行之檢察機關，其所行使之職權，目的既亦在達成刑事司法之任務，則在此一範圍內之國家作用，當應屬廣義司法之一。」

[9] 此外，亦有自釋字第384號解釋的角度，理解罪刑法定主義；其謂：「本號解釋理由書明白肯定實質正當法律程序，兼指實體法與程序法之內容，就實體法而言，如須遵守罪刑法定主義，與國內多數憲法學者對本條的詮釋相同，以憲法第八條作爲罪刑法定原則的憲法根據，有成爲通説的趨勢。同時，因爲本號解釋肯定憲法第八條的法定程序包含實體法在內，因此本號解釋對刑事程序法所作的要求，在性質相容的限度內，亦可援用於刑事實體法。」參閱王乃彥，論人格尊嚴對國家刑罰權力實現過程的統制，頁2，國立中興大學法律學研究所碩士論文，1996年6月。

[10] 參閱鄭文中，刑事執行程序中之辯護——以自由刑之執行爲中心，頁113，台大法研所碩士論文，1999年7月。

[11] 參閱（日）野村稔著，全理其、何力譯，「刑法總論」，頁46，法律出版社，2001年3月。此外，關於罪刑法定主義的現代意義與價值變遷，另可參照田宏杰，論刑事立法現代化的標

是說，罪刑法定主義尚包含「罪刑相當原則」。

第三款 法律保留原則

在上述罪刑法定主義的四大內涵中，嚴格法的要求（又稱禁止類推適用原則），乃爲最重要的核心[12]。在這個基礎上，法律保留原則，不但成爲判斷是否有違罪刑法定主義的重要準據，也成爲刑罰權實現過程是否符合憲法精神（保障基本權）的重要指標；蓋「依據憲法第8條規定，爲防止刑罰權之濫用，執法者任意追訴、處罰而侵害人權，故須制定各種有關實施訴訟之程序法，明文規定非依法定程序，不得進行偵查、審判、執行。[13]」因此，在刑事執行的領域中，只要所採的執行措施或所爲的執行決定涉及基本人權的限制，均應有法律保留原則[14]的適用[15]。

誌及其特徵，政法論壇2001年第3期，頁3以下。

12 參閱鄭逸哲，納粹第三帝國刑法上類推適用之研究，頁21，國立台灣大學法律學研究所碩士論文，1990年6月。

13 參閱陳煥生，軍法審判終審應規最高法院掌理，刑事法雜誌第35卷第1期，頁2，1991年2月。

14 關於法律保留原則適用範圍之論述，國內學者已有詳細說明，本文不擬深論。詳細的內容可參閱：許宗力，論法律保留原則，法與國家權力，頁143-195，月旦出版社股份有限公司，1994年增訂2版；陳新民，論憲法上人民基本權利的限制，憲法基本權利之基本理論上冊，頁211-238，作者自刊，1990年7月；蔡震榮，由法律保留來探討立法和行政權的界限，行政法理論與基本人權之保障，頁57-96，作者自刊，1993年。

15 德國刑法實務，亦曾針對刑事執行手段是否適用法律保留原則，進行分析討論。德國聯邦政府主張：「基於一項法律基礎才允許對該基本人權加以侵害。一項對於在刑罰執行範圍內之基本人權侵害有明顯描述之法律尚未存在。法律上所規定的只有，誰應接受刑罰之執行及經由誰來執行刑罰。借助這些條文，立法者默示目前在刑罰執行上通常之自由限制。若認爲基本法對上述所提基本人權之限制普遍地——即使在刑罰執行關係下保留有規範性的侵害授權，雖然如此仍無法從在此所談及基本人權限制缺乏一項特別刑罰執行法上總體規則的情形，推論出此項限制已可僅因此而視爲違憲。對制憲者而言，如此一項刑罰執行法上的總體法規並無法馬上在基本法生效後實現，是很明顯的。也無法假定，立憲者直到此項法規公佈前欲禁止每一項自由刑之執行和其必然與基本法第二條第二項第二句（人身自由）不同的基本人權相連的侵害。相反地，在憲法上承認爲刑罰之目的所作的自由剝奪。接下來也只有如下的解釋才能顯示出合乎邏輯，即將在刑罰執行中所必要及允許基本人權侵害加以法律上的確定視爲憲法賦予立法者的委託，在刑罰執行立法可能範圍內合法地適應憲法情勢之改變。在法院判決使得基本人權之保障在刑罰執行中範圍受到過度侵害的情形明顯化後，此項任務之必要性才全面地顯現出來，但聯邦的立法者卻至今仍未能完成該項任務。當立法者給予實體刑法之改革，相對刑罰執行法新規範之事先優先權時，並非有裁量上的錯誤。刑罰執行法草案之工作正全力進行中，刑罰執行委員會已書面提出他們的建議和基本原則。在這段期間不過，關於憲法上基本人權的保障，特別在犯罪處罰方面，罪刑法定主義尙有不足，爲了防止在符合法律保留原則的情形中，發生司法者恣意裁判而出現過度侵害人權的現象，在刑法的演進過程中，遂發展出以下節所述的處理原則。

第二節　刑罰之最後手段原則

所謂自由刑，是以拘禁犯罪人於監獄爲要件的一種刑罰，因爲其主要內容是剝奪犯罪人的自由，所以稱爲自由刑[16]。就沿革上來說，「十八世紀中葉以後，由於人權運動的影響，人道觀念的發達，死刑、身體刑、流刑的執行，日見減少，自由刑始改佔重要的地位，開始以懲罰性較小的自由刑，代替不人道的死刑、身體刑、流刑[17]。」因此，自由刑的採用，本身即含有保障人權的意義。

第一款　刑法之節制原則

由於刑事制裁是所有法律規範中最具嚴厲性、強制性之法律手段，而且刑法所規定之法律效果（即刑罰本身），在性質上原屬對於人民法益的侵害。因此，刑罰的反應，只有在具備刑罰必要性前提下，才有可能施予。「蓋就刑罰的本質以言，其僅在不得已情形下始爲之，亦即是具有苦的必要時，才得予以適用。換言之，刑罰的施加，乃是一種基於理性考量不得已的最後手段，唯有在別無其他法律可爲制裁方法，或其他法律不能較刑法更具有效果的前提下，始得加以考慮。正如德國刑法學者Gallas所言：刑法的制裁作用，並非一種實

內應還可對目前的法律現狀加以忍受。但無論如何在缺乏一個法律基礎下，決不能導致受刑人基本人權之保護，由於缺乏明白確定界限的法律上侵害之授權，受到超過憲法許可範圍的限制。」簡單來說，其認立法者仍有義務完成關於刑罰執行法上總體規則的法律，參閱蕭文生譯，關於「刑罰執行留置受刑人書信是否侵害人民基本權利」之判決，西德聯邦憲法法院裁判選輯（一），頁251-252，司法院秘書處，1992年5月。

16 參閱張甘妹，「刑事政策」，頁275，三民書局，1997年版。

17 綜合來說，自由刑發達主要有四大原因：(一)人權運動的發達，(二)人道觀念的發達，(三)刑事政策觀念的發生，(四)經濟思想的發達。詳細的內容，可參閱林紀東，「監獄學」，頁5，三民書局，1977年版。

現正義的絕對目標，而衹是一種以正義的方式達成維護社會秩序目的時，不得不採用的必要手段而已。因此，刑法應本乎節制原則，在必要及合理的最小限度內爲之[18]。」在此種刑法節制原則的理念下，所有刑事制裁手段，均不應逾越最小侵害的界線。不過，由於「最小侵害」在概念上過於抽象，法制上遂發展出「自由刑最後手段原則」之概念，以作爲刑法節制原則的判斷基礎。

第二款　自由刑之最後手段原則

何謂「自由刑最後手段原則」？由於短期自由刑（指六個月以下的有期徒刑或拘役而言）的實施，弊大於利；爲了避免受刑人反因短期自由刑之執行，而增加危險性格。因此，現今之刑事政策及立法，多認爲必須設定一定的適用準則，限制其不當使用；此種限制，法理上稱之爲最後手段條款[19]。換句話說，「在階段區分容許原則的要求下，若對不法侵害之抑制可以較輕微之手段達成效果者，即無須使用最嚴厲的干預手段（自由刑）。[20]」「處罰犯罪人必須選擇能夠達到抑制犯罪的方法，同時應該在所有可供選擇的手段中，找尋對人權侵害最輕微的；倘若處罰犯罪人將造成更大的危害時，應考慮放棄處罰。[21]」只有在特別的情況下，才有對受刑人實施短期自由刑的必要；在通常的情形中，不應以執行短期自由刑，作爲處罰的方式。

不過，如前所述，由於德國刑法在短期自由刑的避免上，乃採用其刑法第

---

18 參閱鄭文中，刑事執行程序中之辯護——以自由刑之執行爲中心，頁6，國立臺灣大學法律學研究所碩士論文，1999年7月。

19 依學者所述：「短期自由刑的弊害，在於因爲刑期的短暫，難以收到感化的效果，反而足使受刑人或因自暴自棄，或因感染惡習而有增加其危險性格之虞。現行法制，對於短期自由刑雖然仍未予以廢除，但理論及最新立法例，如德國一九六九年刑法第四十七條第一項的立法（法院之科處不滿六個月之自由刑，只有在依犯罪或犯罪人性格所具特別的情況下，堪認爲科處自由刑，對於犯罪人的影響作用及法律秩序的維護，確不可缺少時，始得爲之。）則認爲必須設定一定的適用準則，限制其不當使用，可謂爲一致的見解趨向。這種特別的懲罰、儆戒的作用與效能，概念上主要是指刑法在一般積極的預防作用之下，基於國民信守法律秩序的維護，有其不得不採納的理由而言，法理上稱之爲最後手段條款。」參閱蘇俊雄，自由刑理論與刑法改革的比較研究，台大法學論叢第23卷第1期，頁107。

20 另就刑事政策而言，亦有主張：「是否須以最嚴厲的刑罰制裁手段，且係爲達成法秩序防衛目的所不可或缺的反應手段，倘能以較輕微的制裁手段即可達成遏止不法侵害的效果，則無採用更嚴厲手段之必要。」參閱鄭文中，刑事執行程序中之辯護——以自由刑之執行爲中心，頁105、106，國立臺灣大學法律學研究所碩士論文，1999年7月。

21 參閱王乃彥，論人格尊嚴對國家刑罰權力實現過程的統制，頁137，國立中興大學法律學研究所碩士論文，1996年6月。

47條第1項的規範模式，因此，德國法下的「自由刑最後手段原則」，僅為法官宣告刑罰時的參考，並非執行階段的準據。

第三款　我國法制應有的實踐

依照前述的說明，在德國刑法的規範架構下，自由刑之最後手段原則，具有拘束法官刑罰裁量權的意義。不過，由於我國刑法在避免短期自由刑的立法上，採取異於德國法的規範模式，依我國刑法第41條之規定，短期自由刑的避免（易科罰金），乃執行程序的問題，並非如德國法規定般，係於裁判階段所必須審酌的問題[22]。故而，在我國刑法第41條的規範結構下，自由刑之最後手段原則，非僅為拘束法官之準則；對於執行檢察官而言，該原則亦應有拘束力。因此，在刑罰的執行上，即必須以「自由刑之最後手段原則」，作為決定准否易科罰金的核心。也就是說，如果認為以易科罰金之方式執行自由刑，即可達刑罰之目的，即不得以「拘禁犯罪人於監獄（剝奪人身自由）」之方式，執行自由刑。

第四款　小結

本諸自由刑「最後手段原則」之要求，「如以較輕微之制裁手段亦可達成遏止不法之效果者，即無採用更嚴厲手段之必要。此種最後手段性之要求，不僅拘束法官的量刑，亦拘束檢察官或法官的執行手段。換言之，易科罰金乃刑事政策立於最後手段原則，對於刑罰執行效果得失之省思而為之權宜方式。[23]」此外，由於易科罰金本質上屬於刑罰執行之規定，故於執行方法上，若堅持得易科罰金的輕微犯罪，必須在監執行，反有違刑罰最後手段原則之本質[24]。也就是說，易科罰金的執行方式，乃是以「自由刑最後手段原則」為基

---

22 參閱鄭文中，刑事執行程序中之辯護——以自由刑之執行為中心，頁108，國立臺灣大學法律學研究所碩士論文，1999年7月。

23 參閱柯耀程，數罪併罰整體刑之確立與易科罰金，刑事法雜誌，第39卷第2期，頁63。

24 學者間並有認：「蓋在刑法中，如輕微罪責均處以自由刑，則雖自由刑有輕重之分，卻使得責任輕重之法感易於產生鈍化，同時也使得構成要件中，罰金刑的地位變成無足輕重。在刑事制裁法中，對於輕微罪責及短期自由刑，罰金刑本具有優先適用之特性。刑法第四十一條的另一種作用，則在於補足構成要件中，因無罰金刑之規定，而不能直接宣告罰金刑之遺憾。」參閱柯耀程，易科罰金的數罪併罰問題探討，收錄於蔡墩銘主編，刑法爭議問題研究，頁377以下，五南圖書出版公司，1999年2月。

礎，只要執行時具備法定要件，即無理由認爲必須在監執行。

第三節　基本權之憲法保障

我國憲法第二章名爲：「人民之權利義務」，主要在揭示憲法保障人民權利之意旨。蓋「對一個現代民主法治國家而言，基本權的保障可說根本就是憲法制定的最終目的，不僅爲憲法秩序不可或缺的重要構成部分，並被公認爲實現公平正義的最重要指標。[25]」而刑罰權的發動與實現，不論階段爲何，均涉及人民的基本權；特別在案例一中，關於乙罪得否易科罰金的問題，不但涉及自由刑之最後手段原則，更與限制人身自由等憲法問題，息息相關。在憲法保障人民權利之規範目的下，不論結論爲何，自應符合憲法原則與法律規定。

第一款　基本權的防禦權功能

既然憲法制定的最終目的，在於保障人民的基本權，那麼基本權的擁有者：人民，直接依據憲法的規定，究竟可向國家主張什麼，便成爲有待探討的問題。依學者所見，迄今經大法官直接或間接承認或型塑出來的基本權功能，計有：防禦權功能、受益權功能、保護義務功能、程序保障功能以及制度保障功能五種。其中又以防禦權功能最爲重要，在我國大法官所作的解釋中，以防禦權爲標的的解釋，幾乎佔了所有解釋的九成九。[26]因此有必要對於防禦權功能，加以說明。

所謂基本權之防禦權功能，係指「基本權賦予人民一種法律地位，於國家侵犯到其受基本權所保護的法益時，得直接根據基本權規定，請求國家停止其侵害，藉以達到防衛受基本權保護的法益，使免於遭受國家恣意干預的目的。故防禦權功能亦無妨稱爲侵害停止請求權的功能。稱要求停止侵害，更確切說，指要求宣告侵害基本權的法律或命令違憲、無效，或要求廢棄侵害基本權利的行政處分與司法裁判，或要求停止任何其他侵害基本權利的國家行爲。

---

25 參閱許宗力，基本權的功能與司法審查，國家科學委員會研究彙刊：人文及社會科學，第6卷第1期，頁25，1996年1月。

26 參閱許宗力，基本權的功能與司法審查，國家科學委員會研究彙刊：人文及社會科學，第6卷第1期，頁26，1996年1月。

基本上，任何基本權利，無論其保護的法益是行爲與不行爲的自由、特性、狀態或法律地位的完整性，都具有這種最起碼的防禦權功能。[27]」因此，不論是自由權、財產權、工作權、參政權，只要是憲法所保障的權利受到公權力的侵害，人民均得本於基本權的防禦功能，請求國家停止侵害。[28]

第二款　人身自由之保障

刑事制裁之手段，依我國刑法第32條之規定，可分爲主刑即從刑。於主刑中，不論無期徒刑、有期徒刑或是拘役，均以限制人身自由爲內涵。在憲法保障人身自由的前提下，所有限制人身自由（基本權利）的規定，因已被推定具有違憲的徵兆，國家機關在此前提下，必須就其行爲（包含法規的制定）提出具備「阻卻違憲事由」的正當理由，否則即有違憲之虞。[29]

關於人身自由的限制與法律保留的關係，釋第544號解釋等相關大法官解釋[30]，已有明確的說明。釋字第544號解釋指出：「國家對個人之刑罰，屬不

---

27 參閱許宗力，基本權的功能與司法審查，國家科學委員會研究彙刊：人文及社會科學，第6卷第1期，頁26，1996年1月。

28 在本文所舉的案例一類型中，如果在完全符合刑法第41條第1項的情形中，一概認爲乙罪不得易科罰金，本於前述自由刑最後手段原則的要求，似可認爲此時國家機關的執行行爲，已侵害其人身自由；並得本於基本權的防禦權功能，請求國家停止侵害（以易科罰金的方式執行乙罪）。

29 關於此一概念，學者有謂：「國家行爲若侵及人民基本權利之基礎範圍者，吾人通常可以視爲一種違憲之徵兆。從而，除非國家能夠提出憲法上之正當事由，否則即構成對人民基本權利之違法侵害，換言之，國家負有提出合憲理由之舉證責任，此爲基本權利規範作用之當然解釋。一般而言，所謂國家限制人民基本權利之阻卻違憲事由，約可分爲形式阻卻違憲事由與實質阻卻違憲事由兩種。前者係著重於限制基本權利之基本要件，要求國家必須有法律依據，始得爲之，一般稱之爲法律保留原則，此爲國家限制人民基本權利之基本要件；而後者則著眼於限制之內容，審究其原因及侵害之程度，特別審查有無逾越之必要限度，一般稱爲比例原則。」詳細的內容，可參閱李建良，基本權利理論體系之構成及其思考層次，中央研究院中山人文社會科學研究所，人文及社會科學集刊第9卷第1期，頁66，1997年3月。

30 如：釋字第523號解釋：「凡限制人民身體自由之處置，不問其是否屬於刑事被告之身分，國家機關所依據之程序，須依法律規定，其內容更須實質正當，並符合憲法第二十三條所定相關之條件，方符憲法第八條保障人身自由之意旨。」、釋字第476號解釋：「人民身體之自由與生存權應予保障，固爲憲法第八條、第十五條所明定；惟國家刑罰權之實現，對於特定事項而以特別刑法規定特別之罪刑所爲之規範，倘與憲法第二十三條所要求之目的正當性、手段必要性、限制妥當性符合，即無乖於比例原則。」、釋字第471號解釋：「人民身體之自由應予保障，憲法第八條設有明文。限制人身自由之法律，其內容須符合憲法第二十三條所定要件。」與釋字第384號解釋：「憲法第八條第一項規定：人民身體之自由應予保障。除現行犯之逮捕由法律另定外，非經司法或警察機關依法定程序，不得逮捕拘

得已之強制手段，選擇以何種刑罰處罰個人之反社會性行爲，乃立法自由形成之範圍。就特定事項以特別刑法規定特別罪刑，倘與憲法第二十三條所要求之目的正當性、手段必要性、限制妥當性符合者，即無乖於比例原則，業經本院釋字第四七六號解釋闡釋在案。自由刑涉及對人民身體自由之嚴重限制，除非必須對其採強制隔離施以矯治，方能維護社會秩序時，其科處始屬正當合理，而刑度之制定尤應顧及行爲之侵害性與法益保護之重要性。」依此說明，限制人身自由的措施，除須符合形式意義之法律保留原則外，其規定更須具備憲法第二十三條所要求之目的正當性、手段必要性、限制妥當性。從而，規範內容實質正當的要求（比例原則），亦爲限制人身自由所應遵守的憲法原則。而上一節所提到的「自由刑最後手段原則」，即成爲此處判斷實質正當要求的標準。

第三款　平等條款之保障

平等是當代沒有任何人會質疑的正統價值。「人生而平等」已經成爲表面上眾所服膺的最基本規範原則。幾世紀以來憲政思潮的重要文件也一再對此加以確認。美國獨立宣言第1條主張「人生而平等」（All man are created equal.）；法國人權宣言強調「人類生來即屬自由且在權利上平等」（Men are born and remain free, and equal in respect of rights.）1948年通過之世界人權宣言主張「人皆生而自由；在尊嚴及權利上均各平等」。我國憲法更以第5、7條二條來規範平等，如第7條規定「中華民國人民，無分男女、宗教、種族、階級、黨派，在法律上一律平等。」[31]依學者所述，雖然平等概念過於抽象，不容易正面、具體地描述；不過，可以確定的是，平等權所強調的是所謂「等者等之，不等者不等之」、「相同事物爲相同對待，不同事物爲不同對待」，其精神基本上就是「恣意的禁止」、「禁止不合理之差別待遇」。[32]「只要有需

禁。非由法院依法定程序，不得審問處罰。非依法定程序之逮捕，拘禁，審問，處罰，得拒絕之。其所稱依法定程序，係指凡限制人民身體自由之處置，不問其是否屬於刑事被告之身分，國家機關所依據之程序，須以法律規定，其內容更須實質正當，並符合憲法第二十三條所定相關之條件。」等，均爲適例。

31 參閱許修豪，非人類動物的基本權利？——從黑猩猩談起，頁155，國立台灣大學法律研究所碩士論文，1999年7月。

32 學者有謂：「平等審查，一言蔽之，就是判斷差別待遇或相同處理是否合理的問題。我國憲法第七條所揭櫫的平等原則並非保障絕對的、機械的平等，而係保障人民在法律上地位之實質平等，也就是所謂「等者等之，不等者不等之」的實質平等，故差別待遇本身並不必然違

要，可以進行合理的差別待遇來達成實質、結果面之平等。[33]」

平等條款雖爲憲法保障基本人權之重要依據[34]，不過學說上卻認爲：由於平等概念本身缺乏實質內涵，因此平等權並無法單獨成爲基本權侵害之客體，其須與其他的基本權（如自由權、工作權等）結合後，始可成爲違憲審查之標的[35]。故就基本權的防禦功能而言，平等權乃是一種抽象地對抗來自國家機關（不論爲行政部門、立法部門或司法部門）侵害（不合理的差別待遇）的權利；而在與自由權結合的情形中，平等權即爲一種具體地對抗「不合理地以差別待遇的方式限制自由權」之權利。

背平等原則之意旨，甚至沒有差別待遇之相同處理也有可能違反平等原則。那到底平等原則禁止的又是什麼？其禁止的，簡言之，即無正當理由，不合理的差別待遇，以及無正當理由，不合理的相同處理。」參閱許宗力，從大法官解釋看平等原則與違憲審查，憲法解釋之理論與實務第二輯，中央研究院中山人文社會科學研究所專書（48），頁85-122，2000年8月。關於平等權（或稱平等原則），國內學者已有詳細說明，本文不擬深論。詳細的內容可另參閱：法治斌，司法審查中之平等權：建構雙重基準之研究，國家科學委員會研究彙刊：人文及社會科學，第6卷第1期，頁35-50，1996年1月；陳新民，憲法平等權之意義，理論與政策第卷4第1期，頁46-57，1989年10月；李惠宗，從平等權拘束立法之原理論合理差別之基準，國立台灣大學法律研究所碩士論文，1988年7月；何建志，憲法上平等條款與違憲審查——由空洞概念到價值權衡，判解研究彙編（五），頁108-130，2001年1月。

33 參閱許慶雄，「憲法入門」，頁73-75，月旦出版社，1992年9月。此外，「之所以由形式平等轉向實質平等，究其實，與對個人生存基本價值之尊重有關。近代各國憲法學說多強調人性尊嚴的重要性，我國憲法雖未明定人性尊嚴的相關條款，但大部分學者受德國學說的影響，多認爲人性尊嚴是前定於我國憲法的基本價值、當然內涵。其作用除了禁止國家挾其權力宰制的地位，侵犯個人外；還進一步要求國家應致力於保護每個人的尊嚴亦不受國家以外力量的侵犯，並分配資源、使個人具有能尊嚴地生存、發展的基本條件。」參閱蔡宗珍，人性尊嚴之保障作爲憲法基本原則，月旦法學雜誌第45期，頁101，1999年2月。

34 自防禦權的角度來說，「平等原則係對不公正之差別待遇之概括性防衛權，亦即以所有人民應予同等待遇爲其基本之原則。憲法第七條乃以人作爲平等與否之判定標準，只須其爲中華民國人民，則在同一情況下即應受相同之無差別待遇，亦因其如此，所謂平等原則係要求比例性平等，而允許不同、特殊情況之考量，即在立法上對於特殊、不同之情況，允許法規作相異之差別規範。因是某法規就某一事項爲與其他不同之差別規範時，倘經爲憲法上之評價，而足認其係本乎公平、正義之理念，應爲憲法價值判斷上所容許者，即不得僅因差別規範之乙端，遂指其爲不平等。準此，平等係屬原則，其於不同情況而爲不同之考量，非特爲憲法所允許，且亦係事實上所必要，而其如此不同待遇，並亦爲憲法所要求；蓋對於不同者應依其特性爲不同處理之此一要求，目的即在避免不公平之結果。法秩序之本質固不宜過分強調各人間之事實上差異，但若完全忽視其間之不同，要亦非法的理念所應有。是對於不同情形在立法上爲不同之規範，即是平等原則之實現，並亦爲平等權之必要內涵。」參閱林永謀，釋字第403號解釋協同意見書。

35 參閱何建志，憲法上平等條款與違憲審查——由空洞概念到價值權衡，判解研究彙編（五），頁108-130。

第四節　釋字第144號解釋之檢討

釋字第144號解釋作成迄今，已近三十年[36]，期間並未見實務或學說提出反對的意見；而長年以來之司法實務，亦以該號解釋爲依據。在這種情形下，縱然該號解釋並未詳細說理與論證，似乎亦可認爲該號解釋之內容應無不當之處。然而，實務操作的實然面，似乎並非皆如同前述解釋般；相反地，卻存在與該號解釋幾近矛盾的運作模式。如此一來，該號解釋的正確性，即不免令人質疑。

第一款　解釋焦點

依釋字第144號解釋的聲請意旨[37]，該號解釋係以院字第2702號解釋爲前提；就釋字第144號解釋之解釋文：「數罪併罰中之一罪，依刑法規定得易科罰金，若因與不得易科之他罪併合處罰結果而不得易科罰金時，原可易科部分所處之刑，自亦無庸爲易科折算標準之記載。」而言，該號解釋的目的乃在確

---

36 該號解釋之解釋日期爲：1975年12月5日。

37 其聲請意旨爲：數罪併罰中之一罪，依刑法規定得易科罰金，若因與不得易科之他罪併合處罰結果而不得易科罰金時，原可易科部分所處之刑，應否爲易科罰金折算準之記載？理由說明爲：
司法行政部64.04.22台64函刑字第03523號函略以：（一）數罪併罰有甲、乙兩罪，甲罪最高本刑在三年以下，量處徒刑二月；乙罪之最本刑已超過三年，量處徒刑三月；法院於數罪併罰諭知判決時，對宣告甲罪之刑二月之下，應否爲易科罰金標準之記載？依司法院三十三年院字二七〇二號解釋：「數罪併罰中之一罪，其最重本刑雖在三年以下，而他罪之最重本刑如已超過三年，則因併合處罰之結果，根本上不得易科罰金，故於諭知判決時，亦無庸爲易科折算標準之記載。法院竟於併合處罰判決確定後，又將其中之一部以裁定諭知易科罰金，其裁定應認爲無效。」故於法院諭知判決，定其應執行刑時，縱數罪併罰中之一罪得准予易科，仍不得就應執行刑爲易科罰金折算標準之記載，自屬無疑。惟依最高法院六十二年三月七日台非字第三十四判決意旨，概認數罪併罰中得予易科部分，若因併合處罰之結果，根本上不得易科罰金，則法院於諭知判決時，亦無庸就原可易科部分，爲易科折算標準之記載。因而司法院上開解釋所稱「……亦無庸爲易科折算標準之記載」云云，究係僅指所定應執行刑部分而言？抑或指原得易科罰金之刑，亦無庸爲此項記載？在適用上發生疑義。（二）按甲罪既可易科罰金，自作應依刑事訴訟法第三百零九條第二款之規定，諭知易科罰金之折算標準。僅於定執行刑時，因併合處罰之結果已不得易科罰金，故不得再爲易科折算之記載而已。設不爲此項折算標準之記載，不獨與上述刑事訴訟法有違，且如上訴時僅其乙罪部分被撤銷，甲罪部分駁回上訴確定，或甲罪未上訴時，則又須再就甲罪另行裁定諭知易科罰金之折算標準，其徒增程序上之煩擾，似值斟酌。（三）本案係對行憲前（民國三十三年六月廿三日）司法院院字第二七〇二號解釋之適用發生疑義，請根據司法院大法官會議四十二年釋字第十八號解釋，函請司法院大法官會議統一解釋。

定：「在得易科罰金之犯罪與不得易科罰金之犯罪併罰的類型中，不論是應執行刑或是得易科罰金之犯罪之宣告刑，均毋庸記載易科折算之標準。」從另一個角度來說，對於在此種併罰類型中，「得易科罰金之犯罪不得易科罰金」乙事，並無爭執；縱於該號解釋作成之際，曾有大法官提出二則不同意見書，不過觀其內容，亦只針對「應否記載易科折算標準」有不同意見[38]，並未對「得易科罰金之犯罪不得易科罰金」乙事，有所爭執。不過，由於「得易科罰金之犯罪得否易科罰金」乙事，爲該號解釋焦點的前提問題，故於程序上，自應對該問題先予釐清。

第二款　非接續執行中易科罰金之實然面

釋字第144號解釋指出：在得易科罰金之犯罪與不得易科罰金之犯罪併罰之情形中，不生易科罰金之問題；然而，令人質疑的是，爲何在此種併罰類型中，實務運作會出現（如第二章第三節第二款第一目中的乙罪）易科罰金之現象？就此，該號解釋並未加以說明。不過在實務解釋與實務運作間存在矛盾之現象中，可以確定的是，如果不是實務運作有所不當，便是實務解釋出了問題。然而，到底哪一方的說法不正確呢？

首先應加以說明的是，數罪併罰只有在事後併罰的類型中，實務上才會出現易科罰金的執行方式；簡單來說，第二章第三節第二款第一目中的乙罪之所以得易科罰金，實因乙罪於執行時，尚未與其他犯罪形成數罪併罰的關係（應執行刑的裁定尚未出現）[39]。實質上，如果在與其他犯罪數罪併罰前，執行上能夠避免易科罰金，便不會出現如前述的矛盾現象；也就是說，若數罪併罰「非接續執行」之情形係可避免，實務之運作即應避免「併罰數罪非接續執

---

[38] 不同意見書一：「解釋文：數罪併罰分別宣各罪之刑時，對於得易科罰金之罪刑，應爲易科折算標準之諭知，不因其他罪刑之不得易科而有異。」
不同意見書二：「解釋文：數罪併罰宣告多數有期徒刑或拘役者，因應依刑法第五十一條第五款之規定定其應執行之刑，其中依同法第四十一條雖爲得易科罰金之罪，但於分別宣告各罪之刑時，不得爲易科罰金之諭知及其折算標準之記載。本院院字第二七〇二號解釋，應予補充釋明。」

[39] 或許在這種實務的操作下，有人會主張：乙罪只有在尚未與其它犯罪形成數罪併罰前，才有易科罰金的可能；一但數罪併罰，即如釋字第144號解釋所言，無易科罰金之可能。不過，基於本文第四章的說明，我國刑法規定的數罪併罰，本質上包含事後併罰在內；此種說法，不但忽略事後併罰「併罰範圍不確定」的特徵，也無法說明，在案例二中，只對甲罪提起上訴時，何以乙罪仍得先易科罰金。

行」之發生，以防止執行程序出現異於釋字第144號解釋之現象。然而，如本文第四章所述，由於「非接續執行」乃是事後併罰的一種執行型態，在我國刑法規定的數罪併罰包括事後併罰的前提下，非接續執行之情形，似乎不可避免。

刑事訴訟法第456條之規定：「裁判……於確定後執行之。」從而裁判於其確定後即具執行力，執行單位於收案後應即開始執行[40]；而一旦開始執行，除有同法第467條所規定之四款事由外，並無停止執行之法律依據。就此而言，似無理由僅因「於開始執行時已知其他符合併罰規定之犯罪存在」，而要求執行檢察官應停止執行「先確定之犯罪」；此外，若爲避免非接續執行，而主張「須俟已知之另案判決確定後，始得與併罰之他罪一併執行」，亦有「因他案審理程序之曠日費時，導致對已確定案件之行刑權，因時效完成而消滅」之弊。

又，關於事實之認定乃專屬事實審法院之權限，其他國家機關除依法得提起審級救濟而不受此拘束者外，要無越俎代庖代爲認定之權。因此，即便於本案開始執行時，已知之他犯罪嗣後被判有罪，由於執行機關於刑罰執行時並無預爲認定他犯罪（即未決案件）犯罪時點之權限，自亦無從認定執行中之案件，與他犯罪間，於事實上究否滿足「裁判確定前所犯」之併罰要件。換言之，縱於開始執行時，已知其他「可能符合併罰規定」之他犯罪存在，因該案尚未確定，其與先爲執行之犯罪間，是否存在併罰之關係（亦即：另案有罪與否？犯罪時點爲何？），尚未明確；且縱屬有罪，因該犯罪於其時尚未具執行力，尚不得以之爲併罰執行之依據。

綜上所述，於併罰數罪非接續執行，而先執行有可能易科罰金之犯罪時（如第二章第三節第二款第一目之情形），由於現行法並無針對數罪併罰增列停止刑罰執行之規定，執行檢察官只須依刑法第41條第1項之規定，決定得否易科罰金，無庸慮及是否另存在符合併罰規定之他罪。因此，於得易科罰金之犯罪與不得易科罰金之犯罪併罰之類型中，「得易科罰金之犯罪」仍得易科罰金之運作（如第二章第三節第二款第一目之情形）並無法避免。實務運作之必然性及正當性既如前述，則如釋字第144號解釋等相關實務見解，即有另予檢討的必要。

---

40 亦即依刑事訴訟法第469條第1項之規定，傳喚、拘提或通緝被告到案接受刑罰之執行。

第三款　限制人身自由之檢討

釋字第144號解釋認爲：在得易科罰金之犯罪與不得易科罰金之犯罪併罰的類型中，由於必然導致得易科罰金之犯罪不得易科罰金，因此，不論是應執行刑或是得易科罰金之犯罪（如案例一之乙罪）之宣告刑，均毋庸記載易科折算之標準。不過，由於法已明文承認「易科罰金爲自由刑之一種執行方法[41]」，因此一旦已具備刑法第41條第1項規定的三要件，在自由刑最後手段原則的要求下，原則上應准許易科罰金。如果在符合刑法第41條第1項規定的情形下，卻認爲「不得易科罰金執行」，對受刑人來說，這種見解不啻造成其人身自由之限制。依釋字第544號解釋的說明，在法未明文限制刑法第41條第1項適用的前提下，釋字第144號解釋的說明，似乎違背法律保留原則的要求。

不過，由於釋字第185號解釋指出：「司法院解釋憲法，並有統一解釋法律及命令之權，爲憲法第78條所明定，其所爲之解釋，自有拘束全國各機關及人民之效力，各機關處理有關事項，應依解釋意旨爲之，違背解釋之判例，當然失其效力。」若認爲釋字第144號解釋具有如同法律般的拘束力[42]，或可謂已符合法律保留的要求。然而，如本章第三節第二款所述，由於可推論出釋字第544號解釋已承認前述「自由刑最後手段原則」，爲判斷限制人身自由的刑罰規定，是否符合憲法第23條規定的內涵；因此，在限制人身自由方面，不但須符合法律保留原則的要求，尚須進一步符合規範內容實質正當的要求（即與憲法第23條所要求之目的正當性、手段必要性、限制妥當性符合）。因此，縱主張釋字第144號解釋具有如同法律般的拘束力，亦應檢討其內容是否符合實質正當的要求。本文認爲：在「自由刑最後手段原則」的要求下，因釋字第144號解釋的內容，將導致發生「在得易科罰金之犯罪與不得易科罰金之犯罪併罰的類型中，執行上必然不得易科罰金」之現象；此種未區分是否有發監執行的必要性，亦不顧是否符合刑法第41條第1項規定的說法，似乎造成受刑人在刑罰執行方法上，承受過度的不利益。因此，應認釋字第144號解釋不符實質正當的要求。換言之，在數個得易科罰金之犯罪併罰之類型中，若僅因併合處罰之結果，即一概剝奪受刑人原得主張易科罰金之機會（地位），應有違憲

41　參閱楊建華，「刑法總則之比較與檢討」，頁341，三民書局，1998年3月3版。

42　依學者所見，「大法官會議對憲法所作之抽象解釋，其效力與憲法條文本身相同，其對法令所爲之統一解釋，亦有拘束全國各機關及人民之效力，各機關處理有關事項，應依解釋意旨爲之；故大法官會議之解釋依其性質，具有與憲法、法律或命令同等之法源地位。」參閱吳庚，「行政法之理論與實用」，頁53，三民書局，1999年6月增訂5版。

法第23條之比例原則。

第四款　平等原則之檢討

由於實務解釋與實務運作，在「得易科罰金之犯罪與不得易科罰金之犯罪併罰」的情形中，關於得否易科罰金，存在不同處理之「差別待遇」；詳言之，在同爲事後併罰的情形中，如果先確定的犯罪得易科罰金，該犯罪於執行上即有可能以易科罰金之方式執行（如第二章第三節第二款第一目之情形），反之，如果先確定的犯罪不得易科罰金，則得易科罰金的犯罪，即不可能以易科罰金之方式執行。鑑於二者均屬同種的併罰類型，具有「可相提並論性[43]」，該差別待遇是否合理，應有自平等原則之觀點予以檢討之必要[44][45]。

雖然實務見解並未說明前述差別待遇之目的爲何，不過，可以確定的是，該差別待遇是以「先確定的犯罪是否爲得易科罰金的犯罪」，爲區別「得否易科罰金」的基準。或許有人會主張：執行實務上之易科罰金，係因該犯罪尚未與其他犯罪併罰；一但已成立數罪併罰，即應如釋自第144號解釋之主張般，無易科罰金之適用；進而否定該別待遇的存在。然而，本文認爲：「數罪併罰」一詞，依刑法第50條之規定，係指「裁判確定前的所有犯罪，併合處罰」之情形。且依第四章所述，由於數罪併罰之範圍，具有高度不確定的特性，因此，縱然在依宣告刑執行之際，符合刑法第41條第1項之規定，亦無法擔保「該犯罪與其他犯罪間，必然不存在數罪併罰的關係」；也就是說，關於數罪併罰是否得易科罰金，應通盤地以所有形成數罪併罰關係的犯罪來考慮，不應

43　關於平等原則審查的模式，學者有主張：「第一步應先判斷系爭規範究竟有沒有存在差別待遇的問題。差別待遇是指對具有可相提並論性的人或社會事實，在規範上做不相同處理，而可相提並論性則指法規範上受到不同處理的人或社會生活事實，共同具有一個他人或其他社會生活事實所謂具有的特徵。」請參閱許宗力，從大法官解釋看平等原則與違憲審查，憲法解釋之理論與實務第二輯，中央研究院中山人文社會科學研究所專書（48），頁121，2000年8月。

44　在探討前述問題前，首先應予說明的是，在釋字第366號解釋公佈前，由於在數個得易科罰金之犯罪併罰之類型中，當應執行刑超過六個月時，關於得否易科罰金，亦存在差別待遇。只不過該類差別待遇，已因釋字第366號解釋通過，獲得解決。

45　向來實務相關見解均未區分「是否接續執行」，而於司法院釋字第366號解釋公佈前，在未爲說明之情況下即逕認：「在所定之應執行刑超過六個月有期徒刑之情形中，不生易科罰金之問題」，似未意識到此部分差別待遇之存在。在未認識此差別待遇之情況下所爲之解釋、判決，若謂已爲實質平等之目的考量甚或其他政策目的之追求，似屬牽強。故就實務之發展而言，應認相關之解釋、判決並未就實存之差別待遇爲合目的之考量。

排除「先依宣告刑執行，俟後始定應執行刑（如案例一）」之情形。

差別待遇是否違反憲法第7條之平等原則，原則上應以差別待遇是否不合理爲判斷基礎。依學者所述，除憲法第7條所列舉之事由應以嚴格基準審查外，若以其他事由予以差別待遇時，應考慮差別待遇對象之權利性質的不同，而從「立法目的」及「達成立法目的之手段」這兩種層面，判斷是否合理，較爲妥當[46]。

先就立法目的來說，依第四章之說明，數罪併罰之規範目的，原在避免出現累罰效應；釋字第366號解釋亦指出：「刑法第五十條基於刑事政策之理由，就裁判確定前犯數罪者，設併合處罰之規定，並於其第五十一條明定，分別宣告其罪之刑，而另定其應執行者。其分別宣告之各刑均爲有期徒刑時，則於各刑中之最長期以上，各刑合併之刑期以下定其刑期，足見原無使受刑之宣告者，處於更不利之地位之意。」值得注意的是，如果沒有數罪併罰的規定，不論是數個得易科罰金之犯罪併罰的類型，或是得易科罰金之犯罪與不得易科罰金之犯罪併罰的類型，原本並不存在「因複數犯罪而不得易科罰金」的問題。因此，如果認爲「判確定前犯數罪之實質競合係須併案審理之數罪，此等犯數罪之行爲人所表現之惡性，顯較一罪或非屬實質競合之數個一罪爲強，固不宜易科罰金。[47]」似乎難以論證何以行爲人之數犯罪符合刑法第50條規定時惡性較強，反而造成受刑人因數罪併罰之適用而更受不利。因此，在解釋上，應排除受刑人因數罪併罰之適用而更受不利；否則，似有違立法本旨。

再就達成立法目的之手段來說，由於易科罰金在本質上屬於「刑之執行方法」，縱然認爲在「得易科罰金之犯罪與不得易科罰金之犯罪併罰」的情形中，一概不得易科罰金，相較於實務上存在得易科罰金的現象，似無法主張：釋字第144號解釋較有助於「避免累罰效應」之達成；相對的，堅持應執行刑均應在監執行，反而有機會造成受刑人感受到「刑罰過度」的不利益（如案例一之乙罪）。從而，主張應然面上應執行刑無易科罰金之適用，應非達成立法目的之必要手段。

既然前述差別待遇並無助於達成立法目的，因此，在合憲解釋的要求下，釋字第144號解釋等相關實務見解，即有加以調整的必要。進一步來說，由於在數罪併罰中，不可避免地會出現「事後併罰非接續執行」之情形；而在事後併罰非接續執行之情形中，關於「先確定的犯罪，是否爲得易科罰金的犯

---

[46] 參閱（日）蘆部信喜著，李鴻禧譯，「憲法」，頁139，月旦出版社，1995年1月。

[47] 參閱林山田，論併合處罰之易科罰金，刑事法雜誌，第39卷第1期，頁27。

罪」，並非可歸責於受刑人之事由[48]，如以該標準作爲差別待遇的區分標準，不僅無助於數罪併罰與易科罰金立法目的之達成；若更進一步認爲：「倘各罪分別論處均符合刑法第41條易科罰金之法定要件，（設若其係繫屬於同一法院而予累積論罪將逾六個月者），該各罪因罪刑法定主易雖均得易科罰金；反之，因『繫屬同一法院』則無法易科罰金，是否法有失平？吾人以爲，此不平等之危險，應由行爲人負擔。[49]」而將該源於不可歸責事由之不利益，分配與受刑人負擔，亦有違「實質正當[50]」之要求。因此，似難將法務部74年法檢字第14488號函：「按數罪併罰案件中之數裁判既經確定，即具有執行力，在未定其應執行之刑前應可執行。惟如其中有得易科罰金者，是否須俟聲請定其應執行刑裁定確定後執行，或於裁定確定前先爲執行，宜由執行檢察官就個案審酌有無因定其應執行刑之結果，致有不得易科罰金之情形而定。」評價爲「合理的差別待遇」；因此，前述實務解釋之內容，有違平等原則。本文認爲：爲免因併合處罰，致受刑人原得易科罰金之地位遭受剝奪而違立法本旨[51]，在案例一中，其應執行刑中未執行之殘刑部分，亦重新以依刑法第41條第1項之規定，判斷得否易科罰金爲洽[52]。

此外，在刑法第41條第2項：「併合處罰之數罪，均有前項情形，其應執行之刑逾六月者，亦同。」的規定下，不論是同時併罰或是事後併罰，執行上均有易科罰金之適用；以此爲基礎，若於立法上以「是否爲事後併罰」作爲「得易科罰金之犯罪與不得易科罰金之犯罪併罰」類型中，得否易科罰金之判

---

48 刑罰之執行惟以論罪科刑之確定判決爲據，然而被告於判決宣示前並無從左右裁判之時點，縱然纏訟未結，亦不可歸責被告；故因案件遲延所生之不利益自不應由被告承擔。

49 參閱朱敏賢，「數罪併罰之易科罰金」之研究——以釋字第三六六號解釋爲中心，刑事法雜誌第40卷第4期，頁117。

50 按依行政程序法第49條規定：「基於法規之申請，以掛號郵寄方式向行政機關提出者，以交郵當日之郵戳爲準。」其立法目的係因郵寄期間往往非申請人所能掌握，故將郵遞期間予以扣除，俾免後請人因郵遞期間之延誤而遲誤法規規定期間。參照法務部90年度法律字第452號函之說明。

51 通常當不得易科罰金之犯罪已先執行完畢而刑滿出監，其應執行之殘刑往往少於得易科罰金犯罪之宣告刑；本於易科罰金救濟短期自由刑之目的，若謂先依得易科罰金之犯罪之宣告刑執行時，符合救濟短期自由刑之目的而得易科罰金，惟於俟後依「更短期」之「應執行之殘刑」執行時，不符合救濟短期自由刑之目的而不得易科罰金，理論上尚難自圓其說。

52 蓋若謂此部分法理之闕漏在我國既屬立法不當，鑑於得否易科罰金涉及受刑人自由權益甚鉅，站在人權保障之立場，自應依最惠待遇原則而予受刑人易科罰金之機會。

斷標準[53]，除前述之說明外，似亦將因違反「體系正義[54]」，而與平等原則相悖[55]。因此，本文認爲：縱然在同時併罰的情形中，亦應准許以易科罰金之方式執行[56]。

經由以上之說明，應可肯認在平等原則的要求下，不論是否接續執行，也不論先執行何種刑罰，得否易科罰金應惟以刑法第41條爲斷。在此基礎上，關於是否可以法律明定之方式，限制案例中乙罪易科罰金？即可得到解答。本文認爲，由於被告無法掌握訴訟程序進行之快慢及確定判決之內容，故就被告而言，所有具有犯罪嫌疑的行爲，是否全部將被追訴？是否全部均爲有罪的行爲？其所犯的數罪是否存在併罰關係？如屬數罪併罰，究竟於何時併罰？此等問題，均無從預先得知。縱然出現甲乙二罪於事後始形成併罰關係的情形，亦屬不可歸責於被告之事由。既然實際上於乙罪先判決確定時，仍有易科罰金規定適用之空間，以該不可歸責於受刑人之事由（判決確定之先後）作爲差別待遇之基礎，實難認其差別待遇爲「適當」、「必要」而具有「合理性」。換言之，由於數罪併罰之範圍，在無法預測訴訟程序進行快慢的前提下，具有高度

---

53 同爲數罪併罰之執行，釋字第144號解釋與現實面上出現之易科罰金現象，是否可評價爲合理之差別待遇？換言之，此時即出現「以依宣告刑開始執行或以應執行刑開始執行爲差別待遇之標準，是否合理？」之問題。

54 關於此一概念，可參照大法官第455號解釋，翁岳生大法官提出之協同意見書：「按立法者於制定法律時，於不違反憲法之前提下，固有廣大的形成自由，然其當創設一具有體系規範意義之法律原則時，除基於重大之公益考量以外。即應受其原則之拘束，以維持法律體系之一貫性，是爲體系正義。而體系正義之要求，應同爲立法與行政所遵守，否則即違反平等原則。」

55 如果執行態樣之差別現象乃無法避免，即不應由人民承受因此所致之不利益。因此，是否依應執行刑開始執行，既無法歸責於受刑人，即不應於依應執行刑開始執行之情況中，剝奪非依應執行刑執行時，原得依易科罰金之方式執行之機會。否則此類之差別待遇，即可評價爲不合理之差別待遇。通常來說，受刑人對於刑罰之執行並未居於決定者的地位（實務上是檢察官成爲執行程序的第一線決定者），因此就如何爲刑罰之執行，除了法律之明文（監獄行刑法、行刑累進處遇條例）外，受刑人並無法要求執行人員遵守何等之規範。甚至對於法務部頒行之執行注意事項（行政規則或法規命令）之合憲性，亦少有人注意及之，更遑論挑戰該規範之妥當性與正當性。被告於有罪判決確定後，即具有服刑之義務，雖於法未明文的前提下，被告並不具有項執行機關請求如何執行之權（刑法第41條第1項亦有待院檢之決定），然而執行機關之執行方法，卻不能不受基本權保障之拘束，受刑人或可依平等原則，對抗執行機關之不當執行。

56 然而，這樣的見解在併罰數罪非接續執行時，由於客觀上可區分其個別有期徒刑的執行區間，得否易科罰金僅需針對適格之刑罰執行區間判斷即足；惟當其爲接續執行時，在不得易科罰金之犯罪，客觀上尚未執行的前提下，即會出現易科罰金究應如何執行始爲適切之問題。

的不確定性[57]，因此，即便係立法機關，在平等條款的拘束下，亦不得透過制定法律的形式，概括地規定乙罪不得易科罰金。

第五節　數罪併罰之易科罰金

在釋字第366號解釋作成後，關於數個得易科罰金之犯罪併罰的類型，已不生易科罰金的問題，因此，本文此部分乃以「得易科罰金之犯罪與不得易科罰金之犯罪併罰」的類型，作爲討論的焦點。而在「得易科罰金之犯罪與不得易科罰金之犯罪併罰」之類型中，一旦不得易科罰金之犯罪判決確定，由於必須因該罪入監服刑，尙無針對得易科罰金之犯罪，討論得否易科罰金之必要。因此，本文認爲：「不得易科罰金之犯罪判決確定」，即爲數罪併罰中，「易科罰金之障礙事由」。

第一款　非接續執行之易科罰金

首先，就非接續執行而言，倘若先確定的是不得易科罰金的犯罪（如案例一），則於開始執行時，並無討論得否易科罰金的必要，而於俟後依應執行刑執行時，應可認「易科罰金之障礙事由」已不存在，而有重新判斷得否易科罰金的必要。相對地，倘若先確定的是得易科罰金的犯罪（如第二章第三節第二款第一目之情形），則如上一節之說明，於開始執行時，因尙未出現「易科罰金之障礙事由」，故得重新判斷得否易科罰金，而於俟後依應執行刑執行時，應可認因出現「易科罰金之障礙事由」，而無另予判斷得否易科罰金之必要。

第二款　接續執行之易科罰金

另就接續執行而言，雖於依應執行刑開始執行之初，尙無必要討論得否易科罰金；然於依應執行刑執行之過程中，何時可認「易科罰金之障礙事由」業已消滅而得易科罰金？參照第二章第三節第二款第一目之情形（得易科罰金之犯罪與不得易科罰金之犯罪併罰非接續執行），易科罰金乃以宣告刑爲基礎；

---

57 例如國內所發生的重大刑案，時常出現纏訟經年的現象（例如：陸正案、伍澤元案、蘇建和案等等），因此，不難想像於十多年後，始事後併罰之案例。

或可基於平等原則，主張於接續執行中，一旦應執行刑所餘之殘刑，已該當（或短於）得易科罰金犯罪之宣告刑時，即得依刑法第41條第1項之規定，判斷得否易科罰金[58]；蓋不得易科罰金犯罪之宣告刑既短於應執行刑，易科罰金障礙事由存在之時期，自不應等同於所定之應執行刑[59]。

因此，在得易科罰金之犯罪與不得易科罰金之犯罪併罰，且接續執行之情形中，由於易科罰金障礙事由之存在，即便該當刑法第41條第1項所有的要件，亦無從易科罰金。惟若該障礙事由已解消，即應得重新依刑法第41條第1項爲得否易科罰金之判斷[60]。縱因併罰之結果導致受刑人必須入監服刑，似亦只能解爲，於依應執行刑開始執行時不存在易科執行之事由。若因此即認爲該併罰之結果將導致併罰之數罪均不得易科罰金，似乎忽略所謂的「執行顯有困難」，於判斷上會因時間的推移而有不同的結論。基於上述之說明，本文認爲：易科罰金障礙事由始於依應執行刑開始執行時；當應執行刑所餘之殘刑，已該當得易科罰金犯罪之宣告刑時，該障礙事由即爲解消。換言之，若僅因於應執行刑執行中無從區分何時係執行何犯罪之刑，導致出現當然不生易科罰金之結論，不啻將得易科罰金之犯罪亦視爲不得易科罰金之犯罪來處理；在不具易科罰金障礙事由的情形中，主張一概不得易科罰金，似不當擴大不得易科罰金之界線。

第三款　小結

由於司法院院字第2702號解釋之影響，得易科罰金之犯罪若與不得易科罰金之犯罪併罰，即失其易科罰金之地位。雖然司法院釋字第366號解釋本於

58 或謂若於得易科罰金之犯罪與不得易科罰金之犯罪併罰類型中，承認在非接續執行之態樣下亦得易科罰金時，一旦先執行之刑係不得易科罰金犯罪之宣告刑，所得易科罰金者乃相當於應執行之殘刑，就此而言，即出現異於本文主張之結果。惟查此時之所以先執行不得易科罰金犯罪之宣告刑，本質上亦屬不可避免。相較於「依應執行之殘刑入監服刑」，此時之執行並未更予受刑人任何不利益。本於易科罰金及數罪併罰之立法目的，應認此時之執行，乃依得易科罰金犯罪之宣告刑易科罰金之例外，而不能主張有平等原則之違反。

59 惟應說明者，上述主張不免造成「在不得易科罰金犯罪之宣告刑執行期滿前，即得易科罰金」之現象，就不得易科罰金犯罪在併罰數罪接續執行中「易科罰金執行障礙事由」之定位而言，解釋上難免出現「不完全障礙」之齟齬。然而併合處罰中之易科罰金在平等原則之要求下，既應本於刑法第41條之規定而爲，易科罰金障礙事由存續上減縮之現象，毋寧應評價爲「本於數罪併罰之刑罰執行利益」較爲適切。

60 當應執行刑之餘刑在六個月以下時，即可將之視爲短期自由刑處理。

侵害保留之觀點，主張：「裁判確定前犯數罪，分別宣告之有期徒刑均未逾六個月，依刑法第四十一條規定各得易科罰金者，因依同法第五十一條併合處罰定其應執行之刑逾六個月，致其宣告刑不得易科罰金時，將造成對人民自由權利之不必要限制。」然因該號解釋係針對數個得易科罰金犯罪之併罰類型所作成，對於得易科罰金之犯罪與不得易科罰金之犯罪併罰之類型是否亦有適用，尚非無疑。針對此一疑義，本文自限制人身自由與平等原則的拘束等二種觀點，提出本文的主張，茲述之如下。

由於數罪併罰得否易科罰金涉及人民自由之限制，本於憲法第23條及中央法規標準法第5條法律保留之規定，原非以法律本不得為之。縱認釋字第144號解釋具有等同於法律的效力，在實質正當的要求下，亦不得造成人身自由的過度侵害。而在自由刑最後手段性的要求下，釋字第144號解釋等相關實務見解，關於刑罰的執行，即有造成人身自由過度侵害之虞。此外，若認我國刑法第41條有關易科罰金之規定有所闕漏，於相關問題之解釋上，自應立於人民權利保障之觀點。司法院釋字第366號解釋以法律保留之觀點，推導出「在數個得易科罰金之犯罪併罰之類型中，亦得易科罰金」之結論；而本文另基於平等原則之探討，進一步主張：於得易科罰金之犯罪與不得易科罰金之犯罪併罰之情形中，得易科罰金之犯罪亦得依刑法第41條第1項之規定易科罰金[61]；即使在數罪併罰之情形中，刑法第41條第1項之規定仍為得否易科罰金之判斷依據；並嘗試以「易科罰金執行障礙事由」之觀點，為得易科罰金之犯罪何以在與不得易科罰金之犯罪併罰時，不可能易科罰金之詮釋[62]。而在此認識下所提出「易科罰金執行障礙事由（不存在）」之觀點，亦足作為釋字第366號解釋之補充說明。

61　若謂本於「應執行刑之整體刑性格」而認「個別之宣告刑」失其得易科罰金之地位，就實務運作而言，似有未洽；蓋所定之應執行刑之所以不得不分別依其個別宣告刑為得否易科罰金之判斷，實乃本乎憲法上平等原則之保護。

62　也就是說，鑒於不得易科罰金犯罪於判決確定後，具有「易科罰金執行障礙事由」之本質，一旦該障礙事由尚未解消，在入監執行必然性之考慮下，並無討論得否依易科罰金方式執行之必要。在依應執行刑開始執行之情形中，得易科罰金之犯罪之所以不得易科罰金，乃因易科罰金執行障礙事由尚存在所致；惟一旦可認該障礙事由已解消時，得否易科罰金，只須以刑法第四十一條第一項之規定為斷。

第六節　外國法制的回顧

經過第三章至本章的說明，關於數罪併罰中易科罰金的問題，應可獲致如前所述的結論。不過，令人好奇的是，如果上述的論點可以成立，何以在外國的立法或是實務中，均未見討論？也就是說，爲何外國法制未曾基於本文所持的二種觀點（限制人身自由與平等原則的拘束等二種觀點），特別是平等原則的拘束，討論與本文相關的議題？

首先，誠如學者所言：「外國立法例中，尚未發現與我國相同之自由刑易科罰金制度。[63]」相較於德國刑法第47條第2項[64]之規定，在救濟短期自由刑的立法上，我國刑法第41條的規範模式，毋寧是相當特殊的。簡單來說，縱然依我國刑法第41條之規定易科罰金，仍認所執行者爲自由刑；反之，依德國刑法第47條第2項之規定處以罰金刑，所執行者並非自由刑，而係罰金刑。因此，在德國刑法實務中，如果認爲實質競合的數犯罪，沒有發監執行的必要，法官即應宣告罰金刑[65]；此種量刑的過程，並未排除實質競合整體刑之適用，只不過在刑度上須受到六個月的限制。就此而言，於前章中所舉學者之主張：「依現行刑法規定之限制加重原則，於各宣告刑中最長期以上，各有期徒刑合計之總刑期以下，所定出之執行刑，有如單一犯罪之宣告刑，即屬受判決人應行執行之刑期，故實質競合而併合處罰之受判決人得否易科罰金，自應視其應執行刑之整體刑期是否爲六個月以下之有期徒刑而定，而與就個別之罪所宣告之個別刑期無關。凡是經裁定應執行刑依限制加重原則而逾六個月之刑期者，即與易科罰金之法定要件不符，而不得易科罰金，即使各罪分別宣告之徒刑，均未逾六個月，亦不受其影響。[66]」實係以德國刑法第47條爲說理的依據。但是，

63　參閱楊建華，「刑法總則之比較與檢討」，頁340，三民書局，1998年3月3版。

64　其條文爲：「本法未規定罰金刑和六個月或六個月以上自由刑，又無前項必須判處自由刑情況，法院得判處其罰金。本法規定之最低自由刑較高時，最低罰金以最低自由刑爲準，三十單位日額金相當於一個月自由刑。（第二項）」。參閱蔡墩銘譯，「德、日刑法典」，頁18，五南圖書出版有限公司，1993年12月。此外，奧地利刑法亦採與德國刑法相同的立法模式，參閱楊建華，「刑法總則之比較與檢討」，頁341，三民書局，1998年3月3版。

65　「如果法官認爲六個月以上的自由刑，超過了量刑基礎的罪責程度，且相關的刑法規定又沒有規定罰金刑，此時應依刑法第四十七條第二項前段之選擇規定，對行爲人判處罰金刑。」參閱（德）漢斯・海因里希・耶塞克、托馬斯・魏根特著，徐久生譯，「德國刑法教科書（總論）」，頁921、922，中國法制出版社，2001年3月。

66　其更謂：「易言之，即實質競合之數罪併罰而就各罪分別宣告之徒刑，就各罪分別宣告之有期徒刑雖均未逾六個月，但一經依現行刑法規定之限制加重原則決定應執行之刑期，自有可能逾六個月，此雖係就數個獨立之罪併合處罰而定之執行刑，但在刑法之定罪科刑上仍屬對

我國刑法第41條並未針對短期自由刑的救濟，採用與德國法相同的規範模式，在此前提下，德國實務自然不會在我國的規範架構下討論相關的問題；而以德國法的見解作為我國法制的解釋基礎，似有未洽。[67]而日本刑法並未有如同我國刑法第41條與德國刑法第47條之規定，其學說或實務，當然不會針對案例一中的問題一（乙罪得否易科罰金），有所說明。

其次，德國刑法關於實質競合的適用，雖以「同時受裁判」為實質競合之前提要件外，依德國刑法第55條第1項[68]：「受審判人在宣告刑執行完畢前，或在時效中止或赦免前，因原判以前之其他犯罪而受審判者，得適用第53條、第54條之規定。」之規定，只要裁判宣告前之犯罪，在原宣告刑（或實質競合之整體刑）執行完畢前接受審判，亦得適用實質競合的法律效果。因此，在德國刑法實務上，並不會發生如案例一所舉的事實；也就是說，以案例一之事實而言，由於甲罪已執行完畢，因此在德國刑法的規定下，甲乙二罪並不能適用實質競合的法律效果（定應執行刑），在此前提下，自無須探討乙罪得否易科罰金。

再者，在德國法制下，如果法院認為行為人前犯罪無入監服刑的必要，其所科處的刑罰為罰金刑，並非自由刑，此點與我國有相當大的差異。而由於事後併罰須以原宣告刑執行完畢前接受審判為前提，因此，當先前的罰金刑已執行完畢（繳清罰金），縱然於該犯罪之裁判宣告前另犯他罪，二者間亦不致形成實質競合關係；若先前的罰金刑尚未執行完畢，縱然「在上一個判決中已經科處了總合刑，則應當撤銷之，並基於當時判處的具體的刑罰和第二個判決中確定的刑罰，重新確定起始刑罰。[69]」簡單來說，在德國法的規範下，並不會出現如本文第二章第三節第二款所描述，「因非接續執行而導致數罪併罰出現：部分宣告刑易科罰金」的現象。

最後，由於是否違反平等原則之判斷，須與其他基本權相結合。在德國刑

於具有實質競合關係之數罪所宣告之有期徒刑，而與單純一罪所宣告之有期徒刑，並無任何不同。因此，單純一罪之宣告刑逾六個月者，固無易科罰金之適用，數罪實質競合而併合處罰，經定執行刑逾六個月者，自亦同樣因不具易科罰金須受六個月以下有期徒刑宣告之要件，而不得易科罰金。」參閱林山田：論併合處罰之易科罰金，刑事法雜誌，第39卷第1期，頁23。

67 此時，若以德國法的見解為我國法制說明的基礎，恐有如邱聯恭教授所云，屬於國籍不明的論文。

68 參閱蔡墩銘譯，「德、日刑法典」，頁21，五南圖書出版有限公司，1993年12月。

69 參閱（德）漢斯‧海因里希‧耶塞克、托馬斯‧魏根特著，徐久生譯，「德國刑法教科書（總論）」，頁891，中國法制出版社，2001年3月。

法第55條第1項明文限縮實質競合（事後競合）範圍的規範下，尚不至於發生如我國實務上「以得易科罰金之犯罪判決確定之先後，作爲區別得否易科罰金之判斷標準」之差別待遇；蓋如同屬實質競合，並不會出現如本文第二章第三節第二款，因部分輕微犯罪較早確定，而導致整體應執行刑出現不同的執行內涵，因此，實務上自不致出現是否違反平等原則的爭議。

基於以上的說明，因我國刑法在數罪併罰（第50條）與易科罰金（第41條）的規範模式上，迥異於德日等國的刑事立法，自應承認在解釋上，存在與外國法制不同的解釋空間。德國刑法在避免短期自由刑的問題上，採行與我國刑法不同的規範方式，因此，縱然出現事後併罰的情形，亦不至於導致如本文所述違反平等原則的質疑。但是，若將德國刑法上的競合理論，全盤移植爲我國刑法數罪併罰的內涵，即會出現不當之處。換句話說，由於德國刑法以執行完畢與否作爲是否成立事後併罰的區別標準，尚不至影響受刑人接受罰金刑的機會，亦不會違反避免短期自由刑的刑事政策。從而，關於案例一中乙罪得易科罰金之見解，尚不致因牴觸德國刑法實務，而有遭詬病之處。

第六章　數罪併罰之執行完畢與累犯判斷

在經過第三章至第五章的說明後，應可肯定：於案例一中，乙罪得易科罰金（問題一）。不過，丙罪是否爲累犯（問題二）？卻仍有待說明。爲能正確判斷累犯，本章擬先說明累犯制度的背景、目的與相關的立法概況，以爲評價「數罪併罰中有期徒刑執行完畢」之基礎。

第一節　累犯制度

第一款　制度之源起與目的

刑法之主要目的，在維持社會公共秩序；在罪犯本身而言，相當於一種醫療作用，凡是對社會上有不適合性質的人，將以刑法予以治療。而刑罰之重輕，除龑基於犯罪者所犯之罪外，對於犯罪者本身，亦不可不加考量。蓋刑法中已有基於教育、感化主義之假釋、緩刑及罰金等制度，對於犯罪之人，依其個別環境與犯後態度分別予以處遇；凡此種種，莫不期盼犯罪者能痛澈前非，以祈刑其無期。因之，於刑罰對犯罪者難生效應之客觀現實下，遂有累犯之議，祈懲惡伏奸於有形。查累犯之加重，係以犯人刑罰反應力薄弱爲其理論之依據。何謂累犯？顧名思義，當指行爲人在前曾經犯罪，其後又復一再犯罪，亦即屢次犯罪之謂。原對犯罪加以懲罰，係屬不得以已措置；究其目的，一方面在於懲其惡性與不正行爲，而它方面則期其能接受教誨，自臻反省，改過遷善。然若怙惡不誨，反增其暴戾習氣，顯可認其以前執行刑罰之反應力未強，方致一犯再犯，爲救濟事實之窮及糾正其惡性之深，自不得不對累犯加重刑罰[1]。

1　參閱謝兆吉、刁榮華合著，「刑法學說與案例研究」，頁91，漢林出版社，1976年10月初版。

第二款　加重處罰之基礎

累犯與非累犯，就犯罪之成立而言，本質上原無區別；然就惡性來說，則有不同。自行爲責任之觀點而言，既爲相同之犯罪情狀，本不應加重其刑[2]；惟自行爲人責任之觀點出發，因重視犯罪人之危險性格，故有加重處罰累犯之必要[3]。按自由刑之設置乃以教育、矯正犯罪行爲人爲其目的，並祈其能改過遷善，以重新適應並經營其社會生活。以我國刑法之規定而論，若於前犯受有期徒刑執行完畢後五年內未更行犯罪，即可認先前所受之刑罰執行，對該犯罪行爲人而言具有改善之效用。

然而，就刑罰感應力薄弱之人而言，經常見其於有期徒刑執行完畢五年內更再犯罪，此時則不認爲刑罰之執行，已對犯罪行爲人發揮教育、矯正之功效；自社會防衛之觀點，即認有必要對之予以不同之處理（另設刑罰加重事由），以求犯罪行爲人確能重新適應並經營其社會生活，並達成自由刑之制度目的。從而，論斷累犯成立與否，亦當僅就犯罪行爲人對於刑罰之感應力（危險性格）爲判斷之依據，不應以其他非屬累犯制度設置之理由，影響累犯成立與否之判斷。

第二節　累犯制度之立法例

累犯加重之制，各國立法例均採之，我國古代法律亦有類此規定；唐律：「諸盜經斷後，仍更行盜，前後三犯徒者流二千里，三犯流者絞」，亦以累犯之人惡性較深而加重其刑。惟各國刑法對于累犯之構成要件頗不一致，有以曾受有罪判決之宣告後再犯者，即爲累犯，至執行與否，則非所問（法國派採之）；有以經有罪判決，其刑罰已執行完畢或免除後再犯者，方爲累犯（德國派採之）；有以受刑之執行完畢而再犯者爲累犯，至有無執行完畢，則非所問（義國派採之）[4]。觀之我國刑法第47條之規定，其所採者乃德國派之立法

2　學者有自行爲刑法的觀點，建議刪除累犯之規定；參閱林山田，論刑法總則之改革，月旦法學雜誌，第76期，頁97，2001年9月。

3　參閱楊建華，「刑法總則之比較與檢討」，頁350，三民書局，1998年3月3版。

4　參閱楊大器，「刑法總則釋論」，頁280，大中國圖書公司，1992年3月第18版。不過，值得注意的是，現行德國刑法已無累犯的規定。

例。

對於累犯之處罰，於立法例上又有普通累犯與特別累犯之分；前者不問其前後所犯罪名及性質是否相同，一律加重處罰；後者須屢犯同一罪名或同性質之罪，達三次以上者，於普通加重外，更設特別加重之處罰，我舊刑律係採普通累犯制，舊刑法係二者兼採之，現行法乃採普通累犯制。惟前所犯之罪或後所犯之罪僅屬拘役或罰金之罪，均係情節輕微，雖屢爲之，其惡性亦難謂重大，自無加重其刑之必要，因之我刑法就此並不認其爲累犯[5]。

再關於累犯之加重，在立法例上亦有不同之主義，可分爲下列三種：（一）變更刑種主義，對於初犯科以有期徒刑，如累犯則科以無期徒刑、不定期刑或流刑。（二）加倍最重本刑主義，累犯時應就該罪所定最重本刑二倍以下範圍內科刑。（三）加重本刑主義，累犯時應就該罪最重本刑與最輕本刑依一定之比例予以加重，於其所形成之處斷刑範圍內科刑。我國刑法第47條規定，受有期徒刑之執行完畢，或受無期徒刑或有期徒刑一部之執行而赦免後，五年以內再犯有期徒刑以上之罪者爲累犯，加重本刑至二分之一，即係採加重本刑主義。[6]

第三節　應執行刑執行完畢前之再犯型態

第一款　再犯時點

依刑法第47條規定，累犯之成立係以「再犯」之狀態爲其前題。所謂再犯，原係指於前犯罪既遂終了後更再犯罪之狀態；然若對所有之再犯均予加重其刑之處遇，參酌累犯制度旨在制裁刑罰感應力薄弱的犯罪者之精神，對於刑罰感應力強的犯罪行爲人而言，似嫌過苛；因之各國刑典對於累犯之成立，莫不於刑罰執行（未必已執行完畢）與再犯發生間，予以時間上之限制；而對於前犯或再犯之罪質或刑度，亦多加以一定條件之限制[7]。

---

5 參閱謝兆吉、刁榮華合著，「刑法學說與案例研究」，頁91，漢林出版社，1976年10月初版。

6 參閱蔡墩銘，「中國刑法精義」，頁316，漢林出版社，1990年3月6版。

7 由於一般認爲刑罰具有矯正改善受刑人的功能，因此只有執行完畢後的再犯，始被認爲有加重處罰的必要。學者有謂：「累犯加重是指在一定的期間實施了複數犯罪的場合下，以經過就再犯罪之時點而論，邏輯上行為人可能於一犯罪後之任何時點更再犯罪，既便於刑罰執行中亦然。我國刑法既就犯罪競合採用併合處罰之制度，自可想見於數罪併罰執行完畢前再犯之情形。本文第二章第五節曾針對此種情形，提出究應如何判斷「前犯受有期徒刑之執行完畢」之問題。為能通盤而全面認識此一問題，在前章所述數罪併罰不同執行類型的認知下，本文乃先就行為人於不同時點之再犯型態予以說明。

基本上，在單一犯罪的情形中，有期徒刑之執行係以該犯罪之宣告刑為基礎，此時只須單純就刑法第47條所列之要件加以審酌，即可正確評價累犯[8]；然於數罪併罰之應執行刑執行完畢前再犯罪時（如案例一中之丙罪），究應如何判斷累犯？因再犯之型態不只一端，為免有所遺漏，以下乃先就應執行刑「接續執行」與「非接續執行」二種不同型態，分別探究數罪併罰「開始執行後、執行完畢前」，所有可能之再犯時點，並以之為嗣後討論如何認定累犯成立之依據。

第二款　接續執行中再犯

以案例二為例，在依確定之應執行刑裁定開始執行之情形中，如被告於執行二月後（不該當甲乙其中任一罪之宣告刑期），即再犯丙罪（如傷害同監受刑人）；由於在執行中，且未該當宣告刑執行期滿，其再犯不成立累犯至為明顯。惟如於已執行一年一個月後，始再犯丙罪，是否可因已執行超過甲罪或乙罪宣告刑之刑期，已該當「執行完畢」，而認丙罪為累犯？[9]

了確定裁判的犯罪（前犯）與此後的犯罪（後犯）之間存在一定關係為理由，對於後犯的刑罰加重。」參閱（日）野村稔著，全理其、何力譯，「刑法總論」，頁481，法律出版社，2001年3月。

8 即便於依應執行刑執行有期徒刑時，若於該應執行刑執行完畢後始再犯他罪，亦只須就該應執行刑執行完畢之時點與再犯時點依刑法第47條之規定予以認定，此情形與前述對宣告刑為執行之情形無異。

9 與此部分之問題相同，不論先執行甲罪或乙罪，若於執行中，出現因定應執行刑裁定確定，而接續依應執行刑執行之情形；或是於一罪宣告刑執行滿期後，繼續依另罪宣告刑接續執行中，應執行刑裁定始確定之情形。若於已執行一年一個月後，始再犯丙罪，此時，是否可因已執行超過甲罪或乙罪宣告刑之刑期，已該當「執行完畢」，而認丙罪為累犯？

第三款　非接續執行之再犯

以案例一爲例，丙罪是否爲累犯？若相較於嗣後所定之「整體」應執行刑執行完畢，固無從認定其爲累犯；惟相較於已執行期滿之甲罪宣告刑，似可評價爲刑法第47條之「受有期徒刑執行完畢」。換言之，於刑法第47條中所指之「前犯」，係本於數罪併罰而「受有期徒刑執行」時，不免出現執行完畢之認定究應以「宣告刑」或「應執行刑」爲標準之疑問。[10]

第四款　小結

綜合前述的說明，如於應執行刑執行完畢前再犯，關於「是否成立累犯」，並非毫無疑義。也就是說，如果執行完畢等同於宣告刑執行期滿，則於一罪執行期滿後之再犯，似乎均有評價爲累犯的可能。此時究竟應否評價爲累犯？其理由爲何？實有待對於執行完畢一詞予以定義後，始有正確認知的可能。

第四節　有期徒刑執行完畢

第一款　執行完畢之意義

刑罰之執行，我國於刑事訴訟法第456條至486條設有規定；關於有期徒刑之執行部分，雖該法第466條[11]、第467條[12]、第468條[13]、第477條第1項[14]與

---

10 縱然於事後執行應執行刑中再犯，亦存在相同的問題。

11 該條規定：「處徒刑及拘役之人犯，除法律別有規定外，於監獄內分別拘禁之，令服勞役。但得因其情節，免服勞役。」

12 該條規定：「受徒刑或拘役之諭知而有下列情形之一者，依檢察官之指揮，於其痊癒或該事故消滅前，停止執行：一、心神喪失者。二、懷胎五月以上者。三、生產未滿二月者。四、現罹疾病，恐因執行而不能保其生命者。」

13 該條規定：「依前條第一款及第四款情形停止執行者，檢察官得將受刑人送入醫院或其他適當之處所。」

14 該條項規定：「依刑法第四十八條應更定其刑者，或依刑法第五十三條及第五十四條應依刑法第五十一條第五款至第七款之規定，定其應執行之刑者，由該案犯罪事實最後判決之法院之檢察官，聲請該法院裁定之。」

第481條第1項[15]、監獄行刑法與行刑累進處遇條例有詳盡之規定，惟綜觀該等法律之規定，並未針對「執行完畢」一詞有所定義。雖然有學者主張：「所謂刑之執行完畢，固指服刑期滿或其他刑罰之執行完畢，然而亦包括以已執行論之情形，例如假釋未經撤銷，其未執行之刑不能再執行及各種易刑是[16]。」按照這種說法，只要評價爲執行期滿，即可認已執行完畢。然而「服刑期滿」一詞，在數罪併罰的情形中，究竟應以一罪之宣告刑爲判斷依據？或是應以數罪併罰之應執行刑爲判斷之依據？似乎仍待進一步的說明。因此，前述的說法並無法「清楚地」定義執行完畢一詞，在探討累犯之前，應有先就執行完畢之內涵先予界定之必要。

按一事不再理，爲我刑事訴訟法之基本原則，其目的在避免雙重處罰之危險[17]，

15　該條項規定：「依刑法第八十六條第四項或第八十八條第三項免其刑之執行，第九十六條但書之付保安處分，第九十七條延長或免其處分之執行，第九十八條免其處分之執行，及第九十九條許可處分之執行，由檢察官聲請法院裁定之。」

16　參閱蔡墩銘，「中國刑法精義」，頁328，漢林出版社，1990年3月6版。

17　釋字第168號解釋理由書參照。另吳庚大法官於釋字第271號解釋所提之不同意見書中，對此有詳細之說明，其謂：就不受二次審問處罰而言，此一原則在刑事訴訟程序通稱爲一事不再理（ne bis in idem）。多數意見基於實體判決與程序判決有別之前提，以最高法院駁回上訴之程序判決，祇有形式上羈束力，不具有實質確定力，與一事不再理原則無關爲立論基礎，固有其訴訟技術上之依據。惟是否構成同一行爲不受二次以上審問處罰應從憲法保障人身自由之根本精神予以解答，不應限於訴訟技術之層次。蓋不受二次處罰之原則在羅馬法上已經存在，並表現於下列法諺：Nemo debitbis puniri prouno delicto，或者Nemo debet bis vexari pro una eteadem causa（英譯：a man shall not betwice vexed for one and the same cause）。十八世紀英國法學家布來克史東（Sir William Blackstone）在其經典著作「英格蘭法律詮釋」（Commentaries on the Laws of England, 1790, IV, 335）中宣稱：不受一次以上之危險乃舉世普遍之法則（“the plea of autrefois acquit, for a formal acquital, is groundedon the universal maxim...that no man is to be brought into jeopardy of his life more than once for the same offense”）。美國聯邦憲法制定時，將已見諸殖民地各州憲法之條款列入聯邦憲法修正案第五條，此乃眾所熟知之雙重危險保障條款（double jeopardy protection clause）。二次大戰之後，德國基本法第一〇三條第三項、日本憲法第三十九條亦均有類似規定，其他大陸法系國家則多以一事不再理之方式，規定於刑事訴訟法。所謂雙重危險保障或不受二次處罰原則其內涵如何？固無各國一致之標準，在英美法系國家適用此一原則之結果，非但一罪不能兩罰，凡經陪審團認定無罪者，檢察官亦不得上訴，使被告免再受審問處罰之危險；在大陸法系國家雖未如此嚴格之限制，但至少一如前述日本憲法之規定：「任何人就其已認定無罪之行爲，不被追問刑事上責任，同一犯罪亦不得使其再受追問刑事上責任」，殆無疑問。我國刑事訴訟制度中，不僅明文規定同一犯罪行爲不受二次審問處罰（刑事訴訟法第三百零二條第一款、第三百零三條第二款及第四款等），抑且在特種刑事案件中，全盤接受美國禁止雙重危險之法則，凡適用美軍在華地位協定之被告，依該協定第十四條第九項之有關照會，「如被告被判無罪，他造當事人不得提出上訴；被告對任何判決不提出上訴時，他造當事人亦不得提出上訴……。」故雙重危險保障原則，已溶入我國實証法體系之中。

蓋對同一被告之一個犯罪事實，祇有一個刑罰權，不容重複裁判[18]。關於國家刑罰權[19]的實現，不僅指追訴、審判之程序，依釋字第392號之解釋[20]，更包含刑事執行程序在內。也就是說，不論係偵查、追訴（實行公訴）或是執行，均屬實現國家刑罰權之程序。以此為基礎，所謂「刑事執行完畢」，即含有國家刑罰權「已經實現」之意義在內。因此，於受刑之執行完畢後，刑罰執行權即應歸於消滅[21]。

由於刑事執行程序之進行，具有具體實現國家刑罰權與消滅刑罰執行權的效力。因此，本於一事不再理之法理，一旦評價為執行完畢，國家機關即不得重複執行，以避免出現一罪兩罰的現象。然而，若進一步追問，「刑罰執行權消滅」之內涵為何？又，執行期滿之判斷依據為何？

於執行實務上，不論是實質一罪或數罪併罰，刑罰執行係以檢察官所簽發的「執行指揮書」為依據；就此而言，宣告刑只不過是形成實際執行刑的基礎，而非直接等於執行刑[22]。既然宣告刑並非實際執行的依據，關於執行期

---

18 參閱最高法院55年台非字第176號判例。

19 所謂刑罰權，指國家得對於犯罪人科以刑罰制裁之權限之義，屬於實體上權限之一種，與科刑權係指法院諭知刑罰之權限，屬於程序上權限者有別。刑罰權又可稱為刑罰請求權、刑罰執行權，其本質即在實現國家對個別犯罪行為人特定犯罪之處罰權限，猶如判決之確定具消滅國家對個別犯罪行為人所為特定犯罪追訴、審判之權限一般；對應於犯罪行為人，刑罰之執行亦含有應報其先前實施犯罪所造成惡害之意，並祈能改善、教育犯罪行為人，使之再適應社會之生活。

20 該號解釋指出：「司法權之一之刑事訴訟、即刑事司法之裁判，係以實現國家刑罰權為目的之司法程序，其審判乃以追訴而開始，追訴必須實施偵查，迨判決確定，尚須執行始能實現裁判之內容。是以此等程序悉與審判、處罰具有不可分離之關係，亦即偵查、訴追、審判、刑之執行均屬刑事司法之過程，其間代表國家從事『偵查』『訴追』『執行』之檢察機關，其所行使之職權，目的既亦在達成刑事司法之任務，則在此一範圍內之國家作用，當應屬廣義司法之一。」

21 國家對行為人具體特定犯罪之刑罰執行權，除因時效、赦免、緩刑期間之經過與犯人之死亡而消滅外，惟於刑之執行完畢而消滅。參閱蔡墩銘，「中國刑法精義」，頁328，漢林出版社，1990年3月6版。

22 關於刑罰適用的過程，約可說明如下：「對於某種犯罪，法律規定其應科處之刑罰，稱為法定刑，而對於法定刑依法律上之規定而為加重減免者，稱為處斷刑。處斷刑既係修正法定刑之結果，則處斷刑之範圍自異於法定刑，即可能重於法定刑或輕於法定刑。而對於特定之犯罪事實，法院實際上諭知之刑罰，稱為宣告刑。法院於諭知刑罰時，應在法定刑之範圍內，如有加重減輕事由存在者，應在處斷刑之範圍內，依自由裁量決定宣告刑。」參閱蔡墩銘，「中國刑法精義」，頁311、313，漢林出版社，1990年3月6版。而嗣後檢察官依刑事訴訟法第457條第1項、第458條之規定簽發執行指揮書所實際執行者，不論是否該當數罪併罰之規定，均稱為執行刑。也就是說，關於刑罰之適用，可區分為法定刑、處斷刑、宣告刑與執行刑等四個階段；只不過在一罪的執行上，執行刑乃直接基於宣告刑而來，而在數罪併罰的執

滿，自不應以宣告刑爲判斷依據，而應以實際的執行依據（執行指揮書）爲判斷的基礎。否則，於案例一中，甲罪宣告刑既已執行期滿，嗣後再執行「以甲乙二罪宣告刑爲基礎」的應執行刑時，就甲罪之宣告刑而言，豈不成了重複執行？因而所謂不得重複執行者，應指實際的執行依據（執行指揮書）而言，尚非指宣告刑或應執行刑。簡單來說，在一罪之執行程序中，一旦已因刑罰執行程序之推移而該當「執行刑執行期滿」時，即應評價爲「執行完畢」，此時國家機關不得本於同一執行指揮書，再次對同一受刑人開啓刑事執行程序[23]；此種事實狀態，即爲執行完畢所具有的意義與效力。本文認爲：執行期滿之事實（執行完畢），原則上只應具有表徵「以該執行指揮書爲依據的刑罰執行權已經消滅」之意義[24]；而該次之執行程序應已因執行完畢而終結，並應與嗣後進行之執行程序間，有所區隔。

若以上述一罪執行完畢之定義爲基礎，自不難理解何以在本文所舉的案例一事實中，最高法院仍以執行完畢一詞，指涉甲罪執行期滿之狀態[25]。設若於案例一中，被告只犯甲罪一罪（即嗣後未與乙罪數罪併罰），則甲罪執行完畢即表示：於甲罪執行期滿後，即不得更本於依該甲罪宣告刑所簽發的執行指揮書，重複執行。惟因案例一係於事後始形成數罪併罰，由於此時執行刑的內涵已有擴大[26]，嗣後檢察官所簽發之執行指揮書，既係以甲乙二罪之應執行刑爲依據，而非以甲罪之宣告刑爲依據，則因「應執行刑所表徵的刑罰執行權」，尚未因「應執行刑執行期滿」而消滅，故此時依應執行刑所爲之執行，尚不致

行上，執行刑並非直接以各罪的宣告刑爲基礎，而係以依刑法51條規定所定之應執行刑爲基礎。

23 此外，另就「數罪併罰」之自由刑執行而言，依刑法第51條之規定，係以應執行刑爲執行之依據，因此，惟於有期徒刑之執行已該當「執行指揮書所載的應執行刑」執行期滿時，始可認應執行刑已執行完畢。

24 附帶說明的是，在此種認知下，本文認爲如最高法院68年台非字第151號判例：「查該被告前於六十一年至六十二年所犯竊盜罪，被判處有期徒刑一年確定後，在執行中，經依中華民國六十四年罪犯減刑條例減刑，並於六十四年七月十四日執行完畢，五年以內再犯罪，受有期徒刑之宣告，依首揭說明，應撤銷其減刑部分之裁判，仍執行原宣告刑。則其原宣告刑，尚非已執行完畢，自不得以累犯論，乃原判決竟依刑法第四十七條規定論以累犯，顯屬違法，且不利於被告，上訴人於判決確定後提起非常上訴，執以指摘，洵有理由。」之見解，似有違法安定性的要求，其內容實有待商榷。

25 例如：於前述最高法院86年台非字第78號判決與最高法院82年台非字第4932號判決中，均以「執行完畢」一詞，指涉甲罪已執行期滿之事實狀態。

26 由甲罪之宣告刑擴大爲甲乙二罪之應執行刑。

有違一事不再理之原則[27]。換言之，「應執行刑執行完畢」與「宣告刑執行完畢」二者，在前述定義的推演下，並非不兩立的概念。

基於以上之說明，於本章第三節第二款所舉的案例中，由於再犯丙罪時，並未出現執行指揮書執行期滿之事實，因此丙罪不成立累犯。若依此種判斷標準，於案例一中，因被告再犯丙罪時，已存在甲罪執行指揮書執行期滿之事實，似應認丙罪爲累犯。不過，若欲爲此種推論，似應先究明「數罪併罰之規定是否影響對執行完畢之判斷」此一問題；換言之，於案例一中，丙罪之累犯評價，是否因甲罪嗣後與乙罪形成數罪併罰之關係（即嗣後出現應執行刑尚未執行完畢之現象），而受影響？也就是說，執行完畢之內涵，是否將受事後併罰之影響，而有所改變？如果執行完畢之判斷，將因數罪併罰之規定而有本質上的改變，亦有另行討論「數罪併罰執行完畢」之必要。

第二款　數罪併罰與累犯

累犯之成立，既係以前犯受有期徒刑之執行完畢爲要件，而刑罰已否執行完畢，又以國家對某犯罪之刑罰權已否實現爲判斷標準；因此，就「數罪併罰」之自由刑執行而言，於應執行刑執行完畢前，如何判斷「受有期徒刑之執行完畢」？即爲累犯成立與否之重要前提。由於累犯與數罪併罰此二制度，於目的上原即存有若干程度之矛盾[28]，因此，關於如何在數罪併罰之執行中，判斷「國家刑罰權已經實現」，並對再犯是否成立累犯，予以正確的評價，並非易事；實務上向來亦存在如本文第二章第四節所述之疑義。簡單來說，於案例一中，甲罪執行刑滿出監之際，可否評價爲已執行完畢？實務上尚有爭論。

如本文第二章第四節所述，實務上關於如何判斷「受有期徒刑執行完畢」乙事，多數見解認爲，此問題將因數罪併罰，而有不同的標準[29]。然而如此的見解，不免存在下述疑義：（一）以本文所舉之案例而言，是否表示事後所出

---

[27] 如此之說明，或許正是最高法院47年台抗字第2號判例：「裁判確定前犯數罪而併合處罰之案件，有二以上之裁判，應依刑法第五十一條第五款至第七款定應執行之刑時，最後事實審法院即應據該院檢察官之聲請，以裁定定其應執行之刑，殊不能因數罪中之一部分犯罪之刑，業經執行完畢，而認檢察官之聲請爲不合法予以駁回。」肯認事後併罰存在的基礎。

[28] 數罪併罰之規定，本係源於矜恕思想，以免刑罰執行過度（累罰現象所導致之過度不利益）。而累犯之規定，則係基於行爲人刑罰感應力薄弱，所爲加重處罰之規定。

[29] 亦即，在實質一罪的情形中，以宣告刑爲判斷的標準；在數罪併罰中，以應執行刑爲判斷的標準。

現的「定應執行刑裁定」，本質上具有更異先前甲罪宣告刑「受有期徒刑執行完畢」之效力[30]？（二）數罪併罰是否必須俟「應執行刑執行完畢」，方可評價爲刑法第47條之「受有期徒刑執行完畢」[31]？（三）應執行刑之裁定，在執行上是否必然導致各罪宣告刑失去獨立地位，並產生「有如單一犯罪宣告刑」之效力[32]？也就是說，是否應執行刑裁定具有將「對併罰數罪之執行」於本質上及概念上轉變爲「對一罪之執行」，進而認爲「甲罪之執行」不具消滅刑罰執行權之效力？此等疑問，實爲前述多數實務見解所應予詳明、卻毫無著墨之前提。關於在甲乙二罪之應執行刑[33]執行完畢前，是否承認甲罪之執行，亦具有「執行完畢」之效力？除須以前述執行完畢之意義爲基礎外，唯有對於數罪併罰之本質有所認識，才有可能對於數罪併罰執行中之「前犯受有期徒刑執行完畢」有正確的認知，並進而正確地評價累犯。

第三款　肯認以個別宣告刑為執行完畢之判斷依據

關於如何判斷「受有期徒刑執行完畢」，實務上向來存在二套判斷標準：在實質一罪的情形中，以宣告刑爲判斷的標準；在數罪併罰中，以「應執行刑[34]」爲判斷的標準。就該當數罪併罰之所有犯罪所形成的整體應執行刑而言，後說的看法固然沒錯，不過，如同前述之說明，由於應執行刑之本身具有高度之不確定性，若堅持後說的看法（必須俟「整體應執行刑執行完畢」，方

30　如果先前所形成的數罪併罰，其範圍於事後有所擴張時亦同。

31　參閱（前）司法行政部，60年台令刑（四）字第10466號函：「在所裁定之執行刑尚未執行完畢前，各案之宣告刑不發生執行完畢之問題。」

32　此種見解乃林山田教授之主張；參閱林山田，論併合處罰之易科罰金——兼評釋字第三六六號解釋，刑事法雜誌第39卷第1期，頁23。

33　此處係指範圍不會再擴張的應執行刑，也就是「最終的」應執行刑。

34　依最高法院50年度第7次民、刑庭總會會議決議事項：「定執行刑之裁定確定後，發現基以定執行刑之數罪中，有一罪係違法重判。經非常上訴，將該重判之罪刑撤銷改判免訴。原裁定隨之變更而已不存在，應由原審檢察官另行聲請定應執行之刑。」與最高法院50年台非字第111號判例：「按定執行刑之裁定本身違法者，固得於裁定確定後依非常上訴程序加以糾正，若其本身並不違法，而僅係基以定執行刑之判決有違法情形，經非常上訴審將該違法判處之罪刑撤銷改判無罪、免訴或不受理者，則該裁定因將經撤銷之刑與其他刑罰合併所定之執行刑，當然隨之變更而已不存在，應由原審檢察官就撤銷後之餘罪，另行聲請定其應執行之刑」之說明，此部分所指的應執行刑，乃指所有該次數罪併罰的犯罪所形成的應執行刑。以案例一爲例，如果事後發現丙罪亦在甲罪判決確定前所犯，則縱然甲乙二罪已形成應執行刑，此時整體的應執行刑乃指甲乙丙三罪所形成的應執行刑。

可評價爲刑法第47條之「受有期徒刑執行完畢」），並認執行刑裁定具有將「對併罰數罪之執行」，於本質上及概念上轉變爲「對一罪之執行」，此時將因數罪併罰的範圍事後不斷擴大，導致發生永遠無法執行完畢的困擾。在法安定性的要求下，實不應主張數罪併罰的規定，具有改變「已經執行完畢」之效力。因此，本文反對實務上此種以「整體應執行刑執行完畢」，作爲數罪併罰執行完畢之判斷標準。

在「是否執行期滿，係以發動該次執行程序之執行指揮書爲判斷依據」的認知下，本文認爲：不論是否爲數罪併罰，一旦所進行之刑事執行程序，已該當執行指揮書「執行期滿」之狀態，即應賦予執行完畢之評價。蓋數罪併罰的規定，原在避免累罰效應，並未以改變執行狀態爲目的。此外，數罪併罰，亦僅於應執行刑作成後，始會產生內涵擴大，而須另爲執行的現象；且在事後併罰的情形中，並無理由可認先前之執行（如案例一之甲罪執行）不具獨立之地位。因此，以該獨立之執行程序，作爲丙罪是否成立累犯的評價依據，並無不當。而在受刑人均已知悉該次執行指揮書上執行期滿日的前提下，如其於執行期滿後更再犯罪，自亦可作爲受刑人刑罰感應力薄弱的判斷依據，如此，亦無悖於前述累犯加重處罰之基礎。

既然在數罪併罰的執行上，不可避免地將出現「多次執行程序」，在此前提下，自然也就會「相應地」出現多次「執行期滿」的事實狀態。在此基礎上，本文認爲：只要該次執行所依據的執行指揮書，在執行期滿前，未因事後併罰之形成而被註銷，一旦出現執行指揮書已執行期滿之事實狀態，即應評價爲執行完畢。如果在執行期滿前，執行指揮書已因事後併罰形成而被註銷，並依檢察官簽發，併罰範圍已擴張的應執行刑而另予執行時，先前已進行的執行程序，尚不能評價爲執行完畢。換言之，在事後併罰的執行程序上，是有可能出現多次執行完畢的評價。

從而，回應本文所指出之第二命題，本文認爲：於刑法第47條未明文限定「前犯受有期徒刑執行完畢」究竟係指「實質一罪宣告刑」、「部分數罪併罰之應執行刑」或「整體數罪併罰之應執行刑」之前提下，不論出現「實質一罪宣告刑執行完畢」、「部分數罪併罰之應執行刑執行完畢」或「整體數罪併罰之應執行刑執行完畢」，只要於執行過程中該執行依據（執行指揮書）係合法、有效的存在[35]，均可將之評價爲「執行完畢」。以本文所舉的案例而言，

---

[35] 就此而言，最高法院85年度台非字第50號判決：「一裁判宣告數罪之刑，雖曾經定其應執行刑，但如再與其他裁判宣告之刑定其執行刑時，前定之執行刑當然失效，仍應以其各罪宣告之刑爲基礎，定其執行刑，……，」等實務見解之觀點，即有未洽。

如果採取這樣的判斷標準，不論事後數罪併罰的範圍如何擴大，均不致影響丙罪的累犯判斷；不但符合法安定性的要求，也符合累犯制度之本旨[36]。

[36] 因此，在事後併罰中，於先執行之犯罪「入監服刑期滿」時，即可認刑罰權已實現；於案例一中，丙罪之累犯評價，並不因甲罪嗣後與乙罪形成數罪併罰之關係（即嗣後出現應執行刑尚未執行完畢之現象），而受影響。也就是說，執行完畢之內涵，並不因事後併罰，而有所改變。

第七章　結　論

經由前面六章的討論，除對於案例一中的二個問題，可獲得較為明確的認識外；對於以我國刑法與外國刑法的差異為基礎，所得出的不同解釋結果，本文亦提出相關的說理基礎。關於數罪併罰中有期徒刑之執行，本文第一章除提出具體的案例事實外，旨在說明本文的問題意識、研究動機、研究範圍及論文架構，以期讀者對本文有初步印象。第二章則針對第一章所提出之二大命題，就我國現行之法令規定、實務概況（包含實務見解與具體刑事執行實務概況）及學說概況等加以介紹，祈使讀者能對前述問題於我國之發展與現況有更進一步的瞭解；並在此基礎上，進一步指出前述之爭議所在[1]。

在確認本文的問題意識與爭議所在，並了解我國實務與學說對於前述二大命題之態度後，從第三章開始，本文即開始分析說明前述問題。由前揭所舉之案例可知，不論問題一或問題二，均以數罪併罰為基礎。而併罰之數罪於執行上，是否必然「有如單一犯罪之宣告刑」？此一疑問的解答，除將影響執行完畢之判斷外，亦將對乙罪得否易科罰金此一問題[2]，產生決定性之影響。簡單來說，如果認為應執行刑於執行上，必然有如單一犯罪之宣告刑，因各罪之宣告刑於執行上不具有獨立的地位，尚不得獨立作為判斷執行完畢之基礎，故唯有在應執行刑已執行完畢時，始可認為併罰數罪已執行完畢；以此為前提，由於在甲乙二罪併罰的情形中，應執行刑必然超過六個月，無易科罰金之可能，因此會出現如釋字第144號解釋之認知（乙罪不生易科罰金之問題）。反之，如果不認為應執行刑必然如同單一犯罪之宣告刑，於數罪併罰中，即無理由主

1　此即：一、原有可能易科罰金之罪刑於易科罰金執行之判斷上，是否僅因該犯罪確定時點先後之不同，而有理由導致其刑罰執行於「得否以易科罰金之方式執行」之問題上產生如此截然不同的差異？受刑人得請求易科罰金執行之地位及資格，是否必然因該犯罪與他犯罪間存有併罰之關係而受影響（被剝奪）？二、是否「受有期徒刑執行完畢」之法律事實，於判斷、涵攝上會因狹義數罪併罰規定之適用而受到本質上之更異？換言之，關於執行完畢之評價，究應於其所受有期徒刑之執行，業已於刑之執行該當個別犯罪所宣告之刑時，即可認併罰之數罪均已執行完畢？或是須俟刑之執行該當所裁定之應執行刑時始可獲得？

2　雖然釋字第144號解釋未說明理由，不過在最高法院85年台非字第310號判決：「在所定之應執行刑尚未執行完畢前，各案之宣告刑不發生執行完畢之問題。」之說明下，實務見解似乎認為：數罪併罰將造成甲罪之執行程序，失去獨立的地位（在此種思考下，乙罪之執行程序，自然也失去獨立之地位）。

張：唯於應執行刑執行完畢時，始生執行完畢之效力；在此前提下，除必須承認甲罪已執行完畢外（丙罪爲累犯），關於乙罪得否易科罰金，即不應一概以「應執行刑超過六個月」爲理由，予以否定。也就是說，在承認甲罪已執行完畢的基礎上，應執行刑之執行，乃屬重新開啓的執行程序；甲罪之執行程序與其後應執行刑之執行程序，應各自具有獨立性[3]。以本文所舉的案例一爲例，本文認爲：就事實上存在甲罪宣告刑與應執行刑二個執行程序而論，應以後說較爲合理[4]。

承接以上的說明，本文於第三章之開端，即先就競合問題之發生（基礎）略作介紹。由於刑法分則之條文，於本質上乃針對「行爲人單次實現犯罪構成要件」所爲法律效果之規定[5]，因此於「行爲人多次實現犯罪構成要件」時，除非立法上採累計處罰（累罰）之方式[6]，否則究應如何適用法律效果，因無法自刑法分則之規定得出，即成爲問題。沿革上[7]認爲：累罰對於犯罪行爲人而言，乃屬過苛之處罰方式，因此於法制上各立法例亦曾提出各種不同之規範方式，以避免累罰效應出現。此等以處理「行爲人多次實現犯罪構成要件之法律效果」爲核心之問題，即稱爲「競合問題」。

於立法例上針對競合問題曾提出「單一刑原則[8]」與「區分原則[9]」作爲

3　如果認爲甲罪執行程序已執行完畢，則於俟後開始進行乙罪執行程序時，即可單獨依據刑法第41條第1項所規定的要件，重新判斷乙罪得否易科罰金，而不受前次執行程序之影響；反之，如果認爲乙罪之執行程序係前次執行程序之續行，在合併前次執行程序的前提下，即不得單獨依據刑法第41條第1項所規定的要件，進行得否易科罰金判斷。

4　至於乙罪於此時得易科罰金之理由，尚無從只由此部分之推論而得，而有待其他觀點的補充說明。

5　即便刑法分則上之結合犯，係結合二以上之犯罪構成要件所組成，其於評價上仍屬單一構成要件之實現。

6　亦即將各實現犯罪構成要件之法律效果相加。

7　參閱柯耀程：數罪併罰整體刑之確立與易刑處分；變動中的刑法思想，頁239，1999年9月初版。

8　所謂單一刑原則，乃指：雖然行爲人觸犯數罪，但是判決時並不就數罪分別宣告其刑罰，而是直接就所犯數罪包括的確定一個刑罰；換言之，法律效果之形成，並不考慮受侵害法規之數，亦不考慮形成競合之形式和種類，而將之直接於刑罰裁量中，委由法官就具體事實，依單一刑之規定，爲法律效果之量定；又有稱爲「單一刑制度」。

9　相對於單一刑原則，在競合論中，若對於法律效果之決定，在依據之基礎上有所區分，即可稱爲區分原則。通常採區分原則者，對犯罪競合型態的認定，係從單一評價與複數評價，作爲區隔，對於單數評價的法律效果處理，所依據者爲法定刑之整合，對於複數評價的法律效果，則依據各別宣告刑，作爲處理原則之依據。區分原則之處理方法，從學理之發展，目前可歸納爲五種：一是累罰原則、二是併罰原則、三是吸收原則、四是限制加重原則、五是結處理之依據[10]，本文除對此加以說明外，亦針對德、日等國之立法情形加以介紹、說明，並比較我國刑法關於競合問題之立法與各國立法例之差異。在經過比較之後，本文發現德國刑法上所謂的「實質競合」，於內涵與範圍上，與我國刑法第50條所謂的狹義數罪併罰有所不同，因此本文並不以「實質競合」此一名詞稱呼我國刑法第50條之規定，而仍以「數罪併罰」之名稱之，以爲概念上之區別。

對於「行爲人多次實現犯罪構成要件」之狀態，爲了避免累罰效應，對於數罪併罰採取獨立於各犯罪宣告刑之處罰方式，在我國，即爲刑法第51條「應執行刑」之決定。然而應執行刑的出現，究竟將對併罰的數罪，產生何種影響？因競合問題本質上具有程序法上之特性，無法單純自實體法的規定得到解答。而程序因素對於數罪併罰所產生最大的影響，即爲「事後併罰（又稱爲事後競合）」的形成。在此基礎上，本文接下來即針對事後併罰現象進行討論。

由於犯罪事實之認定，乃刑事法院之權限；因此，關於行爲人於何時犯何罪，唯有依照已確定之有罪判決，始有可能正確認定。此外，行爲人所犯之數罪間，是否符合刑法第50條之規定，只有在所有的有罪判決均告確定後，才有正確判斷的可能。以本文所舉之案例而言，甲罪與乙罪是否該當刑法第50條之規定，並無法於乙罪判決確定前得到確認[11]。因此，雖法律明文以裁判確定前犯數罪爲併罰的要件，亦不難想像於先確定之案件（如甲罪）裁判確定後，甚至執行完畢後，始事後形成數罪併罰之情形。基於以上說明，關於數罪併罰之範圍，實無法於某一案件裁判確定時，即可正確無誤地認定；也就是說，數罪併罰之範圍，有可能於先確定之案件裁判確定後（甚至執行完畢後），繼續擴張。在這種情形下，數罪併罰之法律效果（應執行刑），本身具有高度不確定之特性。而在此種特性下，刑事執行之進行，即不可避免地出現：「甲罪與乙罪之應執行刑」「分階段執行」之現象[12]。所以本文認爲：應執行刑之整體

合原則。關於各該原則之內涵，請參閱柯耀程：競合論之回顧與前瞻，刑法七十年之回顧與展望紀念論文集（一），頁352，元照出版公司，2001年1月初版第一刷。

[10] 參閱黃榮堅，犯罪的結合與競合，刑法問題與利益思考，頁450，月旦出版社股份有限公司，1995年6月初版。另參閱林山田，競合論概說與行爲單數，政大法學評論第39期，頁34。

[11] 換言之，縱然刑事被告主觀上主張其所犯之數罪間，形成狹義數罪併罰關係，仍有待後確定裁判對於犯罪時點之認定，始足以判斷該數罪間是否形成狹義數罪併罰關係。

[12] 一般來說，如果係依應執行刑開始執行程序，則於整體執行上並不會出現分階段執行之現象，本文稱爲「接續執行」；相較於應執行刑未分階段執行之現象，如前述案例之情形，本文即稱爲「非接續執行」。

刑內涵，本質上即不應包括「有如單一犯罪之宣告刑」之「執行上整體性」在內。[13]

在處理完前述因併罰規定而引起的實務疑義之後，接下來本文回到「乙罪得否易科罰金[14]」之問題上，進行討論。首先，由於釋字第366號解釋之作成，引發不少學者本於德國法制上實質競合之規定，對其提出質疑與批評，因此本文將以第四章之論述爲基礎，回應此等學者間之批評，並基於我國刑法數罪併罰與外國刑法實質競合立法上之差異，提出本文支持釋字第366號解釋之理由。

本文於第四章中，除簡單說明易科罰金制度的目的與本質外，亦針對得否易科罰金之疑義，提出判斷標準。也就是說，本文除肯定釋字第366號解釋之主張外，更進一步指出釋字第144號解釋本身所存在之盲點；本文發現，釋字第144號解釋之主張：「數罪併罰中之一罪，依刑法規定得易科罰金，若因與不得易科之他罪併合處罰結果而不得易科罰金。」只有在「不得易科之他罪刑」尚未「執行期滿」前，方爲合理；舉例來說，設若被告所犯之子、丑二罪符合數罪併罰規定，其中子罪判處有期徒刑一年，而丑罪爲得易科罰金之罪，判處有期徒刑三月，法院就子丑二罪定應執行刑爲一年二月。不論是否爲接續執行，由於在子罪執行期滿前，被告均必須在監服刑，因此，尚無討論得否易科罰金之必要。然若子罪已執行期滿（特別在問題一之情形中），因此時欠缺被告在監服刑之必然性，乙罪或丑罪得否易科罰金，仍應有另行判斷之必要[15]。

前述的說明，在我國刑法第41條未明文限制易科罰金適用範圍之法制下，固可成立；惟就罪刑法定主義而言，是否可以法律明定之方式，使得案例中的乙罪，不得易科罰金[16]？因此部分涉及人民自由權之限制，尚無法單純以刑法

13　因此，依據競合規定所形成的「應執行刑（整體刑）」，在刑法上的定位，亦應只具有法律效果上的意義。然若自事後競合之角度而言，此種「計算整體刑期」之法律效果，並不具有將形成狹義數罪併罰關係之各宣告刑，整合爲「單一刑罰」之效力。關於事後競合之形成與影響，將於下一段中予以說明。

14　如以文字敘述，即爲：原有可能易科罰金之罪刑，是否僅因該犯罪確定時點先後之不同，而於易科罰金執行的認知上，出現不同的判斷。

15　換言之，「不得易科之他罪刑尚未執行期滿」之存在，應評價爲易科罰金執行之「障礙事由」，一但不得易科之他罪刑業已執行期滿，因易科罰金執行之「障礙事由」已不存在，即無理由於此前提下一概認爲該「有可能易科罰金之罪刑」不得易科罰金。

16　亦即以立法的方式，規定：易科罰金之規定於有可能易科罰金之罪刑與不得易科罰金之罪刑併罰時不得適用。

的觀點加以說明。對於此一疑問，唯有自憲法的觀點切入，始有正確理解的可能。因此本文於第六章中，即以憲法上基本權保障之觀點為中心，分別自解釋論與立法論的觀點出發，檢討刑事執行上有關易科罰金適用的問題。

鑒於憲法乃現代法治國法秩序的最高規範，因此本文於第六章一開始即以憲法與刑法的關係，作為說明憲法與刑事法體系關聯之出發點。此外，本文亦針對刑罰（自由刑）制度與沿革，作一概括性之介紹與說明。由於罪刑法定主義為刑事司法解釋論之最高指導原則，在我國現行法制的架構下，釋字第144號解釋在限制易科罰金適用的方面，因缺乏實證法依據而有違罪刑法定主義之要求；就刑事司法解釋的角度而言，釋字第366號解釋所持的觀點，應屬正確。

雖然自罪刑法定主義的觀點，可認國家機關得透過刑事立法的方式，「限制」人民的基本權利，然而就刑事立法的角度來說，應如何限制人民的基本權，則為憲法上基本權利保障論所關注的課題。因此，本文接下來所討論的部分，即為憲法上人民基本權利保障與刑事執行的關聯。由於刑罰之執行，本質上屬於具有阻卻違法事由的構成要件該當行為（剝奪自由權或財產權），因此實證法上有關執行程序的規定，即成為阻卻違法的依據，其內容必須符合實質正當的要求。就人身自由的保障而言，司法院大法官曾於釋字第544號等解釋中，明確宣示限制人民自由的規定，除應符合罪刑法定主義之要求外，其規定的內容更應符合比例原則。從這個角度出發，釋字第144號解釋之內容，除在執行方法上有違罪刑法定主義的要求外，就刑事執行的目的而言，亦有違最小侵害原則的要求。

此外，平等條款亦為憲法保障基本人權之重要依據，雖然學說上認為平等權並無法單獨成為基本權侵害之客體，惟其卻可與其他的基本權（如自由權、工作權等）結合成為違憲審查之標的[17]。一般來說，平等原則的內涵為「禁止不合理的差別待遇」，然而此種抽象的內涵，仍須透過比例原則的檢驗，始可判斷是否為「不合理」的差別待遇。就基本權的防禦功能而言，其內涵主要為對抗來自國家機關（不論為行政部門、立法部門或司法部門）的侵害（不合理的差別待遇）；而在與自由權結合的情形中，平等權即在對抗「不合理地以差別待遇的方式限制自由權」。在此基礎上，關於是否可以法律明定之方式，限制案例中乙罪易科罰金？即可得到解答。本文認為，由於被告無法掌握訴訟程

---

[17] 參閱何建志：憲法上平等條款與違憲審查——由空洞概念到價值權衡，判解研究彙編（五），頁108-130。

序進行之快慢及確定判決之內容，故就被告而言，所有具有犯罪嫌疑的行爲，是否全部將被追訴？是否全部均爲有罪的行爲？其所犯的數罪是否存在併罰關係？如屬數罪併罰，究竟於何時併罰？此等問題，均無從預先得知。縱然出現甲乙二罪於事後始形成併罰關係的情形，亦屬不可歸責於被告之事由。既然實際上於乙罪先判決確定時，仍有易科罰金規定適用之空間，以該不可歸責於受刑人之事由（判決確定之先後）作爲差別待遇之基礎[18]，實難認其差別待遇爲「適當」、「必要」而具有「合理性」。換言之，由於數罪併罰之範圍，在無法預測訴訟程序進行快慢的前提下，具有高度的不確定性[19]，因此，本文認爲：在我國刑法的規範架構下，即便係立法機關，在平等條款的拘束下，亦不得透過制定法律的形式，概括地規定乙罪不得易科罰金。

在第六章中，本文乃大致介紹累犯制度的基本思考[20]，並分析於不同的併罰類型中，各種可能形成累犯之再犯類型。在認識各種可能形成累犯之再犯類型後，由於刑法分則的規定係以單一犯罪爲科刑的基礎，因此本文乃以實質一罪「宣告刑」的執行程序爲基礎，探討「執行完畢」一詞所應具有之內涵意義。

相較於刑事偵審程序爲「抽象的實現國家刑罰權」之程序，刑事執行程序則爲「具體的實現國家刑罰權」之程序。本文認爲：所謂「執行完畢」本質上係以執行指揮書上所載之刑期「執行期滿」爲判斷依據，具有表徵「國家刑罰權（犯罪法律效果）已具體實現」之效力；本質上乃一「事實狀態」，而非以意思表示爲基礎之公法上行爲；至於成立該犯罪之事實並不因此而消除。進一步來說，由於刑事執行程序之進行，具有具體實現國家刑罰權的效力，因此本於一事不再理之法理，一旦可評價爲執行完畢，國家機關即不得本於同一執行指揮書，再次對同一受刑人開啓刑事執行程序；此種事實狀態，即爲執行完畢所具有的內涵意義。而以此種認知爲基礎，亦不難瞭解「應執行刑執行完畢」具有實現併罰數罪法律效果的效力，國家機關亦不得本於同一「應執行刑」裁判，再次對同一受刑人開啓刑事執行程序。

從另外一個角度來說，倘若如實務見解所云：「如於定執行刑之前，因

[18] 此時係以有可能易科罰金之罪刑「確定時點」先後之不同，作爲刑罰執行上「得否以易科罰金之方式執行」差別待遇的基準。

[19] 例如國內所發生的重大刑案，時常出現纏訟經年的現象（例如：陸正案、伍澤元案、蘇建和案等等），因此，不難想像於十多年後，始事後併罰之案例。

[20] 雖然學說上有主張應廢除此制度，然因此非本文討論之目的，故本文不擬就該部分加以說明。

有一部分犯罪先確定，形式上予以執行，仍應依刑法規定定其應執行之刑，俟檢察官指揮執行應執行刑時，再就形式上已執行部分予以折抵，不能謂先確定之罪已執行完畢[21]。」則在數罪併罰範圍具有高度不確定性之前提下，即無法確定何時始為「執行完畢」[22]。既然在數罪併罰的執行上，不可避免地將出現「多次執行程序」，在此前提下，自然也就會「相應地」出現多次「執行期滿」的事實狀態。因此，本文反對實務上此種以「應執行刑執行完畢」為數罪併罰執行完畢之判斷標準。

由於是否執行期滿係以發動該次執行程序之執行指揮書為判斷依據，因此一旦所進行之刑事執行，已該當「執行期滿」之狀態，即應賦予執行完畢之評價。換言之，本文認為：在數罪併罰中，一但出現執行指揮書已執行期滿之事實狀態，即應評價為執行完畢。從而，回應本文所指出之第二命題，本文認為：於刑法第47條未明文限定「前犯受有期徒刑執行完畢」究竟係指「實質一罪宣告刑」、「部分數罪併罰之應執行刑」或「整體數罪併罰之應執行刑」之前提下，不論所受有期徒刑之執行該當「實質一罪宣告刑」、「部分數罪併罰之應執行刑」或「整體數罪併罰之應執行刑」，只要於執行過程中該執行依據係合法、有效的存在[23]，均可將之評價為「執行完畢」。以本文所舉的案例而言，如果採取這樣的判斷標準，不論事後數罪併罰的範圍如何擴大，均不致影響丙罪的累犯判斷；不但符合法安定性的要求，也符合累犯制度之本旨。

藉由以上各章的討論，對於本文於第一章與第二章中所提出的疑問，應可得到較為明確的解答。因此本章即以前述的論述為依據，提出本文對上開實務疑問的觀點，並以此作為本篇論文的結論。

21　參照最高法院86年台非字第264號判決。

22　以本文所舉之案例而言，甲罪執行完畢之事實狀態，果若因事後甲乙二罪併罰之結果，成為未執行完畢，則若於甲乙二罪之應執行刑執行完畢後，始發現與甲乙二罪間符合刑法第50條規定之丙罪，則甲乙二罪之應執行刑又將回復到未執行完畢之狀態。由於數罪併罰之範圍無法於某次應執行刑裁定時即予以確定，實務上此種判斷執行完畢之方法，將導致刑法第47條適用與否之判斷，出現不安定之現象。

23　就此而言，最高法院85年度台非字第50號判決：「一裁判宣告數罪之刑，雖曾經定其應執行刑，但如再與其他裁判宣告之刑定其執行刑時，前定之執行刑當然失效，仍應以其各罪宣告之刑為基礎，定其執行刑，……，」等實務見解之觀點，即有未洽。

第三篇

制度交錯之因應與對策

第一章　數罪併罰與易科罰金——以釋字第366號解釋與釋字第662號解釋爲中心

壹、前言

關於數罪併罰之易科罰金，近年來在我國法制上歷經幾次修正，其針對單一議題而爲頻繁修正之現象，實爲我國法制所罕見[1]。雖然制訂於民國94年之

---

1 關於數罪併罰易科罰金之問題，首見於釋字第366號解釋：「裁判確定前犯數罪，分別宣告之有期徒刑均未逾六個月，依刑法第四十一條規定各得易科罰金者，因依同法第五十一條併合處罰定其應執行之刑逾六個月，致其宣告刑不得易科罰金時，將造成對人民自由權利之不必要限制，與憲法第二十三條規定未盡相符，上開刑法規定應檢討修正。對於前述因併合處罰所定執行刑逾六個月之情形，刑法第四十一條關於易科罰金以六個月以下有期徒刑爲限之規定部分，應自本解釋公布之日起，至遲於屆滿一年時失其效力。」，其後立法院將刑法第41條修正爲：「（第1項）犯最重本刑爲五年以下有期徒刑以下之刑之罪，而受六個月以下有期徒刑或拘役之宣告，因身體、教育、職業、家庭之關係或其他正當事由，執行顯有困難者，得以一元以上三元以下折算一日，易科罰金。但確因不執行所宣告之刑，難收矯正之效，或難以維持法秩序者，不在此限。（第2項）併合處罰之數罪，均有前項情形，其應執行之刑逾六月者，亦同。」並經總統於民國90年01月10日公佈施行。惟於民國94年立法院卻推翻過去立場，又將刑法第41條修正爲：「（第1項）犯最重本刑爲五年以下有期徒刑以下之刑之罪，而受六個月以下有期徒刑或拘役之宣告者，得以新臺幣一千元、二千元或三千元折算一日，易科罰金。但確因不執行所宣告之刑，難收矯正之效，或難以維持法秩序者，不在此限。（第2項）前項規定於數罪併罰，其應執行之刑未逾六月者，亦適用之。」，並於民國98年01月將刑法第41條（中華民國98年1月21日總統華總一義字第09800015611號令修正公布第41條條文；並自98年9月1日施行）調整爲：「（第1項）犯最重本刑爲五年以下有期徒刑以下之刑之罪，而受六個月以下有期徒刑或拘役之宣告者，得以新臺幣一千元、二千元或三千元折算一日，易科罰金。但確因不執行所宣告之刑，難收矯正之效或難以維持法秩序者，不在此限。（第2項）依前項規定得易科罰金而未聲請易科罰金者，得以提供社會勞動六小時折算一日，易服社會勞動。（第3項）受六個月以下有期徒刑或拘役之宣告，不符第一項易科罰金之規定者，得依前項折算規定，易服社會勞動。（第4項）前二項之規定，因身心健康之關係，執行顯有困難者，或確因不執行所宣告之刑，難收矯正之效或難以維持法秩序者，不適用之。（第5項）第二項及第三項之易服社會勞動履行期間，不得逾一年。（第6項）無正當理由不履行社會勞動，情節重大，或履行期間屆滿仍未履行完畢者，於第二項之情形應執行原宣告刑或易科罰金；於第三項之情形應執行原宣告刑。（第7項）已繳納之罰金或已履行之社會勞動時數依裁判所定之標準折算日數，未滿一日者，以一日論。

刑法第41條第2項（即制訂於民國98年之刑法第41條第8項）推翻了釋字第366號解釋與制訂於民國90年之刑法第41條第2項規定，然而釋字第662號解釋卻又肯定了釋字第366號解釋之合憲性，並進一步宣告制訂於民國94年之刑法第41條第2項違憲。面對此種法制規範於短期間內之反覆，不免令人好奇究竟在符合併罰規定之數罪均符合刑法第41條第1項規定（均爲得易科罰金之罪刑宣告）但所定之執行刑超過六月時，該等併罰之數罪是否仍得易科罰金或是只能入監服刑之法理究竟爲何。

觀諸民國94年修正刑法第41條第2項所持之理由[2]，大致可認其係以釋字第366號解釋之不同意見書[3]與相關學說上對於釋字第366號解釋所爲之批

（第8項）第一項至第三項規定於數罪併罰，其應執行之刑未逾六個月者，亦適用之。」。惟於該案施行前，同條第8項卻遭釋字第662號解釋：「中華民國九十四年二月二日修正公布之現行刑法第四十一條第二項，關於數罪併罰，數宣告刑均得易科罰金，而定應執行之刑逾六個月者，排除適用同條第一項得易科罰金之規定部分，與憲法第二十三條規定有違，並與本院釋字第三六六號解釋意旨不符，應自本解釋公布之日起失其效力。」宣告違憲而失其效力。雖釋字第144號解釋：「數罪併罰中之一罪，依刑法規定得易科罰金，若因與不得易科之他罪併合處罰結果而不得易科罰金時，原可易科部分所處之刑，自亦無庸爲易科折算標準之記載。」亦涉及數罪併罰之易科罰金，惟因其所涉之併罰型態異於釋字第366號解釋與釋字第662號解釋所討論之併罰型態，因此並無於此相提並論之必要。

2　按學理上雖有「法定刑」、「處斷刑」、「宣告刑」、「執行刑」等區別，惟第一項所謂受六個月以下有期徒刑或拘役之「宣告」，基於易科罰金應否採行，專屬刑罰之執行技術問題，應指最終應執行之刑之宣告而言，而非指學理所謂「宣告刑」。數罪併罰之各罪，雖均得合於第一項之要件，惟因其最終應執行之刑之宣告，已逾六個月者，其所應執行之自由刑，既非短期自由刑，自無採用易科罰金之轉向處分之理由。例如，行爲人所犯十罪，各宣告有期徒刑五個月，數罪併罰合併宣告應執行之刑爲四年，其所應執行之刑，既非短期自由刑，如仍許其易科罰金，實已扭曲易科罰金制度之精神。參閱台灣本土法學雜誌2005特刊，新修正刑法評論，頁101，2005年4月。

3　該號解釋不同意見書之理由如下：

一、刑法第四十一條規定，犯最重本刑爲三年以下有期徒刑以下之刑之罪，而受六月以下有期徒刑或拘役之宣告，因身體、教育、職業或家庭之關係，執行顯有困難者，得以一元以上三元以下折算一日，易科罰金。

易科罰金，學理上謂係換刑處分，或稱曰代替刑。良以宣告之自由刑，如其刑期短促，對人犯縱執行羈押，亦難望改過遷善，且偶發初犯，因受監禁，以致自暴自棄，後果堪虞。故現行刑法恢復暫行新刑律之易科罰金制度，行之迄今，收效頗宏。

二、惟易科罰金依上開第四十一條規定，設嚴格之要件如下：

（一）須犯最重本刑爲三年以下有期徒刑以下之刑之罪。

（二）須受六月以下有期徒刑或拘役之宣告。

（三）須因身體、教育、職業或家庭之關係，執行顯有困難者。

是爲杜絕流弊，易科罰金，不宜失之過寬。又法院雖於判決主文中，諭知折算罰金之標準，但易科之准駁，純屬檢察官執行之職權，被告是否合乎上列要件，應由檢察官於執行時決定之。若謂判決主文中既諭知易科罰金，檢察官即應一律照准，不無誤會。且易科罰金執行完

評[4]為基礎，雖學說上對於釋字第366號解釋之批評並未明白地列舉於修正理由內，由於主導該次修法之學者向來堅持釋字第366號解釋為一不符合刑罰理論的解釋[5]，修法結果會出現民國94年版的刑法第41條第2項與前述學者之批評不謀而合的現象，也就不足為奇了。

或許在與德國競合法制作比較法的觀察後，可認上述學說上對於釋字第

畢後，而原來宣告之刑，如為有期徒刑，五年內再犯有期徒刑以上之罪者，仍屬累犯。顯見易科罰金，祇不過係換刑之處分。

三、世界各邦，關於數罪併罰之立法例，不外採（一）吸收主義（二）限制加重主義（三）併科主義。其利弊互見，我國刑法兼採以上各種主義，以資截長補短，故於刑法第五十一條、第五十三條分別規定：「併合處罰之標準」、「二裁判以上合併執行之方法」，準此規定，可收刑罰以及執行經濟之目的，其立法意旨，殊無可議之處。

四、茲就犯實質上數罪，對宣告之各罪刑一一執行之，或就宣告之罪刑合併之結果定其應執行之刑，何者對被告完全有利，尚難以斷言，茲舉例以明之：

（一）甲犯侵入住宅罪（本刑一年以下），處有期徒刑二月，得易科罰金，又犯傷害罪（本刑三年以下），處有期徒刑四月，得易科罰金。如均予執行，須繳六個月之罰金。此例就六月以下四月以上更定執行有期徒刑五月，得易科罰金，即僅繳五個月之罰金，自屬有利被告。

（二）乙犯脫逃罪（本刑一年以下）處有期徒刑六月，得易科罰金。又犯收受贓物罪（本刑三年以下）處有期徒刑六月，得易科罰金。其罪刑分別執行，固可以金贖刑，對被告而言，較為有利。但檢察官於實際執行時，未必皆准其易科罰金，已詳上述。如合併定其執行刑七月，雖不得易科罰金，亦不違背正義公平原則。蓋乙第一次犯罪後，不知安分守己，仍以身試法，要屬無可原宥。

（三）丙除犯上述脫逃、收受贓物罪外（均判如上刑），又犯偽造公文書罪（本刑七年以下）處有期徒刑一年，竊盜罪（本刑五年以下）處有期徒刑二年，以上四罪刑適用刑法第五十一條第五款，應於四年以下二年以上定其應執行有期徒刑二年四月，顯然有利被告。若對各刑一一執行，除脫逃、收受贓物兩罪，准繳易科罰金外，仍應執行偽造公文書及竊盜罪，即合為有期徒刑三年，匪僅對被告不利，且使囹圄擁擠，不易管理，增加國庫負擔，種種弊端，毋待贅言。

（四）因併合處罰所定執行刑逾六個月者，仍得易科罰金，顯然失平，如丁犯侵入住宅、傷害、脫逃、收受贓物四罪，各判有期徒刑六月，均得易科罰金，併合定其執行刑一年二月（十四月），依本解釋，仍得易科罰金。而戊祇犯傷害一罪，判有期徒刑七月，不得易科罰金，即應發監執行，身繫囹圄，如此不平，焉有不鳴者也。

4　相關之批評可參閱林山田，論併合處罰之易科罰金，刑事法雜誌，第39卷第1期，頁23-31；林山田，論刑法總則之改革，月旦法學雜誌，第76期，頁104，2001年9月；林山田，評易科罰金的修正，月旦法學雜誌，第74期，頁144，2001年7月；朱敏賢，「數罪併罰之易科罰金」之研究——以釋字第三六六號解釋為中心，刑事法雜誌第40卷第4期，頁117。此外，亦有基於刑法第四十一條第一項之限制性要件對於釋字第三六六號解釋提出質疑之觀點，參閱柯耀程，易科罰金的數罪併罰問題探討，收錄於蔡墩銘主編，「刑法爭議問題研究」，頁378-381，五南圖書出版股份有限公司，1999年2月初版。

5　參閱蔡碧玉，2005年新刑法修正綜覽（六），法務通訊，第二二四四期，第五版，中華民國九十四年六月三十日。

366號解釋之批評以及民國94年刑法第41條第2項修正所持理由：「數罪併罰之各罪，雖均得合於第一項之要件，惟因其最終應執行之刑之宣告，已逾六個月者，其所應執行之自由刑，既非短期自由刑，自無採用易科罰金之轉向處分之理由。」尚非無據。然而，對於該次刑法第41條第2項之修正，學說上仍非沒有質疑[6]，雖然該質疑並未具體指摘並回應前述學說上反對釋字第366號解釋的理由，惟因釋字第662號解釋已重申釋字第366號之意旨，並否定民國95年施行之刑法第41條第2項本身所涉及之爭議僅屬於立法裁量事項之觀點[7]，則關於民國90年施行與民國95年施行之刑法第41條第2項間所存在之齟齬，自應予以釐清，以避免出現知其然卻不知其所以然之盲點，甚至在相同議題上導致另一次法律修正之翻轉。

關於數罪併罰易科罰金的爭議，若於法學方法論上單單只就得否易科罰金的結果（應執行刑與宣告刑具相同內涵）作比較法的分析，而忽略了本土相關刑法制度的不同特徵，甚至未從本土刑事司法實務的角度作全面性的實證研究，似乎有違當代法制研究本土化的潮流。因此，本文在說理上，除在傳統比較法的方法上以個別制度本身（數罪併罰與易科罰金）及其與不同制度競合（數罪併罰得否易科罰金）爲論述基礎外，另將基於規範保留之觀點，分析我國刑法於易科罰金議題上之定位，並針對數罪併罰與易科罰金之執行實務作本土性的實證考察，祈能在串聯與整合相關理論與實務後，指出併罰數罪得否以科罰金此一困擾已久之問題核心所在，並進一步提出本文的觀點與建議。

---

6 例如，許玉秀大法官曾指出：「修正理由與反對釋字第三六六號解釋的理由看似四平八穩，其實未看見第五屆大法官所看到對受刑人不公之處。對受刑人不公之處，尚不僅在於該號解釋個案的數罪中一罪，已經執行完畢，又敗部復活與尚未執行的他罪，合併遭定超過六月的執行刑，而更在於宣告徒刑未超過六月而法官准予易科罰金的受刑人，雖然表面上與其他自由刑的受刑人一樣，受惠於定執行刑，而應執行較少的刑期，但其實因爲合併定執行刑超過六個月，以致原本各別擁有易科罰金的機會遭到剝奪，定執行刑對受數個未逾六月徒刑宣告的受刑人而言，的確有獲得不利益的風險。雖然縱然法官准許易科罰金，檢察官尚有准駁的裁量權，雖然縱使所定執行刑未逾六月，易得不許易科罰金，但是對於具備現行法所規定的實質條件，檢察官亦認爲符合易科罰金的情形，卻因爲定執行刑的制度，將使得受刑人不符合未逾六月的形式條件……但是，定執行刑乃是基於訴訟經濟的考量，這個制度，使法官可以有機會使原本符合形式條件的受刑人，變成不符易科罰金資格的受刑人，則受刑人必然要主張，寧願放棄定執行刑的機會，而請求各別執行所受宣告的判決，法官當然還是可以不准各個宣告未逾六月的徒刑易科罰金，但無論如何，至少受宣告人符合易科罰金的形式要件，而始終有機會以罰金贖罪。」。參閱許玉秀，刑法導讀，學林分科六法——刑法，頁71-2，新學林出版股份有限公司，2005年2月出版。

7 實際上，當時主持會議之立法委員陳進興即認爲：如果立法已明文規定如何易科罰金，即可不受釋字第366號解釋之拘束。參閱蔡碧玉，同註5。

貳、應執行刑超過六月一概不得易科罰金之考察

一、釋字第366號解釋作成前之學說與實務及其疑義

誠如民國90年制定之刑法第41條第2項修正理由說明，該條項規定：「併合處罰之數罪，均有前項情形，其應執行之刑逾六月者，亦同。」係配合釋字第366號解釋所為之增訂條文[8]。然而釋字第366號解釋之作成，實為改變當時有關併罰數罪得否易科罰金的實務見解與學者通說。按「裁判確定前所犯數罪，因分別宣告之有期徒刑均未逾六個月，依刑法第41條第1項規定原各得易科罰金，若依同法第51條併合處罰定其應執行之刑逾六個月時，其應執行刑得否易科罰金」之爭議，在釋字第366號解釋作成前，向來之實務見解可以最高法院57年台非字第127號判決：「第一審判決既定其應執行刑為有徒刑十月，依照刑法第四十一條之規定，即無諭知易科罰金之餘地，乃竟諭知罰金，原審亦復予以維持，均有違誤。」為代表；學者間亦咸認：只有在各罪之宣告刑及依刑法第53條所定應執行之刑均在六個月以下，受刑人始得以易科罰金之方式執行應執行刑；相對地，若各罪之宣告刑均在六個月以下而所定應執行之刑卻已逾六個月時，所定應執行刑即不得以易科罰金之方式執行，換言之，受刑人此時即應入監服刑[9]。

---

8 參閱台灣本土法學雜誌2005特刊，新修正刑法評論，頁101，2005年4月。

9 學者間之見解，可參考韓忠謨氏：「夫三年以下有期徒刑以下之刑之罪，情節較輕，而或拘役，其所處之刑期又短，頗與罰金相近，故法律規定宣告此類罪刑者，始得易科罰金。所謂受六月以下有期徒刑或拘役之宣告，不僅指單一犯罪之情行而言，即數罪併罰，各罪所宣告之刑均係六月以下有期徒刑，或均係拘役者，亦屬之，但各罪所宣告之有期徒刑，雖均在六月以下，而所諭知執行刑之總刑期逾六月者，即不許易科，蓋易科罰金，專為受短期自由刑之科處者而設，而刑法第四十一條短期自由刑之界限，規定為六月以下有期徒刑及拘役二種，在數罪併罰之案件，各罪所宣告之刑，雖均為六月以下有期徒刑，苟執行刑超過六月，即不得不認為逾越該條所定短期自由刑之界限。（參閱韓忠謨，刑法原理，頁460）」；周冶平氏：「須受六月以下有期徒刑或拘役之宣告，即指所諭知應執行數而言，無論所犯者為單純一罪科以單一之刑；或為依數罪併罰所定之應執行之刑（刑法第五十一條參照）；或為因累犯而加重之宣告刑（刑法第四十七條參照），均須在六月以下，始得易科。對於數罪併罰中之一罪之刑，雖合於易科罰金之規定，亦不得單獨為易科罰金之處分（參閱周冶平，刑法總論，頁535-536）。」；林山田氏：「易科罰金之限制係為避免執行六個月以下之短期自由刑而設，故其法定要件自必以受六個月以下自由刑之宣告者為限。此等限制係專就避免執行六月以下短期自由刑而為之行刑措施，故本法之規定不問係因一罪抑係數罪：而受六月徒刑之宣告，均有其適用，因一罪而受逾六個月之宣告者，固不得易科罰金，因數罪併罰定執行刑而逾六個月者，自亦不得易科罰金，而不受定執行刑前各罪分別宣告之徒刑均未逾六個月之影響。易言之，裁判確定前犯數罪，雖各罪分別宣告之徒刑均為六月以下，但因數

然而，既然作成釋字第366號解釋之第五屆大法官「多數由在實務界素負眾望的資深法官組合而成，包括對於刑事理論的研究並不膚淺的法官，對於上述相當淺顯易懂、且不同意見書也已表達的反對理由，豈有不知之理？他們能細心地窺見其中極爲細緻的人權利益，實屬難得，批評者恐怕不無誤解[10]。」。惟於釋字第366號解釋作成前併罰數罪於其應執行刑大於六個月時一概不得易科罰金之學說與實務，縱確實存在合憲性的疑慮，學說與實務亦未曾具體指明相關違憲的情狀爲何。值得一提的是，關於併罰數罪得否易科罰金之爭議，早在民國初年，前大理院4年統字第243號解釋：「查判處刑罰，既屬五等有期徒刑，雖係俱發，執行刑期在一年以上，自無不可易科罰金之理，惟執行窒礙須從嚴格解釋，不得濫用。」即曾作成類似釋字第366號解釋之見解，只不過何以該號大理院解釋未爲後來之實務見解所採納，至今仍無法從既有的文獻中得到明確的解答。然就其解釋意旨可推知，早期實務並不認俱發（數罪併罰）之狀態當然阻卻易科罰金之適用。從而，究竟在何基礎上主張六月以上之執行刑當然不得易科罰金，自有予以探討之必要。

二、對釋字第366號解釋之批評

關於刑法第41條第2項於民國90年之增訂，有批評此爲因循釋字第366號解釋之錯誤而爲，並肯定刑法第41條第2項於民國94年所爲之修訂[11]。細究學說上對於釋字第366號解釋之批評[12]，大致可歸納爲下列幾種理由：

罪併罰定執行刑而逾六個月者，則因必須執行六月以上之自由刑，故已非屬短期自由刑。因此，即應執行自由刑，而不得易科罰金（參閱林山田，論併合處罰之易科罰金，刑事法雜誌，第39卷第1期，頁16）。」與蔡墩銘氏：「刑法第四十一條所謂『受六月以下有期徒刑或拘役之宣告』，並未指爲此爲單一罪之宣告刑或數罪併罰之執行刑，是以六月以下有期徒刑乃係就諭知之總數而言，因之，無論單一罪之宣告刑或數罪併罰之執行刑均不得逾越六月以下有期徒刑之限制（參閱蔡墩銘，刑法總則爭議問題研究，頁368）。」。觀諸此種釋字第三六六號解釋作成前之學說與實務概況，不難發現：民國94年通過之刑法第41條第2項：「前項規定於數罪併罰，其應執行之刑未逾六月者，亦適用之。」，實質上乃將此一爭議之處理回復至釋字第366號解釋作成前之學說與實務。

10　參閱許玉秀，刑法導讀，學林分科六法——刑法，頁72，新學林出版股份有限公司，2005年2月出版。

11　參閱林山田，二○○五年新刑法總評，收錄於台灣本土法學雜誌2005特刊，新修正刑法評論，頁15，2005年4月。

12　前大法官翟紹先即曾於該號解釋的不同意見書中指出：犯實質上數罪，對宣告之各罪刑一一執行之，或就宣告之罪刑合併之結果定其應執行之刑，何者對被告完全有利，尚難以斷言。

（一）悖離刑事政策

本諸刑事政策的立場，有謂因超過六月之應執行刑已非短期自由刑，不符易科罰金本爲救濟短期自由刑流弊之初衷[13]；又因複數犯罪之不法內涵高於單一犯罪，故於其應執行刑超過六月時，亦無易科罰金之必要[14]。簡單來說，由於實質競合的不法內涵與罪責內涵，均高於犯罪單數，本於「屬於輕罪的犯罪單數」才能易科罰金的刑事政策，縱然複數犯罪均爲輕罪，一旦應執行刑超過六月，亦不得易科罰金。

（二）實質競合之「應執行刑整體性」

關於數個自由刑定執行刑得否易科罰金之爭議，亦有基於德國刑法上實質競合規範之觀點，主張得否易科罰金應以「應執行刑整體」爲判斷標準；若所定之應執行刑已逾六個月，各該形式上符合刑法第41條第1項之罪刑宣告，整體觀之，即因刑法第50條之規定而與單一刑之宣告同，並不再屬於得易科罰金之微罪[15]。其除指陳釋字第366號解釋：「解釋偏離焦點」、「解釋不當干涉

上開刑法各條，既無缺失，應屬合憲，本席對本件解釋意旨，歉難表示同意。換言之，此篇不同意見書係透過所提出的具體案例，以個案間利益衡量之方式，反對該號解釋之內容。不過學說上卻未見以此理由所爲之檢討。

13 其謂：「易科罰金之設計除了可以避免短期自由刑的執行外，尚考慮到行爲的輕微性，故本法原限於法定刑三年以下有期徒刑，而宣告刑爲六月以下者，方可適用。對於裁判確定前犯數罪分別宣告均未滿六月有期徒刑，因依本法第五十一條併合處斷定其應執行刑逾六月者，則依刑法第四十一條的規定及其精神，本不得易科罰金。」。參閱林山田，論刑法總則之改革，月旦法學雜誌，第76期，頁104，2001年9月。

14 其謂：「屬於犯罪複數的實質競合，其不法內涵與罪責內涵自然高於犯罪單數，刑事立法政策上得以易科罰金者，應以屬於輕罪的犯罪單數爲限，雖屬輕罪，但係犯罪複數者，自不以得易科罰金爲宜。況且，數罪併罰所定應執行的刑期若超過六個月者，已非屬於得以易科罰金的短期自由刑。」。參閱林山田，評易科罰金的修正，月旦法學雜誌，第74期，頁144，2001年7月。

15 其謂：「依現行刑法規定之限制加重原則，於各宣告刑中最長期以上，各有期徒刑合計之總刑期以下，所定出之執行刑，有如單一犯罪之宣告刑，即屬受判決人應行執行之刑期，故實質競合而併合處罰之受判決人得否易科罰金，自應視其應執行刑之整體刑期是否爲六個月以下之有期徒刑而定，而與就個別之罪所宣告之個別刑期無關。凡是經裁定應執行刑依限制加重原則而逾六個月之刑期者，即與易科罰金之法定要件不符，而不得易科罰金，即使各罪分別宣告之徒刑，均未逾六個月，亦不受其影響」；「實質競合之數罪併罰而就各罪分別宣告之徒刑，就各罪分別宣告之有期徒刑雖均未逾六個月，但一經依現行刑法規定之限制加重原則決定應執行之刑期，自有可能逾六個月，此雖係就數個獨立之罪併合處罰而定之執行刑，

立法權」與「一罪兩罰之問題並未解決」外，更進一步主張：「刑法第51條與第41條兩條文，依實質競合之法理，以及爲避免執行六個月以下之短期自由刑而設之易科罰金制度而論，根本就不存在問題，而屬完全符合刑法理論之適當規定[16]」。

基於「應執行刑整體性」之觀點，亦有對釋字第366號解釋「未整體判斷數罪併罰」提出質疑，並批評釋字第366號解釋將不當造成「處罰割裂」的現象；而針對「事實上事後併罰存在得易科罰金的執行現象，所可能引發的不平等疑義」，更主張應由受刑人負擔此一風險[17]。

但在刑法之定罪科刑上仍屬對於具有實質競合關係之數罪所宣告之有期徒刑，而與單純一罪所宣告之有期徒刑，並無任何不同。因此，單純一罪之宣告刑逾六個月者，固無易科罰金之適用，數罪實質競合而併合處罰，經定執行刑逾六個月者，自亦同樣因不具易科罰金須受六個月以下有期徒刑宣告之要件，而不得易科罰金。」。參閱林山田，論併合處罰之易科罰金，刑事法雜誌，第39卷第1期，頁23。

16 其謂：「釋字第三六六號解釋無上述之認識，而無視於刑法競合論之法理與針對短期自由刑而設計之行刑措施，完全否定法官之刑罰裁量權，竟然會將因實質競合之數罪併罰定執行刑之結果，致不符第四十一條明定之要件而不得易科罰金之具有必然性之結論，誤認爲係造成對人民自由權利之不必要限制，與憲法第二十三條未盡相符，而主張刑法第五十一條及第四十一條應檢討修正，故本號解釋顯屬錯誤，刑法第五十一條及第四十一條在數罪併罰之易科罰金上，規定正確而無任何不妥之處，故亦無檢討修正之必要。」；林山田教授更進一步具體指出釋字第366號解釋之內容，存在以下的錯誤：「（一）裁判確定前犯數罪之實質競合係須併案審理之數罪，此等犯數罪之行爲人所表現之惡性，顯較一罪或非屬實質競合之數個一罪爲強，固不宜易科罰金。數個宣告之徒刑依限制加重原則而定應執行之徒刑若已逾六個月者，自不得以個別宣告之徒刑均未逾六個月，而主張仍得易科罰金。實質競合之數罪在刑罰裁量上自與毫無競合關係的數個單獨犯罪有所不同，故不得以因實質競合而受較數個沒有任何關係之一罪爲重之刑罰之執行，即屬對於受裁判人權利之不當侵害。（二）易科罰金之易刑處分除爲確保宣告之徒刑之執行外，係屬專爲避免執行短期自由刑之行刑措施。無論是一罪之宣告刑，抑爲數罪之定執行刑，均屬務必執行之刑罰，而以六個月之刑期爲限，始有避免執行徒刑而代之以罰金而爲執行之必要。今受裁判人因數罪併罰之兩裁判而定執行刑之刑期已逾六個月，而不得易科罰金，乃屬事理之當然，而無權利受到不當之限制可言。（三）受六月以下徒刑之宣告者，依第四十一條之規定，係得易科罰金，而非應易科罰金，亦即司法者對於是否易科罰金，仍有相當之裁量權。行爲人犯實質競合之數罪，其個別宣告之徒刑雖均爲六月以下之刑期，縱定執行刑亦未逾六個月，亦可能因其犯數罪之惡性表現，而有必要執行徒刑之情況者，司法者自亦得裁定不予易科罰金，不得謂如此即不當地侵害受裁判人之權利。（四）受裁判人係因犯實質競合之數罪，致不得易科罰金而必須受徒刑之執行，並非因第五十三條、第五十一條與第四十一條規定有何不當之處，致使其無端受到徒刑之執行，而其權利與自由受到不當之剝奪。」。參閱林山田，論併合處罰之易科罰金，刑事法雜誌，第39卷第1期，頁27-31。

17 其謂：「單一犯罪之易科罰金，刑法第四十一條之規定已如法文所示；而數罪併罰之易科罰金，其應就行爲人所犯之數罪作分割判斷，抑或應爲整體判斷？吾人認爲前者萬萬不可，此同學說通說所見。依吾人所信，易科罰金與否之決定，或許存立於終局裁判之前或後，然

（三）刑法第41條第1項之限制

關於易科罰金的適用，由於刑法第41條第1項設有「最重本刑爲五年以下有期徒刑以下之刑之罪」與「受六個月以下有期徒刑或拘役之宣告」之前提規定，遂有認此等限制要件將使得易科罰金的適用範圍，限縮在單一構成要件該當的情形；蓋如涉及二以上構成要件該當，尚難稱爲係犯最重本刑爲五年以下有期徒刑以下之刑之罪。換言之，刑法第41條之所以無法適用於二以上構成要件該當時，主要的原因，並不在於最終是否受六月以下有期徒刑或拘役之宣告，而係在於前段之限制性規定之上。而「這樣的限制規定，無異限縮刑法第41條的本應具備的適用範圍，也使得其爲補救短期自由刑弊端的立意，被完全抹煞。這也正是釋字第366號解釋所面臨的核心問題[18]」。

易科罰金決定之對象，則應係以同一裁判上之行爲罪責爲『累積的』判斷。數罪中之單一犯罪，分別觀之，雖處於得寬待之情狀，惟其『累積』數罪後，所『包括判斷』之『整體刑』，如認爲應課負之刑責，已逾刑罰所得容許之臨界點，則刑法自由權剝奪之發動，即無繼續退讓之必要，此亦非易科罰金所須關心之課題。倘刻意退讓，縱表現出刑法之謙抑，誠恐犧牲刑罰發動對象之統一性，而處處形成刑法處罰之割裂現象。至於，何程度爲刑法得忍受之臨界點，依社會之相當性，立法者應有其立法之裁量權，除其刑罰程度顯然違背人性尊嚴之尊重或違反比例原則等，司法機關尚無以違憲審查之方式介入之必要。較困難者，係數罪分別繫屬於不同法院之判斷：倘各罪分別論處均符合刑法第四十一條易科罰金之法定要件，（設若其係繫屬於同一法院而予累積論罪將逾六個月者），該各罪因罪刑法定主易雖均得易科罰金；反之，因『繫屬同一法院』則無法易科罰金，是否法有失平？吾人以爲，此不平等之危險，應由行爲人負擔，此由同法第五十二條『數罪併罰，於裁判確定後，發覺未經裁判之餘罪者，就餘罪處斷』之規定得導出，如此可信，則本問題是得迎刃而解。」。參閱朱敏賢，「數罪併罰之易科罰金」之研究——以釋字第三六六號解釋爲中心，刑事法雜誌，第40卷第4期，頁117。

18 其謂：「此種限制條款，使得易科罰金的適用範圍限縮在單一構成要件，蓋如涉及二以上構成要件之規定，則殊難稱爲係犯最重本刑爲三年以下有期徒刑以下之刑之罪。從此種限制規定所指的並非刑的本身，而係罪名，因罪名在構成要件的規定具有單一性，而使得易科罰金之適用範圍僅限於行爲人之行爲僅能該當一構成要件之時，如有超出單一構成要件該當之情形，即無刑法第四十一條易科罰金之適用。這樣的限制規定，無異限縮刑法第四十一條的本應具備的適用範圍，也使得其爲補救短期自由刑弊端的立意，被完全抹煞。這也正是釋字第三六六號解釋所面臨的核心問題。刑法第四十一條之所以無法適用於二以上構成要件處理時，主要的原因，並不在於最終是否受六月以下有期徒刑或拘役之宣告，而係在於前段之限制性規定之上。刑法第四十一條之規定雖存在問題，但並不能任意分開詮釋，也就是將罪與宣告刑分開觀察，而認爲如所犯之罪均爲三年以下有期徒刑以下之刑之罪，祇要犯罪後之宣告刑爲六個月以下有期徒刑或拘役者，均可依第四十一條之規定易科罰金。此種認知無異係誤解第四十一條整體性規定的意義。刑法第四十一條之所以無法適用於二以上構成要件處理時，主要的原因，並不在於最終是否受六月以下有期徒刑或拘役之宣告，而係在於前段之限制性規定之上。如爲落實易科罰金係爲補救短期自由刑，則似乎不應對於罪本身加以限制規

參、數罪併罰應執行刑超過六月之易科罰金

一、釋字第366號解釋反對意見之澄清

（一）併罰類型不同

探究釋字第366號解釋不同意見書，不難發現其反對理由有部分已超出了該號解釋之標的範圍[19]，也就是說，部分反對意見係以釋字第144號解釋的併

定，蓋不論是否爲單一構成要件，甚或法定本刑爲超過三年以下有期徒刑以下之刑之罪，其均有可能出現受六月以下有期徒刑或拘役宣告之情況。而祇要最終之執行刑爲六月以下有期徒刑，其仍爲短期自由刑，如其不能適用易刑處分，其短期自由刑存在之弊端依舊未排除。根本解決之道，乃將該條之單一性限制條款刪除，僅保留關於宣告刑之規定，如此除可避免適用範圍的限縮，及認定上的偏差，而使得易科罰金問題，在數罪併罰的處理上，減少困擾。同時，也可眞正落實易科罰金在補救短期自由刑之效用。」。其更進一步指出數罪併罰案件適用易科罰金規定存在以下之難題：「刑法第四十一條之規定，由於設置單一性適用的限制條款，而使得其在數罪併罰情況下，產生相當大的難題。其一爲易科罰金之本質爲受宣告之自由刑，再併罰的處理時，仍應以宣告之刑爲基礎。此時因限制條款的關係，不能因併罰結果，其執行刑仍爲六月以下有期徒刑，而遽認爲可適用易科罰金。其二爲不同裁判的處理，如同一行爲人因不同行爲，而在不同裁判受刑之宣告，而受宣告之刑均得易科罰金，但由於刑法第五十二條適用第五十一條之處理，仍然產生同前者一樣之問題。其三爲刑之一部已執行問題，主要的癥結乃在於已執行之刑，亦爲易科罰金（如分期繳納，已繳納一部分），則對於後發現而於另外裁判所爲判決之刑的併罰問題，倘若後判決仍爲得易科罰金，則在處理上，顯得相當棘手。事實上，排除刑法第四十一條之單一性限制條款的問題，亦僅能解決同一裁判之數罪併罰情形，對於不同裁判或對於已有刑之部分執行情況，仍未能有效解決。此仍須借助於自由刑與罰金刑間所建立的相容性，方能完全解決此類爭議問題。我國刑法中，對於罰金刑與自由刑的規定，可謂涇渭分明，二者並無彈性融通互用餘地。因此在數罪併罰情況下，使得非單一裁判所宣告之刑，在處理上頗多問題，特別是對於已有部分罰金之繳納情況，尤爲明顯。雖然實務上爲避免此種難題的出現，認爲如有一行爲不得易科罰金，或未爲得易科罰金之宣告，則所有行爲所犯之罪，均不得易科罰金，但此僅係治標，並非治本，且使得易科罰金的立意即效用，大打折扣。就如同現行法之規定，如碰到有數罪併罰情況，其最後宣告之執行刑仍爲短期自由刑，仍然須排除易科罰金之適用，此應是法律規定缺失所致。爲解決數個得易科罰金案件，由於數罪併罰關係，即使最後之宣告之執行刑仍爲短期自由刑，依舊不得爲易科罰金處理的難題，除排除刑法第四十一條之限制規定外，更須在第五十一條加入自由刑與罰金刑相容性之規定。如此方能一勞永逸。」。參閱柯耀程，易科罰金的數罪併罰問題探討，收錄於蔡墩銘主編，「刑法爭議問題研究」，頁378-381，五南圖書出版股份有限公司，1999年2月初版。須加注意的是，由於刑法第41條之規定已於民國90年1月修正，因此該文中所指的刑法第41條，現爲刑法第41條第1項，而「三年以下有期徒刑以下之刑之罪」於現在係指「五年以下有期徒刑以下之刑之罪」。

19 如該不同意見書中四之（三）：「丙除犯上述脫逃、收受贓物罪外（均判如上刑），又犯僞造公文書罪（本刑七年以下）處有期徒刑一年，竊盜罪（本刑五年以下）處有期徒刑二年，

罰類型爲基礎。鑒於釋字第144號解釋與釋字第366號解釋係以不同的併罰類型爲案例背景[20]，故此部分理由存在「打擊錯誤」之不當。此外，所謂「祇犯傷害一罪，判有期徒刑七月，不得易科罰金，即應發監執行，身繫囹圄，如此不平，焉有不鳴者也。[21]」之主張，似更忽略易科罰金係以輕微犯罪[22]爲適用的前提；而是否屬於輕微犯罪（是否宣告六月以下有期徒刑），依現行法係屬法官裁量權限，故其論述尚不足以作爲反對釋字第366號解釋的有力依據。

（二）刑事政策之探討

純就刑事政策而言，縱然易科罰金旨在救濟短期自由刑之流弊（特別在輕微犯罪的情形中），不過仍應釐清此種刑事政策的目的，是否必然因複數犯罪之情狀，而無所附麗？關於這個問題，似乎可以從下面這則簡單的案例得到澄清。設若被告犯過失傷害罪，被判處有期徒刑三月；並於過失傷害罪判決確定後另犯贓物罪，被判處有期徒刑六月。由於過失傷害罪與贓物罪間，並不符合刑法第50條：「裁判確定前犯數罪」的規定，故關於是否得易科罰金，只須個別判斷是否有刑法第41條第1款之適用，即爲已足。也就是說，縱然在犯罪複數的情形中，並非全然無易科罰金之可能。固然可認爲犯罪複數的不法內涵與罪責內涵高於犯罪單數，甚至越容易出現「因不執行所宣告之刑，難收矯正之效或難以維持法秩序」之評價，惟在上述案例的輔證下，似無由直接導出：「刑事立法政策上得以易科罰金者，應以屬於輕罪的犯罪單數爲限，雖屬輕罪，但係犯罪複數者，自以不得易科罰金爲宜[23]」之結論；換言之，複數犯罪之狀態並不必然表示行爲人「必須入監服刑，否則難收矯正之效或難以維持法秩序」。

以上四罪刑適用刑法第五十一條第五款，應於四年以下二年以上定其應執行有期徒刑二年四月，顯然有利被告。若對各刑一一執行，除脫逃、收受贓物兩罪，准繳易科罰金外，仍應執行偽造公文書及竊盜罪，即合爲有期徒刑三年，匪僅對被告不利，且使囹圄擁擠，不易管理，增加國庫負擔，種種弊端，毋待贅言。」，即已超出釋字第366號解釋的範圍；事實上，此乃釋字第144號解釋之標的。

[20] 釋字第144號解釋係以得易科罰金與不得易科罰金之罪刑宣告併罰爲對象；而釋字第366號解釋卻以數個得易科罰金之罪刑宣告併罰爲對象。

[21] 參閱釋字第366號解釋，大法官翟紹先所提出之不同意見書。

[22] 如我國刑法第41條第1項所規定「犯最重本刑爲五年以下有期徒刑以下之刑之罪」、「受六月以下有期徒刑或拘役之宣告」之情形，即爲我國刑事法上之輕微犯罪。

[23] 參閱林山田，評易科罰金的修正，月旦法學雜誌，第74期，頁144，2001年7月。

事實上，是否形式上該當刑法第41條第1項之輕微犯罪，本屬法官之裁量權，如果法官認爲被告必須入監服刑，否則難收矯正之效或難以維持法秩序者，則法官只要在宣告罪刑時，處以高於六個月之有期徒刑，即可達其目的，法理上並不須透過「數個輕微犯罪併罰」的方式，讓被告入監服刑。雖然在刑法第41條第1項之規範下亦可認爲「行爲人犯競合之數罪，其個別宣告之徒刑雖均爲六月以下之刑期，縱定執行刑亦未逾六個月，亦可能因其犯數罪之惡性表現，而有必要執行徒刑之情況者，司法者自亦得裁定不予易科罰金[24]」，惟若執此認爲犯數罪之惡性表現，「必然均有執行徒刑之必要，而絕無易科罰金之可能」，未免倒果爲因，有失客觀[25]；蓋在目前行政刑罰過於肥大的法制現狀下，並非所有的犯罪行爲均具有高度的刑事不法內涵，若認該當複數犯罪即「必然」有入監執行之必要，在全面檢討相關行政刑法之規定是否皆具處罰必要性之前，其主張不免過於武斷。因此，縱然在複數犯罪的情形中，亦不乏被告惡性仍屬輕微而無必要入監服刑的情況。再者，數罪併罰的原意，本在避免因累罰效應所造成的過度處罰，並未堅持必須以某種方式執行刑罰[26]。倘若僅因數罪併罰之適用，而導致本可易科罰金之數犯罪，絕對喪失易科罰金之機會，毋寧將對被告造成更爲不利之處境；此種結果，反倒有違數罪併罰規範的本意[27]。就此而言，釋字第366號解釋與民國90年增訂之刑法第41條第2項規定，並未違反數罪併罰的規範精神。

二、事後併罰之非整體性特徵

雖以實質競合「應執行刑整體性」爲基礎所提出之批評（超過六月之執行刑非屬短期自由刑）表面上說明了民國95年施行之刑法第41條第2項之正當

24　參閱林山田，論併合處罰之易科罰金，刑事法雜誌，第39卷第1期，頁28。

25　釋字第662號解釋池啓明大法官協同意見書一：「5、犯數罪各經從輕判處六月以下有期徒刑，併宣告得易科罰金者，應係犯罪情節輕微，或許係小過不斷，或不慎偶犯數罪，譬如犯行政刑罰或過失犯，其惡性未必較犯單一罪者爲重，如合併定應執行之刑逾六月，即一律不准其易科罰金，其標準過於嚴格、僵化，限縮易科罰金制度之適用範圍，不符易科罰金旨在救濟短期自由刑流弊之立法本意。」參照。

26　參閱張明偉，數罪併罰中有期徒刑之執行，國立台灣大學法律學研究所碩士論文，頁33-34，民國九十一年六月。

27　蓋雖然可承認「競合之數罪在刑罰裁量上，與毫無競合關係的數個單獨犯罪有所不同」，但若因此而認爲：「數罪併罰之結果，將造成受較數個沒有任何關係之數犯罪爲重之刑罰執行」，即不甚洽當。

性，然而此種觀點卻明顯忽略了我國執行實務所「必然存在[28]」的「非接續執行（割裂執行）」現象[29]；也就是說，在我國數罪併罰之應執行刑存在多次事後形成空間（事後併罰[30]）之法制[31]下，其應執行刑整體性之內涵[32]是否仍同於

28 如釋字第366號解釋之案例般，數罪併罰只有在事後併罰的類型中，才會出現先確定之罪刑宣告於執行時，因未與其它犯罪形成數罪併罰的關係而得易科罰金的執行方式。實質上，如果在與其它犯罪數罪併罰前，執行上能夠避免易科罰金，便不會出現如前述的矛盾現象；也就是說，若數罪併罰「非接續執行」之情形係可避免，實務之運作即應避免「併罰數罪非接續執行」之發生，以防止執行程序出現異於刑法第四十一條第二項之現象。然而，由於「非接續執行」乃是事後併罰的一種執行型態，在我國刑法規定的數罪併罰不排除事後併罰的前提下，非接續執行之情形，似乎不可避免。

29 按數罪併罰既指裁判確定前犯實質數罪之情形，本質上各犯罪乃屬各自獨立之案件；既屬獨立之數個案件，即有可能因訴訟繫屬之不同，而導致併罰數罪（如甲罪與乙罪）之各個裁判於不同時點確定；嗣於檢察官依最後確定之裁判聲請定應執行刑，並依該確定之應執行刑裁定更爲執行時，即會出現併罰數罪中之部分犯罪業已執行完畢之情形。例如在釋字第三六六號解釋所引之梁○○案中，聲請人涉犯違反槍砲彈藥刀械管制條例（甲罪）與吸用化學合成麻醉藥品罪（乙罪）兩罪，均各經處徒刑四月並准易科罰金。而其中一罪已於民國八十二年二月二十二日易科罰金執行完畢，其後八十二年四月板橋法院始再將該兩罪併罰裁定應執行徒刑七月（亦即一罪已執行完畢後，又敗部復活與尚未執行之它罪，合併遭定超過六月的執行刑）。此時因甲罪宣告刑、乙罪宣告刑與甲乙二罪之應執行刑，並非於同一程序中作成，故在執行程序中會出現執行依據變更（亦即換發執行指揮書）之「事後併罰」現象。此種應執行刑實際上存在二個以上執行程序的執行現象，相較於「單一執行程序持續進行的現象」，本文稱爲「非接續執行」。進一步來說，數罪併罰之刑事執行程序，實際上存在「依定刑裁定開始執行」、「於部分併罰罪刑執行中（即某犯罪開始執行後未執行期滿前）始依定刑裁定接續執行」與「於部分併罰罪刑執行期滿後始依定刑裁定執行」等三種型態；詳請參閱張明偉，數罪併罰中有期徒刑之執行，國立台灣大學法律學研究所碩士論文，頁19-23，民國九十一年六月。

30 法院對該等併罰數罪所定之應執行刑裁定，非但有於對該應執行刑之執行前爲之，亦常因其中某案件審理之曠日廢時或上訴之提起……等因素，導致該等併罰之數罪於執行上，發生已有其中一罪（或數罪）已依宣告刑（或已先定之應執行刑）執行完畢（如：易科罰金、服刑期滿……等）後，法院方據嗣後確定之科刑判決另裁定應執行刑之情形發生。若以何時符合刑法第五十條之規定而作成應執行刑裁定爲區分併罰類型的標準，可得「同時併罰」與「事後併罰」二種併罰型態。詳請參閱張明偉，數罪併罰中有期徒刑之執行，國立台灣大學法律學研究所碩士論文，頁56-66，民國九十一年六月。

31 關於應執行刑非接續執行之現象，亦可參照釋字第662號解釋池啓明大法官協同意見書六：「刑法第五十條、第五十三條之規定，係採裁判確定前犯數罪者，應併合處罰之原則。如被告在一定期間內先後犯二罪，分別二案審判（各判處有期徒刑六月，均宣告易科罰金），將因前案審理、確定之速度快慢，影響後案是否爲前案裁判確定前所犯，而須否與前案合併定應執行刑。倘前案迅速審結（如適用簡易程序），在後案發生前已判決確定，則二罪各別執行，均得易科罰金，無須合併定應執行刑，不生前述定應執行刑後准否易科罰金之問題；反之，如前案審結較慢，在後案犯行發生後始判決確定，二罪須合併定應執行刑，則有因合併定應執行刑逾六月而不准易科罰金之可能。如此因前案審理速度之快慢而造成不同之結果，影響得宣告易科罰金之機會，有欠公允，自不宜因實務運作時程及有無合併定應執行刑而影響易科罰金之機會，導致實質上之不公平。」之說明。

德國刑法實質競合之併合刑[33]？並非無疑。如果我國數罪併罰之應執行刑不必然具有類似單一宣告刑將複數犯罪不法內涵同時裁判宣告之功能[34]，甚至肯認數罪併罰制度無使被告更受不利益地位之立法目的[35]，又何必牽強地將我國之應執行刑與德國法整體刑規定（同時反映複數犯罪之不法內涵）於內涵功能上作相同之理解[36]？因此，在我國數罪併罰法制異於德國實質競合規範之前提

---

32 數罪併罰在定其「應執行刑」之際，除死刑、無期徒刑、與褫奪公權係採吸收主義外，其係計期計額者（如：有期徒刑與罰金刑），自應再爲應執行之刑的決定，學理亦稱之爲「併合刑之構成」。就有期徒刑之併合刑而言，在我國採限制加重主義的立法原則下，係於宣告的最長刑期或額度以上，各刑合併的刑期或額度以下定之。關於應執行刑之內涵，我國刑法並未規定；雖有主張：「對於具有實質競合關係之數罪所宣告之有期徒刑，與單純一罪所宣告之有期徒刑，並無任何不同。」、「在刑法之定罪科刑上仍屬對於具有實質競合關係之數罪所宣告之有期徒刑，而與單純一罪所宣告之有期徒刑，並無任何不同。因此，單純一罪之宣告刑逾六個月者，固無易科罰金之適用，數罪實質競合而併合處罰，經定執行刑逾六個月者，自亦同樣因不具易科罰金須受六個月以下有期徒刑宣告之要件，而不得易科罰金。」，然其卻未明確指出其具體理由爲何。參閱林山田，論併合處罰之易科罰金，刑事法雜誌，第39卷第1期，頁23。

33 關於併合刑之構成，有謂：「應執行刑之決定，亦是一項法定義務，如有違反即屬違法裁判。應執行刑的併合刑，亦屬一種特別的量刑過程；故其考量結果，並非單純表示一種數罪刑度的總和而已，而是出於同一行爲人人格的流露，所以學理上毋寧可謂是一種總體概念，而有其獨立的意義。」。參閱德國聯邦法院判決BGH24,269；轉引自蘇俊雄，刑法總論III，頁109，作者自刊，2000年4月。

34 德國刑法實質競合「總合刑不是機械地或任意地提高具體刑罰的構成，總合刑的構成反映了行爲人的個性和各具體犯罪之間的聯繫，因此，在對行爲人進行評價時，首先要考慮到的是，犯罪行爲是否表明了犯罪傾向，還是表明了各具體犯罪僅是互不相關的偶犯。在具備數個犯罪行爲的情況下，必須考慮刑罰對行爲人將來生活的影響。對各具體犯罪行爲的總的評價，尤其必須考慮不法內容的整體情況和各具體犯罪行爲之間的內在聯繫問題。」。參閱（德）漢斯．海因里希．耶塞克、托馬斯．魏根特著，徐久生譯，德國刑法教科書（總論），頁890，中國法制出版社，2001年3月。簡單來說，德國刑法實質競合之總合刑，乃針對各具體犯罪行爲與人格，所爲的總體評價；一經評價後，即無從區分各罪刑與人格因素之影響。此與單一犯罪之宣告刑，亦爲對具體犯罪行爲與人格，所爲的總體評價；一經評價後，即無從區分罪刑與人格因素之影響，具有相同的內涵。參閱張明偉，數罪併罰中有期徒刑之執行，國立台灣大學法律學研究所碩士論文，頁70，民國九十一年六月。

35 釋字第662號解釋池啓明大法官協同意見書二：「合併定應執行刑原則上法院得裁量以減輕刑度，至少亦是維持原合併之刑度，自係有利於被告，絕無使被告更受不利益之立法意旨。且數罪合併定應執行刑後，因作一次執行，執行完畢日期明確，倘被告事後再犯，是否符合累犯、緩刑之要件時，得以明確認定，故合併定應執行刑係配合整體刑罰制度之立法設計；又合計之執行刑期變長，其與行刑累進處遇縮短刑期及聲請假釋等事項攸關，與受刑人之權益關係至深，是數罪併罰應屬強制性之規定，但合併定應執行刑之結果自不得逾越原裁判之刑度、更爲不利於被告之裁量，譬如剝奪原已宣告得易科罰金之機會。否則，因此而加重處罰，即違背合併處罰制度之立法目的。」參照。

36 我國刑法數罪併罰中，存在「縱於事後發覺其他未及於前程序中訴追審判之犯罪行爲，尚得

下，以德國法制上應執行刑整體性之內涵指摘釋字第366號解釋與民國90年施行之刑法第41條第2項，恐已錯把馮京當馬涼，其不當不言可喻。

鑒於我國刑法數罪併罰之事後併罰必然存在非接續執行之可能，本文認爲：數罪併罰之應執行刑雖較諸個別犯罪之宣告刑有其獨立性，惟於定位上似仍不能本於「單一犯罪宣告刑」或「整體刑單一可罰性認定」之角度，理解應執行刑之功能與內涵[37]。蓋依最高法院59年台抗字第367號判例：「若裁判確定前所犯各罪，有一裁判宣告數罪之刑，雖曾經定其應執行之刑，但如再與其他裁判宣告之刑定其執行刑時，前定的執行刑則當然無效，仍應以其各罪宣告之刑爲基礎，定其執行刑，不得以前的執行刑爲基礎，以與後裁判宣告之刑，定其執行刑。」之說明[38]，在事後併罰之情形中，由於所定之應執行刑具有高度之不確定性，隨時均有可能出現應執行刑「當然無效」的現象[39]，若以之作爲可罰性總體認定之基礎，將因難以確定該次之應執行刑是否爲「最終」之

單獨針對該犯罪，進行可罰性之評價，並與前程序所處斷之犯罪，事後形成應執行刑」之情形，與德國刑法之實質競合有很大的不同。由於數罪併罰並未在規範上，將多數構成要件實現之整體，視爲「一事不再理」適用之對象，以「單一可罰性評價之基礎」之觀點理解應執行刑，並不洽當。縱然基於教育刑、目的刑之理念，數罪則未必要數罰，然而在未完全以人格責任論爲刑罰基礎的立法中（亦即未採絕對的人格責任論之刑事立法），將應執行刑視爲具有單一宣告刑「執行一次性」之特質，亦有未洽。參閱張明偉，數罪併罰中有期徒刑之執行，國立台灣大學法律學研究所碩士論文，頁71-72，民國九十一年六月。

37 蓋若數犯罪未能於同一刑事訴訟程序中接受裁判，所爲之「可罰性評價」即不免欠缺「整體性」。也就是說，在如德國刑法的立法例中，「整體性刑罰」惟於「數構成要件實現能在同一刑事訴訟程序中接受裁判」時始能獲得；一旦複數構成要件之實現無從於同一裁判中接受審判，即便同爲裁判宣告前所犯之罪，原則上並不將之歸納於「實質競合」之範疇。

38 最高法院85年度台非字第50號判決：「一裁判宣告數罪之刑，雖曾經定其應執行刑，但如再與其他裁判宣告之刑定其執行刑時，前定之執行刑當然失效，仍應以其各罪宣告之刑爲基礎，定其執行刑」，亦同此旨。

39 與本號判例不同，德國法並不認爲先前所定的應執行刑當然無效；依德國學者之說明：「在上一個判決中已經科處了總合刑，則應當撤銷之，並基於當時判處的具體的刑罰和第二個判決中確定的刑罰，重新確定起始刑罰。該起始刑罰可根據關於構成總合刑的一般規定予以加重。後一個判決要對附加刑等統一予以科處。」。參閱（德）漢斯・海因里希・耶塞克、托馬斯・魏根特著，徐久生譯，德國刑法教科書（總論），頁891，中國法制出版社，2001年3月。

應執行刑[40]，導致出現「（總體）可罰性不確定」之結果[41]。故就功能定位而言，「所謂數罪併罰，係指同一犯人於裁判確定前犯獨立的數罪，由法院分別宣告各罪之罪刑，並定其應執行之刑而言；其所犯各罪之罪刑獨立存在，僅因定其應執行之刑，而將各罪之宣告刑併合處罰，係屬刑罰之合併；而非將數罪併爲一罪[42]」，所定之應執行刑未必具有整體反應複數犯罪不法內涵之功能。

三、刑法第41條第1項限制之檢討

雖學說上曾認釋字第366號解釋所面臨的核心問題，主要在於刑法第41條第1項針對易科罰金，設有「最重本刑爲五年以下有期徒刑以下之刑之罪」與「受六個月以下有期徒刑或拘役之宣告」之前提規定，而本此等限制要件，將

---

40 關於宣告刑之效力與刑罰執行間之疑義，可參閱許玉秀大法官於釋字第662號解釋協同意見書所提出之質疑：「釋字第三三六號解釋的個案背景，是原宣告刑已經易科罰金執行完畢，也就是對該部分犯罪的刑罰權已經實現並且消滅，則如果只因爲數罪應合併定執行刑，各罪原宣告刑就消滅，當個別犯罪的宣告刑已經執行完畢時，該等罪的宣告刑還能存在嗎？既然理應不存在，又如何復活，而與他罪合併定執行刑，然後讓各別六個月以下的短期自由刑宣告，變成修法理由所謂超過六個月的非短期自由刑？如果個別宣告的短期自由刑，均個別迅速執行完畢，難道個別的宣告刑還應該存在，重新定一次不執行的執行刑？如果個別宣告的短期自由刑，均個別迅速執行完畢，即不必再定執行刑，那麼只剩一個宣告刑時，爲何不可以單獨執行，而必須再定執行刑？要回答這些問題，顯然至少必須說明，從數罪併罰定執行刑制度的本旨，如何允許已經執行的刑罰，作爲數罪合併定執行刑的基礎。但是從立法提案討論過程及修法理由中，不曾看到立法機關針對個案適用時，也就是本院釋字第三六六號解釋所認爲適用違憲法律的個案，可能產生的問題有所回應，因此無從知道立法機關是否已經審慎思考法律適用的各種情形。以本件聲請的原因案件爲例，如果一罪易科罰金之後定執行刑超過六個月，因爲易科罰金已執行，只需另行執行有期徒刑五月（應執行刑八月，扣減已經執行完畢的三月）。假設易科罰金尚未執行，則執行八個月有期徒刑。豈不是因爲個案執行速度快慢，而可能產生犯罪相同、量刑相同，但最後未必執行自由刑的差別待遇？這不正是現行刑法第四十一條第二項所製造的不平等？立法機關可以視若無睹、不給個交代嗎？」。

41 例如：甲因犯A、B二罪，於同一判決中分別宣告有期徒刑七年與一年，並依刑法第51條規定定應執行刑爲有期徒刑七年八月；嗣後發現與A、B二犯罪間具有符合刑法第50條規定數罪併罰關係之C罪，經依刑法第52條規定判處有期徒刑一年，並依刑法第53條規定，另就ABC三罪裁定應執行刑，此時數應執行刑間即出現不安定之現象，特別當嗣後所定之應執行刑爲有期徒刑七年十月時（即於外觀上被告所享刑罰之寬典超過其中某犯罪之宣告刑），此種不安定之現象將更爲明顯。

42 參閱楊大器，數罪併罰之理論與實用，法律評論第54卷第1期，頁10-11，1988年1月。另可參閱林錫湖，刑法總論，頁459，作者自刊，1999年8月。

使得易科罰金的適用範圍，限縮在單一構成要件該當的情形[43]。不過這樣的說法，卻在民國90年增訂刑法第41條第2項後，失其附麗。蓋不論是民國90年制定之刑法第41條第2項，或是民國94年制定之刑法第41條第2項，均已在刑法第41條第1項之外，提供數罪併罰之應執行刑易科罰金之規範基礎。以此爲前提，相關德國法制所提供之觀點似乎已不足以作爲我國併罰數罪得否易科罰金之論述基礎，從而若逕以德國法的見解作爲我國法制的解釋基礎，而未爲相應之調整，即有未洽[44]。鑑於數罪併罰應執行刑不具備德國實質競合併合刑整體性之內涵，因此，於民國90年增訂刑法第41條第2項規定後，關於數罪併罰之易科罰金，遂只剩下「得否以法律保留之方式一概不准超過六月之應執行刑易科罰金」可能成爲問題[45]。換言之，如果釋字第366號解釋所涉及之爭議只是法律層次之爭議，那麼立法者自得透過立法形成之方式解決該法律問題，並制定與該解釋內容不同之法律規定；反之，如果釋字第366號解釋所涉及之爭議具有憲法層次之意義，那麼立法者即無權透過立法形成之方式制定與該解釋內容不同之法律規定。

四、釋字第366號解釋與釋字第662號解釋之憲法基礎

雖然釋字第366號解釋基於數罪併罰非與受刑人更不利執行地位之刑事政策，認爲超過六月之應執行刑一概不得易科罰金乃屬對於人民之自由權利所爲之不必要限制，並有違憲法上之比例原則[46]，不過於民國95年施行之刑法第41

43　參閱柯耀程，易科罰金的數罪併罰問題探討，收錄於蔡墩銘主編，刑法爭議問題研究，頁378-381，五南圖書出版股份有限公司，1999年2月初版。

44　此外，由於日本刑法並未有如同我國刑法第41條與德國刑法第47條之規定，其學說或實務，當然亦不會針對併罰數罪得否易科罰金之問題，有所說明。

45　這樣的觀察似乎亦可說明何以於釋字第662號解釋中，未曾提及有關刑法第41條第1項限制條款之問題。

46　釋字第366號解釋理由書：「刑法第五十條基於刑事政策之理由，就裁判確定前犯數罪者，設併合處罰之規定，並於其第五十一條明定，分別宣告其罪之刑，而另定其應執行者。其分別宣告之各刑均爲有期徒刑時，則於各刑中之最長期以上，各刑合併之刑期以下定其刑期，足見原無使受刑之宣告者，處於更不利之地位之意。如所犯數罪，其最重本刑均爲三年以下有期徒刑之刑之罪，而分別宣告之有期徒刑亦均未逾六個月，因身體、教育、職業或家庭之關係，執行顯有困難者，依同法第四十一條規定，本均得易科罰金，而有以罰金代替自由刑之機會。惟由於併合處罰之結果，如就各該宣告刑所定之執行刑逾六個月者，不得易科罰金，致受該項刑之宣告者，原有得易科罰金之機會，得而復失，非受自由刑之執行不可，乃屬對於人民之自由權利所爲之不必要限制，與憲法第二十三條之意旨，未盡相符。」參照。

條第2項規定，很顯然地並不這麼認爲。因此關於民國95年施行之刑法第41條第2項規定如何違反憲法上之比例原則，即爲釋字第662號解釋首應釐清或補充之處。

（一）基本權之防禦功能

按憲法制定之最終目的，在於保障人民的基本權利，因此基本權的擁有者（人民），直接依據憲法的規定，究竟可向國家主張什麼，便成爲有待探討的問題。迄今經大法官直接或間接承認或型塑出來的基本權功能計有：防禦權功能、受益權功能、保護義務功能、程序保障功能以及制度保障功能五種。其中又以防禦權功能最爲重要，在我國大法官所作的解釋中，以防禦權爲標的的解釋，幾乎佔了絕大部分。所謂基本權之防禦權功能，係指「基本權賦予人民一種法律地位，於國家侵犯到其受基本權所保護的法益時，得直接根據基本權規定，請求國家停止其侵害，藉以達到防衛受基本權保護的法益，使免於遭受國家恣意干預的目的。故防禦權功能亦無妨稱爲侵害停止請求權的功能。稱要求停止侵害，更確切說，指要求宣告侵害基本權的法律或命令違憲、無效，或要求廢棄侵害基本權利的行政處分與司法裁判，或要求停止任何其他侵害基本權利的國家行爲。基本上，任何基本權利，無論其保護的法益是行爲與不行爲的自由、特性、狀態或法律地位的完整性，都具有這種最起碼的防禦權功能[47]。」。因此，不論是自由權、財產權、工作權、參政權，只要是憲法所保障的權利受到公權力的侵害，人民均得本於基本權的防禦功能，請求國家停止侵害。

（二）人身自由之保障

由於「刑法乃規定國家行使刑罰權之刑事實體法，刑罰權乃國家主權之一部分，故刑法須有憲法之依據[48]。」。既然「刑事法是和人身自由關係最密切的法律，它規定適當與否，和人身自由關係很大，故由這一角度看，憲法和刑

---

47 參閱許宗力，基本權的功能與司法審查，國家科學委員會研究彙刊：人文及社會科學，第6卷第1期，頁26，1996年1月。

48 參閱林山田，刑法通論，頁19，三民書局，1994年8月增訂4版。

事法之間，尤有密切的關係[49]。」。就功能的角度來說，「憲法的作用是消極劃定國家刑罰權的外圍界限，而非積極賦予國家刑罰權以根據[50]。」。刑事制裁之手段，依我國刑法第32條之規定，可分爲主刑即從刑。於主刑中，不論無期徒刑、有期徒刑或是拘役，均以限制人身自由爲內涵。在憲法保障人身自由的前提下，所有限制人身自由（基本權利）的規定，因已被推定具有違憲的徵兆，國家機關在此前提下，必須就其行爲（包含法規的制定）提出具備「阻卻違憲事由」的正當理由，否則即有違憲之虞[51]。

關於人身自由的限制與法律保留的關係，釋字第544號解釋等相關大法官解釋[52]，已有明確的說明。釋字第544號解釋指出：「國家對個人之刑罰，屬不得已之強制手段，選擇以何種刑罰處罰個人之反社會性行爲，乃立法自由形成之範圍。就特定事項以特別刑法規定特別罪刑，倘與憲法第二十三條所要求之目的正當性、手段必要性、限制妥當性符合者，即無乖於比例原則，業經本

---

49 參閱林紀東，憲法與刑法，憲政思潮第29期，頁1-5，1975年1月。

50 參閱王乃彥，論人格尊嚴對國家刑罰權力實現過程的統制，頁19，國立中興大學法律學研究所碩士論文，1996年6月。

51 關於此一概念，可參考下述說明：「國家行爲若侵及人民基本權利之基礎範圍者，吾人通常可以視爲一種違憲之徵兆。從而，除非國家能夠提出憲法上之正當事由，否則即構成對人民基本權利之違法侵害，換言之，國家負有提出合憲理由之舉證責任，此爲基本權利規範作用之當然解釋。一般而言，所謂國家限制人民基本權利之阻卻違憲事由，約可分爲形式阻卻違憲事由與實質阻卻違憲事由兩種。前者係著重於限制基本權利之基本要件，要求國家必須有法律依據，始得爲之，一般稱之爲法律保留原則，此爲國家限制人民基本權利之基本要件；而後者則著眼於限制之內容，審究其原因及侵害之程度，特別審查有無逾越之必要限度，一般稱爲比例原則。」。詳細的內容，可參閱李建良，基本權利理論體系之構成及其思考層次，中央研究院中山人文社會科學研究所，人文及社會科學集刊第9卷第1期，頁66，1997年3月。

52 例如：釋字第523號解釋：「凡限制人民身體自由之處置，不問其是否屬於刑事被告之身分，國家機關所依據之程序，須依法律規定，其內容更須實質正當，並符合憲法第二十三條所定相關之條件，方符憲法第八條保障人身自由之意旨。」、釋字第476號解釋：「人民身體之自由與生存權應予保障，固爲憲法第八條、第十五條所明定；惟國家刑罰權之實現，對於特定事項而以特別刑法規定特別之罪刑所爲之規範，倘與憲法第二十三條所要求之目的正當性、手段必要性、限制妥當性符合，即無乖於比例原則。」、釋字第471號解釋：「人民身體之自由應予保障，憲法第八條設有明文。限制人身自由之法律，其內容須符合憲法第二十三條所定要件。」與釋字第384號解釋：「憲法第八條第一項規定：人民身體之自由應予保障。除現行犯之逮捕由法律另定外，非經司法或警察機關依法定程序，不得逮捕拘禁。非由法院依法定程序，不得審問處罰。非依法定程序之逮捕，拘禁，審問，處罰，得拒絕之。其所稱依法定程序，係指凡限制人民身體自由之處置，不問其是否屬於刑事被告之身分，國家機關所依據之程序，須以法律規定，其內容更須實質正當，並符合憲法第二十三條所定相關之條件。」等，均爲適例。

院釋字第四七六號解釋闡釋在案。自由刑涉及對人民身體自由之嚴重限制，除非必須對其採強制隔離施以矯治，方能維護社會秩序時，其科處始屬正當合理，而刑度之制定尤應顧及行爲之侵害性與法益保護之重要性。」。依此說明，限制人身自由的措施，除須符合形式意義之法律保留原則外，其規定更須具備憲法第23條所要求之目的正當性、手段必要性、限制妥當性。從而，規範內容實質正當的要求（比例原則），亦爲限制人身自由所應遵守的憲法原則。

（三）自由刑最後手段原則

關於憲法上基本人權的保障，特別在犯罪處罰方面，罪刑法定主義尚有不足。由於刑事制裁是所有法律規範中最具嚴厲性、強制性之法律手段，而且刑法所規定之法律效果（即刑罰本身），在性質上原屬對於人民法益的侵害。因此，刑罰的反應，只有在具備刑罰必要性前提下，才有可能施予。「蓋就刑罰的本質以言，其僅在不得已情形下始爲之，亦即是具有苦的必要時，才得予以適用。換言之，刑罰的施加，乃是一種基於理性考量不得已的最後手段，唯有在別無其他法律可爲制裁方法，或其他法律不能較刑法更具有效果的前提下，始得加以考慮。正如德國刑法學者Gallas所言：刑法的制裁作用，並非一種實現正義的絕對目標，而祇是一種以正義的方式達成維護社會秩序目的時，不得不採用的必要手段而已。因此，刑法應本乎節制原則，在必要及合理的最小限度內爲之[53]。」。在此種刑法節制原則的理念下，所有刑事制裁手段，均不應逾越最小侵害的界線。不過，由於「最小侵害」在概念上過於抽象，法制上遂發展出「自由刑最後手段原則」之概念，以作爲刑法節制原則的判斷基礎。

何謂「自由刑最後手段原則」？由於短期自由刑（指六個月以下的有期徒刑或拘役而言）的實施，弊大於利；爲了避免受刑人反因短期自由刑之執行，而增加危險性格，現今之刑事政策及立法，多認爲必須設定一定的適用準則，限制其不當使用；此種限制，法理上稱之爲最後手段條款[54]。換句話說，「在階段區分容許原則的要求下，若對不法侵害之抑制可以較輕微之手段達成效果者，即無須使用最嚴厲的干預手段（自由刑）[55]。」；「處罰犯罪人必須選擇

---

[53] 參閱鄭文中，刑事執行程序中之辯護——以自由刑之執行爲中心，頁6，國立臺灣大學法律學研究所碩士論文，1999年7月。

[54] 參閱蘇俊雄，自由刑理論與刑法改革的比較研究，台大法學論叢，第23卷第1期，頁107。

[55] 參閱鄭文中，刑事執行程序中之辯護——以自由刑之執行爲中心，頁105-6，國立臺灣大學法律學研究所碩士論文，1999年7月。

能夠達到抑制犯罪的方法，同時應該在所有可供選擇的手段中，找尋對人權侵害最輕微的；倘若處罰犯罪人將造成更大的危害時，應考慮放棄處罰[56]。」。故而只有在特別的情況下，才有對受刑人實施短期自由刑的必要；在通常的情形中，不應以執行短期自由刑，作爲處罰的方式。

本諸自由刑「最後手段原則」之要求，「如以較輕微之制裁手段亦可達成遏止不法之效果者，即無採用更嚴厲手段之必要。此種最後手段性之要求，不僅拘束法官的量刑，亦拘束檢察官或法官的執行手段。換言之，易科罰金乃刑事政策立於最後手段原則，對於刑罰執行效果得失之省思而爲之權宜方式[57]。」。此外，由於易科罰金本質上屬於刑罰執行之規定，故於執行方法上，若堅持得易科罰金的輕微犯罪，必須在監執行，反有違刑罰最後手段原則之本質[58]。也就是說，易科罰金的執行方式，乃是以「自由刑最後手段原則」爲基礎，只要執行時具備法定要件，即無理由認爲必須在監執行[59]。

（四）應執行刑超過六月一概禁止易科罰金有違憲法比例原則

鑒於釋字第544號解釋已承認前述「自由刑最後手段原則」，爲判斷限制人身自由的刑罰規定，是否符合憲法第23條規定的內涵；因此，在限制人身自由方面，縱已符合法律保留原則的要求，尙須進一步探討其規範內容是否符合實質正當的要求（即與憲法第23條所要求之目的正當性、手段必要性、限制妥當性符合）。在憲法保障人身自由以及自由刑最後手段性之基礎上，釋字第

---

56 參閱王乃彥，論人格尊嚴對國家刑罰權力實現過程的統制，頁137，國立中興大學法律學研究所碩士論文，1996年6月。

57 參閱柯耀程，數罪併罰整體刑之確立與易科罰金，刑事法雜誌，第39卷第2期，頁63。

58 參閱柯耀程，易科罰金的數罪併罰問題探討，收錄於蔡墩銘主編，刑法爭議問題研究，頁377以下，五南圖書出版公司，1999年2月。

59 由於德國刑法在短期自由刑的避免上，乃採用其刑法第47條第1項的規範模式，因此，德國法下的「自由刑最後手段原則」，僅爲法官宣告刑罰時的參考，並非執行階段的準據。而我國刑法第41條第1項之規定，即代表此原則已爲我國刑法所採。故而，在我國刑法第四十一條的規範結構下，自由刑之最後手段原則，非僅爲拘束法官之準則；對於執行檢察官而言，該原則亦應有拘束力。因此，在刑罰的執行上，即必須以「自由刑之最後手段原則」，作爲決定准否易科罰金的核心。也就是說，如果認爲以易科罰金之方式執行自由刑，即可達刑罰之目的，即不得以「拘禁犯罪人於監獄（剝奪人身自由）」之方式，執行自由刑。參閱張明偉，數罪併罰中有期徒刑之執行，國立台灣大學法律學研究所碩士論文，頁107-108，民國九十一年六月。

662號解釋除重申釋字第366號解釋之意旨[60]外，更自狹義比例原則出發，認爲不分情狀一概不准超過六月之應執行刑易科罰金乃屬對人民身體自由之過度限制[61]，蓋縱或可認複數犯罪行爲之惡性重於其中個別犯罪之惡性，如進一步推論所有複數犯罪之情狀均「確因不執行所宣告之刑，難收矯正之效或難以維持法秩序」，其推論非僅過於跳躍，亦難免存在以偏概全之弊。

---

60 釋字第662號解釋理由書：「按人民身體之自由應予保障，爲憲法第八條所明定，以徒刑拘束人民身體之自由，乃遏止不法行爲之不得已手段，對於不法行爲之遏止，如以較輕之處罰手段即可達成效果，則國家即無須動用較爲嚴厲之處罰手段，此爲憲法第二十三條規定之本旨。易科罰金制度將原屬自由刑之刑期，在符合法定要件下，更易爲罰金刑之執行，旨在防止短期自由刑之流弊，並藉以緩和自由刑之嚴厲性。刑法第五十一條第五款數罪併罰之規定，目的在於將各罪及其宣告刑合併斟酌，予以適度評價，而決定所犯數罪最終具體實現之刑罰，以符罪責相當之要求。依該款規定，分別宣告之各刑均爲有期徒刑時，於各刑中之最長期以上，各刑合併之刑期以下，定其刑期，原無使受刑之宣告者，處於更不利之地位之意。惟對各得易科罰金之數罪，由於併合處罰定其應執行刑之結果逾六個月，而不得易科罰金時，將使原有得易科罰金之機會喪失，非受自由刑之執行不可，無異係對已定罪之行爲，更爲不利之評價，已逾越數罪併罰制度之本意，業經本院釋字第三六六號解釋予以闡明。」參照。

61 釋字第662號解釋理由書：「現行刑法第四十一條第二項之立法理由，認數宣告刑均得易科罰金，而定應執行之刑逾有期徒刑六個月時，如仍准易科罰金，恐有鼓勵犯罪之嫌，目的固屬正當。惟若法官認爲犯罪者，不論所犯爲一罪或數罪，確有受自由刑執行之必要，自可依法宣告逾六個月之有期徒刑而不得易科罰金；另檢察官如認定確因不執行所宣告之刑，難收矯正之效，或難以維持法秩序，而不宜易科罰金時，依刑法第四十一條第一項但書之規定，亦可不准易科罰金。是數罪併罰定應執行刑逾有期徒刑六個月，縱使准予易科罰金，並不當然導致鼓勵犯罪之結果，如一律不許易科罰金，實屬對人民身體自由之過度限制。是現行刑法第四十一條第二項，關於數罪併罰，數宣告刑均得易科罰金，而定應執行之刑逾六個月者，排除適用同條第一項得易科罰金之規定部分，與憲法第二十三條規定有違，並與本院釋字第三六六號解釋意旨不符，應自本解釋公布之日起失其效力。」參照。另可參照同號解釋許玉秀大法官於協同意見書之說明：「數宣告刑既然均未超過六個月有期徒刑，如果皆執行易科罰金，也已經可以充分反應行爲人的罪責，對行爲人的罪行爲充分的評價。縱使沒有系爭規定，法官和檢察官仍可就受宣告未超過六個月有期徒刑的被告，是否需要機構性處遇，而決定准否易科罰金，但系爭規定對於在各別宣告中可以易科罰金的情形，一律要求執行自由刑，對於犯數罪行爲人的處遇，在有數種手段可以選擇的情況下，逕行選擇較爲嚴厲的手段，乃屬使用不必要的手段，對人民身體自由爲過度的限制，而違背憲法第二十三條比例原則。」。

肆、易科罰金之規範保留

一、易科罰金之目的

關於易科罰金，本指裁判所宣告之輕刑，在一定原因下，以他刑或處分代之，並因此視原宣告之刑已爲執行[62]。現行易科罰金制度，自其沿革觀之，初因慮及外國水手無法隨船離去，爲防衛本國反因此增一飄零無業之異國遊民而設；復因短期自由刑未能矯治犯人之惡習，爲避免其在監感染犯罪習慣而倡。然其所蘊含之另一目的，端在確保徒刑之執行並避免因徒刑不執行造成之不良影響。雖本制度制定時在成文法國家中尙乏先例，且立法之初對於外國水手無法隨船離去之顧慮，在日前交通發達之世界中亦不存在；然因短期自由刑確難收矯治犯罪之功效，則於一定之條件下以易科罰金爲短期自由刑之執行方法，亦符近代行刑政策廢止短期自由刑之潮流[63]以及自由刑最後手段性之原則。

二、以法官保留為基礎之易科罰金

依現行刑法第41條第1項之規定，行爲人所犯係屬最重本刑爲五年以下有期徒刑以下之刑之罪，而受六月以下有期徒刑或拘役之宣告，形式上即具備「得聲請易科罰金」之資格。不過關於易科罰金之執行，尙需受刑人非「確因不執行所宣告之刑，難收矯正之效或難以維持法秩序」。關於被告所犯是否爲最重本刑爲五年以下有期徒刑以下之刑之罪、所受是否爲六月以下有期徒刑或拘役之宣告，因其爲法律所定之要件，認定上僅須單純以論罪科刑之確定判決爲依據，並無實際上的困難；但在什麼情況下，可認該當「確因不執行所宣告之刑，難收矯正之效或難以維持法秩序」？由於法律就此並未明定，本質上應屬立法者授與執法者之裁量權限。

然而此裁量權究應如何行使？因學理上曾出現易科罰金究屬執行指揮權或係司法權之爭議[64]，遂產生釋字第245號解釋之說明；該號解釋指出：「受刑

62 參閱周治平，刑法概要。頁110，三民書局，1984年3月12版。

63 參閱金欽公，刑法第四十一條之研究，司法週刊第532期第2版；陳樸生，「刑法第四十一條至第四十六條之研究意見」，刑法總則研究修正資料彙編，頁763，司法行政部，1975年12月。

64 參閱楊建華，刑法總則之比較與檢討，頁342，自版，1988年9月。

人或其他有異議權人對於檢察官不准易科罰金執行之指揮認爲不當，依刑事訴訟法第四百八十四條向諭知科刑裁判之法院聲明異議，法院認爲有理由而爲撤銷之裁定者，除依裁定意旨得由檢察官重行爲適當之斟酌外，如有必要，法院自非不得於裁定內同時諭知准予易科罰金[65]。」。參照釋字第245號解釋，是否該當「確因不執行所宣告之刑，難收矯正之效或難以維持法秩序」，原則上係由檢察官於開始執行時舉證判斷[66]；惟於受刑人不服檢察官之判斷並聲明異

---

65 此外，最高法院77年台非字第158號判決對此亦有詳細之說明：「刑法第四十一條有關宣告有期徒刑、拘役應否准許易科罰金執行之換刑處分，依刑事訴訟法第四百五十七條規定固由檢察官指揮之，屬於檢察官指揮執行時得自由裁量之事項。但檢察官之指揮執行，仍應詳酌刑法第四十一條所定『因身體、教育、職業或家庭之關係』，執行有期徒刑或拘役是否顯有困難，妥爲考量後爲適法之執行指揮，否則，其自由裁量權之行使即難謂當。刑事訴訟法第四百八十四條、第四百八十六條分別規定：『受刑人或其法定代理人或配偶以檢察官執行之指揮爲不當者，得向諭知該裁判之法院聲明異議』；『法院應就異議之聲明裁定之』。此項規定係對檢察官之指揮執行，認有不當時有其救濟之方法，求以撤銷或變更該項不當之執行指揮。法文既無法院不得變更檢察官之執行指揮之規定，參酌刑事訴訟法第四百十六條規定，對於檢察官之處分所爲之準抗告，法院得對該項處分予以撤銷或變更，則性質上相同之對於檢察官之執行指揮所提異議之聲明，受理之法院自亦得予以撤銷或變更之，而受理異議聲明之法院，得審核之範圍應及於刑之執行或其方法。從而，刑法第四十一條規定關於應否准予易科罰金之執行指揮，受理異議之聲明之法院，若認其爲不當時，自得撤銷或變更之；如認法院僅得撤銷檢察官之執行指揮，不得變更之，倘檢察官不爲變更其處分時，將使上述規定之救濟程序失其效用，當非立法之本旨。」。

66 民國94年之修正理由指出：按易科罰金制度旨在救濟短期自由刑之流弊，性質屬易刑處分，故在裁判宣告之條件上，不宜過於嚴苛，現行規定除「犯最重本刑爲五年以下有期徒刑以下之刑之罪」、「而受六個月以下有期徒刑或拘役之宣告」外，尚須具有「因身體、教育、職業或家庭之關係或其他正當事由，執行顯有困難」之情形，似嫌過苛，爰刪除「因身體、教育、職業或家庭之關係或其他正當事由，執行顯有困難」之限制。至於個別受刑人如有不宜易科罰金之情形，在刑事執行程序中，檢察官得依現行條文第一項但書之規定，審酌受刑人是否具有「確因不執行所宣告之刑，難收矯正之效，或難以維持法秩序」等事由，而爲准許或駁回受刑人易科罰金之聲請，更符合易科罰金制度之意旨。參閱台灣本土法學雜誌2005特刊，新修正刑法評論，頁101，2005年4月。許玉秀大法官於釋字第662號解釋協同意見書中，對此亦有詳盡的說明，值得參考：「立法機關不僅在九十年修正二十四年制定公布的刑法第四十一條，將適用對象從犯罪中本刑三年以下有期徒刑的罪，放寬至犯最重本刑五年以下有期徒刑的罪，並且在九十四年修正刑法時，將「因身體、教育、職業、家庭之關係或其他正當事由，執行顯有困難者」例外方得易科罰金的規定，修改成凡獲判六個月以下短期自由刑，原則上應准予易科罰金，只有「確因不執行所宣告之刑，難收矯正之效，或難以維持法秩序者」的例外情形，執行檢察官方得不准易科罰金。藉由例外與原則的更改，以往被告聲請易科罰金，必須舉證證明有得易科罰金的情事，至今轉變成檢察官必須舉證證明不對行爲人執行自由刑難收矯正的效果，或難以維持法律秩序。也就是只有極少數的例外情形，不許易科罰金。而縱使檢察官有權決定得易科罰金與否，決定時所倚賴的基礎，還是刑法第四十一條第一項但書的要求，也就是說檢察官仍然必須衡量，行爲人是否有不准易科罰金的理由，才可以拒絕行爲人易科罰金。」。

議時，法院即須對於該要件進行司法審查[67]。由於「確因不執行所宣告之刑，難收矯正之效或難以維持法秩序」之要件，亦有可能因判決後情勢變更[68]而有改變，因此究竟得否易科罰金，並無從於裁判時預為「正確」之審查[69]。然而不論如何，關於是否易科罰金之決定，必須接受司法審查。此種由檢察官或法官於「實際執行時」審查決定是否易科罰金之規範模式，實乃因應事務之本質而設，可稱之為法官保留模式（執行階段之法官保留）[70]。

---

[67] 如韓忠謨氏與潘培恩氏主張：易科罰金係為避免執行之困難而設，若因特定關係致執行上有困難，即許易科罰金。從而，宣告時只須載明折算標準，至於有無執行困難，毋庸預為認定或特為預知。轉引自朱敏賢，「數罪併罰之易科罰金」之研究——以釋字第三六六號解釋為中心，刑事法雜誌，第40卷第4期，頁112。與本文見解不同，蔡蕙芳教授主張此次修法將易科罰金視為法官權限。參閱蔡蕙芳，刑暨緩刑，收錄於台灣刑事法學會，二〇〇五年刑法總則修正之介紹與評析，頁264，元照出版公司，2005年四月初版第一刷。惟此種觀點似乎認為我國刑法對於是否執行自由刑之議題，與德國刑法同採裁判時法官保留之模式，忽略我國刑法對此係以執行時法官保留為原則。

[68] 例如：受刑人本身環境之改變；國家刑事政策之轉向。

[69] 世事無常，刑罰執行困難之事由於開始執行時尚未存在，卻於入監服刑後始發生之情形，或是「確因不執行所宣告之刑，難收矯正之效，或難以維持法秩序」之要件於開始執行時已存在，卻於入監服刑後始不存在之情形，並非不能想見；例如受刑人於執行中因罹重病，非出監就醫將使病情惡化或有生命之危險；又如受刑人於執行中因配偶、家屬病故，致其老邁之父母或年幼之子女等無自救力之人乏人照料，非出監養育照顧將使其發生生命危險……等。若發生此等情形時，仍令受刑人須在監服畢原有刑期，難免對其本人或家庭產生不良之影響。由於現行刑法第四十一條第一項並無限制「因身體、教育、職業或家庭之關係，執行顯有困難之事由」或新法之「確因不執行所宣告之刑，難收矯正之效，或難以維持法秩序」須於何時存在之規定，自無僅以「開始執行時」為判斷之唯一時點。復相較於其先前犯罪所造成之惡害及法律上對該犯罪已為之非難、評價，若於執行中不許易科罰金，似有輕重失衡之虞。基於以上的說明，本文認為：所謂「確因不執行所宣告之刑，難收矯正之效，或難以維持法秩序」之判斷，應不問原處徒刑或拘役已否開始執行，只要符合刑法第四十一條第一項之規定，縱然於有期徒刑開始執行後執行完畢前始發生，均應准許受刑人按原諭知易科罰金之標準繳納罰金，以代全部或一部拘役徒刑之執行。參照前司法行政部40年台指參字第420號函。另同部57年令刑（二）字第7042號令：「如檢察官依原則執行時，於在監執行中始發生執行顯有困難之原因，則依易科罰金之立法本意，未嘗不可對其所餘刑期准予易科罰金。」，亦同此旨。

[70] 雖池啓明大法官於釋字第662號解釋協同意見書主張：「一、准否易科罰金，係專屬執行檢察官之裁量權：2、舊刑法第四十一條所謂，「因身體、教育、職業或家庭之關係，執行顯有困難者」得易科罰金，係指受刑人於執行之際，其受刑之執行如顯有困難之情事，由檢察官斟酌是否准其易科罰金而言，並非規範法院於審判中即須審酌被告有無上述執行顯有困難之情事，據以裁量准否易科罰金。蓋審判中至判決確定執行之時尚有一段期間，有時長達數年，審判中有執行困難之情事，至執行時未必仍然存在，如審判中被告係學生，因教育關係而有執行困難，但迨執行時其已畢業或輟學，而無執行困難；又審判中被告身體健壯並無執行困難之情事，但執行前發生車禍受傷癱瘓，或入監後罹患重病，即有執行困難，此非審判中所能預見。是故法院審判中，顯無從審酌被告日後有無執行困難之情事，以預為決定准否

雖然釋字第662號解釋並未直接論及易科罰金之法官保留，不過由於池啓明大法官曾於協同意見書：「先前審判實務認爲合併定應執行刑逾六月者，即不予宣告易科罰金之折算標準而不准易科罰金，未就個案考量有無執行困難，由法院逕予剝奪受刑人原有易科罰金之機會，干預執行檢察官之職權，尚與舊刑法第四十一條之立法意旨不符。[71]」指出該號解釋涉及以民國95年施行之刑法第41條第2項規定（立法之方式）一概否定超過六月之應執行刑易科罰金是否合憲之爭議。因此，關於易科罰金之法官保留是否會因複數犯罪之累積甚至數罪併罰規定之該當而產生改變？亦即在得否易科罰金之議題上，規範保留之型態是否將必然因刑罰權之積累而出現本質上的改變？在法制上應是一個值得探討的議題。

伍、規範保留之累積與質變？——美國法的借鏡

民國95年施行之刑法第41條第2項規定以立法之方式一概否定超過六月之應執行刑易科罰金，這樣的現象本質上與得否易科罰金僅屬立法政策事項之主張不謀而合[72]。可以確定的是，易科罰金並不是憲法所保障的基本人權，就其

易科罰金，其所以於判決中諭知易科罰金之折算標準，僅在依法定條件併予宣告，資爲日後檢察官執行時折算易科罰金之依據而已。倘符合該第四十一條規定之條件，法院即應併予宣告易科罰金之折算標準，尚無裁量准否易科之餘地。至於執行時准否易科罰金，係專屬執行檢察官之裁量權，亦非法院所得干預之。」，惟鑑於該裁量仍受司法審查之控制，故本文仍將之歸類爲法官保留之適用範圍。

71 釋字第662號解釋池啓明大法官協同意見書一：「4、詎九十四年二月二日修正公布之現行刑法第四十一條文，將上述第二項修正爲：「前項規定於數罪併罰，其應執行之刑未逾六月者，亦適用之。」其反面解釋，規定數宣告刑雖均得易科罰金，但合併定應執行之刑逾六月者，不適用同條第一項得易科罰金之規定，即原經判決宣告易科罰金之數罪均不准易科罰金，回復至釋字第三六六號解釋以前之情形。而其立法理由僅稱，合併定應執行已逾六月者，已非短期自由刑，如仍許其易科罰金，實已扭曲易科罰金制度之精神云云。明顯與本院釋字第三六六號解釋意旨不符。且法院於裁判時，就各罪之刑責斟酌量處六月以下或逾六月者，均係依刑法第五十七條規定科刑輕重之標準詳細審酌之結果，必也被告犯罪之動機、目的、手段或所生之危險、損害等較爲輕微者，始從輕量處六月以下有期徒刑之刑責，並依法諭知易科罰金之折算標準。倘被告所犯之罪若有犯行惡性較重、或犯罪所生之危險或損害嚴重者，法院儘可直接判處七月以上有期徒刑，根本不予易科罰金之機會，何必於從輕量刑且均宣告易科罰金後，再依刑法第五十條規定於定執行刑時不准易科罰金，豈非多此一舉，而與事理有違。」參照。

72 例如，當時主持會議之立法委員陳進興即認爲：如果立法已明文規定如何易科罰金，即可不受釋字第366號解釋之拘束。參閱蔡碧玉，同註5。

規範而言，充其量不過只能算是法律賦予受刑人之執行請求權[73]。不過法律既然以法官保留之模式規範個別之執行請求權，是否得再以法律保留之模式一概剝奪該請求權呢？縱或立法者透過制定法之方式限制超過六月之應執行刑易科罰金，仍然無法說明「何以受刑人於釋字第366號解釋之情形中，無權主張不使用數罪併罰的制度[74]？」。

雖然美國法上並不存在類似我國數罪併罰之規定，也沒有相關易科罰金之規定，不過美國聯邦最高法院曾在路易絲訴美國（LEWIS V. UNITED STATES[75]）乙案中，對於微罪與重罪區分之罪質是否因複數犯罪而異其判斷標準，提出相關說明。鑒於我國學說上有主張數罪應執行刑與單純一罪宣告刑並無任何不同之觀點[76]，因此究竟數個形式上符合刑法第41條第1項要件之罪刑宣告，是否必然將因應執行刑超過六月，導致該數罪須整體受到重罪之評價？易科罰金之法官保留模式是否將因數罪併罰規定而有所轉變？或有參考之必要。

一、路易絲訴美國（LEWIS V. UNITED STATES）案例事實與爭點

本案上訴人路易絲係美國郵局之郵件處理員，因其被發現多次於業務上剌

---

73 蓋關於要否建立得易科罰金制度，爲立法政策之選擇，惟一旦建置易科罰金制度，就得易科罰金相關要件之設計，立法者雖有形成自由，惟仍不得違反憲法規定（例如不得違反比例原則、平等原則等），相關說明可參照釋字第662號解釋林子儀及許宗力大法官協同意見書一：「系爭規定涉及易科罰金制度。本席等贊同多數意見所言，該制度係立法者爲防止短期自由之流弊，並緩和自由刑之嚴厲性而設。惟該制度並非憲法所要求，亦非人民得基於憲法保障之權利所得要求設置。而係立法者基於刑事政策之考量，爲避免短期自由刑對被告個人及整體刑罰制裁效果所造成的不利影響，而設計之制度。此一制度之設計，涉及被告權益、社會秩序之維持、刑罰執行機關人力資源如何配合等多重面向之考量，與公共利益之維護及刑事政策之推動緊密相關。從權力分立之原則出發，要否建立易科罰金制度，自宜由立法者加以衡酌決定，是如立法者未設易科罰金制度，並非違憲。且就該制度具體內容，例如規定犯何種類型之罪與符合何種條件，方得易科罰金，立法者亦享有較大之自由形成空間。惟立法者一旦建立易科罰金制度，其就該制度相關要件之設計，縱仍有形成自由，仍不得違反憲法規定，例如不得違反比例原則、平等原則等，自屬當然。」之說明。

74 參閱許玉秀，刑法導讀，學林分科六法——刑法，頁72，新學林出版股份有限公司，2005年2月出版。

75 See Lewis v. United States, 518 U.S. 322 (1996).

76 參閱林山田，論併合處罰之易科罰金，刑事法雜誌，第39卷第1期，頁23。不過筆者認爲：此種說法似乎主張：複數微罪應視爲單一重罪來處理。

探信件內容，最後終因竊取信件內之財物而被逮捕。之後路易絲被指控兩項妨害郵件之罪名，而該二罪名之刑度均在六個月以下。本案於地方法院審理時，路易絲要求以陪審之方式審判，不過一審法官卻認為：因法官已預示本案將不會被判處被告超過六個月之監禁，故被告無權要求陪審審判。

由於本案被告所犯二罪名之刑度均在六個月以下，因此本案爭點在於：當被告於單一程序中被指控複數最高刑度未超過六個月之輕罪（misdemeanor），惟各該犯罪最高刑度之總和超過六個月時，被告是否仍得主張憲法第六修正案中，接受陪審審判之權利[77]？由於美國憲法第六修正案保障每位重罪（felony）被告均有主張公正陪審審判的權利[78]，因此才會出現「當被告被指控之複數微罪之刑度總和大於六個月時，該等複數微罪是否將因刑度之累積而於整體上被視為重罪，並導致被告得主張憲法第六修正案接受陪審審判之權利」之爭議。表面上此案之爭執與我國刑法上易科罰金規定是否因數罪併罰而必然導致超過六月之應執行刑不得易科罰金有所不同，鑒於該案美國法之爭議焦點在於「是否複數微罪（misdemeanor）在同一程序中接受審判此一事實足以導致該複數微罪於訴訟程序上受到如同重罪（felony）般之憲法保障」，因此，該案之判決說理實可作為「於同一程序中複數微罪是否可視為單一重罪處理」甚至「法官保留模式是否因複數犯罪而改變」等疑義之參考。

二、判決理由之分析

美國聯邦最高法院在該案中曾指出，雖然歷史上法院曾以「犯罪之本質」與「在普通法時代是否得陪審審判」作為判斷是否可歸類為微罪之標準[79]，惟因出現越來越多「制定法上之犯罪」（statutory offenses），在欠缺普通法先例之前提下，聯邦最高法院先後在華盛頓特區訴克勞萬斯（District of Columbia v. Clawans）[80]、富蘭克訴美國（Frank v. United States）[81]與布

---

[77] See 518 U.S., at 323.

[78] The Court held: “there is a category of petty crimes or offenses which is not subject to the Sixth Amendment jury trial provision.” See Duncan v. Louisiana, 391 U.S. 145, 159 (1968).

[79] See 518 U.S., at 325.

[80] See District of Columbia v. Clawans, 300 U.S. 617, 628 (1937).

[81] See Frank v. United States, 395 U.S. 147, 148 (1969).

蘭頓訴北拉斯維加斯（Blanton v. North Las Vegas）[82]等案件中，揚棄了前述之傳統判斷標準。由於法定「最高刑度」反映了立法者對於各該犯罪嚴重程度之判斷，且立法部門較之司法部門更適於作出類此關於「犯罪嚴重性」之判斷[83]，故目前最高法院係以此「法定最高刑度」作爲判斷是否爲輕微犯罪（petty offenses; misdemeanor）或嚴重犯罪（serious offenses; felony）之標準[84]。並取代過去以「犯罪之本質」與「在普通法時代是否得陪審審判」作爲判斷是否可歸類爲微罪之標準。如同最高法院在科地斯坡地訴賓州（Codispoti v. Pennsylvania）乙案[85]所述，除非該罪之法定從刑嚴厲到足以表示立法者判斷其非輕微犯罪，否則原則上最高法定刑在六個月以下之犯罪被推定爲輕微犯罪[86]。

與我國釋字第366號解釋之背景事實相似，路易絲案亦面臨是否因犯罪數量累計而導致罪質或規範保留模式改變之爭議。也就是說，縱然美國法制在決定是否爲嚴重犯罪之議題上係以立法者於刑度上之裁量爲標準，然而所謂立法上法定最高刑度之標準，於被告觸犯複數罪名時，仍將遭遇到究應以「被告實際面臨可能接受處罰之刑罰累計」爲標準或是應以「各該罪名形式上最高法定刑」爲標準之爭議。雖然聯邦最高法院曾於包得溫訴紐約（Baldwin v. New York）乙案[87]中，提出以「侵奪被告自由權程度」，作爲判斷憲法第六修正案中公正陪審權利有無適用之標準[88]，並於科地斯坡地訴賓州（Codispoti v. Pennsylvania）乙案中提出應以「被告於複數犯罪時，實際上可能被判處之刑罰累計」作爲判斷有無受公正陪審審判之標準[89]；不過，基於（一）科地斯坡地於該案中多次觸犯者係「法無明文最高法定刑[90]」且「司法容易濫權[91]」之藐視法庭罪（criminal contempt of court），陪審審判此時不但提供一個明

82 See Blanton v. North Las Vegas, 489 U.S. 538, 541 (1989).

83 The Court held: "The judiciary should not substitute its judgment as to seriousness for that of a legislature, which is far better equipped to perform the task." Id.

84 See 518 U.S., at 326.

85 See Codispoti v. Pennsylvania, 418 U.S. 506 (1974).

86 Id., at 512.

87 See Baldwin v. New York, 399 U.S. 66 (1970).

88 Id., at 66-8.

89 See 418 U.S., at 511.

90 Id.

91 Id., at 516.

確判斷犯罪嚴重性之標準[92]，尚提供被告抗衡國家（司法官員）專斷恣意之權利[93]；（二）普通法向來亦承認陪審審判不適用於被告被指控複數輕微犯罪之案例[94]等理由；聯邦最高法院於路易絲案中遂認爲：被告於同一訴訟程序中被指控二個輕微犯罪之事實，既不會修正立法者關於特定輕重罪之判斷，也不會在本質上將輕罪轉變成重罪而使被告得主張陪審審判之權利[95]。換言之，一旦立法者已就特定犯罪型態作出「最高法定刑爲六個月以下之輕罪分類」，縱然在同一訴訟程序中因被告被指控複數輕罪而致其有可能被判處六個月以上之監禁，因被告事實上並未被指控任何一個重罪，各該犯罪在同一程序中仍因本質屬於輕微犯罪而無陪審審判適用之狀態並不會改變，故其不得主張憲法第六修正案所保障之陪審審判權利[96]；因此，縱然重罪被告接受陪審審判之權利屬於憲法保留事項而具憲法位階，惟在憲法承認重罪輕罪之區分屬於法律保留事項的前提下，適用法律保留之輕重罪區分（是否接受陪審審判之憲法上權利），將不致因出現複數犯罪之累積導致被告可能面對長期監禁（類似重罪之法律效果）之事實而改變。此外，鑒於國家追訴機關事實上得決定是否於同一訴訟程序中訴追被告所犯之複數微罪[97]，以立法機關所規定之最高刑度作爲輕罪或重罪之區分標準，毋寧更符合法安定性之要求。

細究上述美國聯邦最高法院之判決理由，其實不難發現，雖然是司法機關之合憲解釋將最高刑度六個月以下之犯罪歸類爲輕微犯罪，不過，該判決只承認唯有立法機關有權決定某犯罪是否爲輕微犯罪（應否接受陪審審判）。在這個邏輯下，縱然被告於同一訴訟程序中被指控複數犯罪，司法機關亦無權因此時可能科處的刑罰累計與重罪同爲超過六個月的監禁，而將被告的所有犯罪視爲整體，並致複數輕罪被告得主張只有重罪被告才可以主張接受陪審審判之

---

92 See 359 U.S., at 148.

93 See Bloom v. Illinois, 391 U.S. 194, 202 (1968).

94 See 518 U.S., at 327. (Citing: Queen v. Matthews, 10 Mod. 26, 88 Eng. Rep. 609 (Q. B. 1712); and King v. Swallow, 8 T. R. 285, 101 Eng. Rep. 1392 (K. B. 1799))

95 See 518 U.S., at 327. ("The fact that petitioner was charged with two counts of a petty offense does not revise the legislative judgment as to the gravity of that particular offense, nor does it transform the petty offense into a serious one, to which the jury trial right would apply."）

96 Id., at 328. ("But it is now settled that a legislature's determination that an offense carries a maximum prison terms of six months or less indicates its view that an offense is petty. Where we have a judgment by the legislature that an offense is petty, we do not look to the potential prison term faced by a particular defendant who is charged with more than one such petty offense.")

97 Id., at 330.

權。也就是說，由於輕罪與重罪之區別乃立法保留事項，基於權利分立之原理，司法不應干涉；而多數立法保留事項（是否接受陪審審判）之累積，亦不會導致規範保留之本質（立法保留或憲法保留）出現轉變。縱表面上複數輕罪累積之法律效果與重罪類似，本質上亦不會將原本應適用法律保留模式之事項，轉變爲應適用憲法保留模式之事項。

三、路易絲案予我國法之啓示

雖然路易絲案所涉及之事實，與是否得易科罰金無直接關聯，卻反而與「數個不得上訴第三審案件共同審判時，如所可能受到之有期徒刑處罰累積後類似重大刑犯（如超過十年），是否得上訴第三審」相類似，不過就其所適用之法理：「複數微罪之指控並不會改變本質上被告僅觸犯微罪之特徵」，亦即「規範保留之模式不致因複數犯罪之累計而改變」，卻有異曲同工之處。蓋依路易絲案意旨，由於是否屬於重罪而應接受陪審審判乃屬法律保留事項，縱使被告因犯數罪使得所受科刑類似重罪效果，亦不致改變是否接受陪審審判之輕重罪判斷乃屬法律保留事項之本質；以此而言，縱或複數犯罪累計之刑罰超過刑事訴訟法第376條所定三年或五年之刑度，其是否得上訴第三審係採法律保留之模式並不會因複數犯罪而改變；是否得易科罰金採法官保留之模式亦不致因複數犯罪或是數罪併罰而改變。因此本文認爲：縱然在應執行刑超過六個月之情形中，複數符合刑法第41條第1項之罪刑宣告，尚不致因定應執行刑之程序而被整體視爲一個「不符合刑法第41條第1項之罪刑宣告」。如果該超過六個月之應執行刑本質上仍屬於複數符合刑法第41條第1項之罪刑宣告，其原得易科罰金之本質，尚不致有所改變[98]。值得注意的是，在我國法制下，其實只有宣告刑才是判斷輕罪或重罪之標準[99]；應執行刑既然沒有改變個別犯罪罪質

[98] 民國95年施行之刑法第41條第2項：「前項規定於數罪併罰，其應執行之刑未逾六月者，亦適用之。」規定，實際上係以：「依複數符合刑法第四十一條第一項之罪刑宣告所裁定之應執行刑超過六個月時，該等複數微罪整體上即被視爲一個不符合刑法第四十一條第一項之罪刑宣告」作爲立論基礎。這樣的規定除將混淆罪數與罪質的本質與區分外，對於其所依據之德國學理，似亦存在法制繼受的矛盾。

[99] 相較於立法機關才有權決定輕罪或重罪的美國法制結構，依我國刑法第41條第1項規定，除了部分法定最高本刑超過五年有期徒刑或是少數法定最高本刑爲六月以下有期徒刑之犯罪外，在法院有權在個別犯罪宣告超過六個月有期徒刑之宣告刑而排除刑法第41條第1項適用的前提下，法院實質上擔負著我國法上判斷輕罪或重罪的責任，因此，關於輕罪與重罪之區分，我國法制亦採法官保留之模式。

之效力，縱然超過六月，亦將因其不等同於單一刑之宣告而不具判斷輕罪或重罪之功能。

四、規範保留恆定原則

從上述「是否屬於重罪而應接受陪審審判乃屬法律保留事項，縱使被告因犯數罪使得所受科刑類似重罪效果，亦不致改變是否接受陪審審判之輕重罪判斷乃屬法律保留事項之本質」之推論而言，路易絲案似乎宣告了一種規範保留恆定之原則，換句話說，規範保留之模式一旦特定，原則上將不致因複數犯罪之累計而有所改變。

我國學說常以德國實質競合法理爲基礎，批評釋字第366號解釋及民國90年制定之刑法第41條第2項規定。惟如以規範保留恆定原則之觀點而言，德國實質競合法制之理論，似乎亦無法作爲民國94年修訂刑法第41條第2項規定之合理解釋。蓋於德國刑法第47條：「法院依據犯罪和犯罪人人格具有之特別情況，認爲必須判處自由刑始能影響犯罪人和維護法律秩序時，得判處六個月以下之自由刑（第1項）。本法未規定罰金刑和六個月或六個月以上自由刑，又無前項必須判處自由刑情況，法院得判處其罰金。（第2項）」之規定下，不論法定刑規定爲何，法院仍有權決定應否判處自由刑或罰金刑；縱然法院僅判處三個月之短期自由刑，執行上亦無易刑處分（易科罰金）可適用[100]。換句話

100 基本上，依我國刑法第41條規定易科罰金，所執行者仍爲自由刑；反之，若依德國刑法第47條第2項規定處以罰金刑，所執行者並非自由刑，而係罰金刑。因此，在德國刑法實務中，「如果法官認爲六個月以上的自由刑，超過了量刑基礎的罪責程度，且相關的刑法規定又沒有規定罰金刑，此時應依刑法第四十七條第二項前段之選擇規定，對行爲人判處罰金刑。」，參閱（德）漢斯·海因里希·耶塞克、托馬斯·魏根特著，徐久生譯，德國刑法教科書（總論），頁921-2，中國法制出版社，2001年3月。也就是說，如果認爲實質競合的數犯罪，整體罪責判斷後沒有發監執行的必要，法官得逕宣告罰金刑，而不必如我國法制般，先判自由刑後再轉爲罰金刑；此種量刑的過程，並未排除實質競合整體刑之適用，只不過在刑度上須受到六個月的限制。就此而言，林山田教授所述：「依現行刑法規定之限制加重原則，於各宣告刑中最長期以上，各有期徒刑合計之總刑期以下，所定出之執行刑，有如單一犯罪之宣告刑，即屬受判決人應行執行之刑期，故實質競合而併合處罰之受判決人得否易科罰金，自應視其應執行刑之整體刑期是否爲六個月以下之有期徒刑而定，而與就個別之罪所宣告之個別刑期無關。凡是經裁定應執行刑依限制加重原則而逾六個月之刑期者，即與易科罰金之法定要件不符，而不得易科罰金，即使各罪分別宣告之徒刑，均未逾六個月，亦不受其影響。易言之，即實質競合之數罪併罰而就各罪分別宣告之徒刑，就各罪分別宣告之有期徒刑雖均未逾六個月，但一經依現行刑法規定之限制加重原則決定應執行之刑期，自有可能逾六個月，此雖係就數個獨立之罪併合處罰而定之執行刑，但在刑法之定罪科刑上仍屬

說，是否應執行自由刑，在德國乃屬裁判階段之法官保留事項，一旦法官於個別犯罪裁判宣告時作成應執行自由刑之決定，其後之定執行刑程序，並不會改變德國法制由法官於裁判宣告時決定是否執行自由刑之規範保留模式。

舉例來說，如果德國法官判處被告有期徒刑三月及五月，並定執行刑七月，則不論三月、五月或七月，原本均無我國法制易科罰金之機會，其執行刑七月所以必須入監服刑之理由在於：其個別犯罪之宣告刑三月及五月原本即應入監服刑[101]。德國定執行刑之程序不會改變被告應否入監服刑之狀態，德國定執行刑之程序並未改變德國刑法關於是否執行自由刑之規範保留模式（於裁判宣告時由法官決定應否執行自由刑）。與此相對，如果我國法官在符合刑法第41條第1項規定之情況下判處被告有期徒刑三月及五月，並定執行刑七月，則因三月及五月原本存在由檢察官或法官於執行時決定是否易科罰金之機會，如依民國95年施行之刑法第41條第2項規定，則應執行刑七月反而無從透過法官保留之模式易科罰金，此種改變是否執行自由刑之規範保留模式之立法，與德國刑法的相關規定迥然不同[102]。在欠缺強有力維護重大公共利益必要的法理支持下，民國95年施行之刑法第41條第2項規定貿然改變應否執行自由刑之規範

對於具有實質競合關係之數罪所宣告之有期徒刑，而與單純一罪所宣告之有期徒刑，並無任何不同。因此，單純一罪之宣告刑逾六個月者，固無易科罰金之適用，數罪實質競合而併合處罰，經定執行刑逾六個月者，自亦同樣因不具易科罰金須受六個月以下有期徒刑宣告之要件，而不得易科罰金。」，應係以德國刑法第四十七條規定爲說理的依據。參閱林山田，論併合處罰之易科罰金，刑事法雜誌，第39卷第1期，頁23。

101 實質上，在複數最高法定刑爲六個月以下有期徒刑之犯罪實質競合的情形中，德國刑法係授權法院決定被告是否應入監服刑；如果法院認爲不必要，即便被告曾多次犯罪，法院亦可逕行宣告罰金刑。

102 因此，以德國法制爲基礎之釋字第662號解釋不同意見書：「按數罪併罰的制度是刑法的立法者所創出的新制度，基本上是以個罪其中最高刑期者，作爲總執行刑期的下限；以每個案件的個別刑期加總爲基數，作爲不得超過總執行刑期的上限。在此範圍內，再授權法官可以自行決定加以酌減（打折扣），定爲應執行刑。法官的裁量空間即甚大。而法官作最終決定應執行刑時，當然要斟酌個案的刑期，以及次數的多寡，包括其中罪責較重、或較輕的案件有多少，來決定評判行爲人的惡性大小（刑法第五十七條），以及予以優惠刑期的多寡。法官在爲此判斷時，數罪併罰中的各個案刑期長短，自然成爲其評判的標準。故難謂法官在此時，不再對受刑人的刑責爲重新價值評判，當然法官必須跳脱在個案刑期宣判時之只對個案的「惡性」（可非難性）的考量，而整體的判斷有多少的「惡性累積」，來作「整體評判」。若認爲法官在數罪併罰之判斷應執行刑時，必須「機械式」的不重視個別刑期，不斟酌有無「非難性的累積」，那豈非「見樹不見林」式的「恣意」？更何況法官於作出應執行刑的決定（裁定）後，後原先各別判決所宣告之刑已隨之失效，豈能再以其作爲許可易科罰金之依據？」，似亦忽略德國實質競合法制並未改變其於應否執行自由刑係採裁判時法官保留原則之規範模式。簡單來説，德國法制並不會使得原本得易科罰金之犯罪因定執行刑而一概必須執行自由刑。

保留模式，在美德法制均未恣意違反規範恆定原則之先例下，此種立法非但不當地創造了規範保留模式之衝突而違背體系正義原則，也無故地破壞了人民對於應否執行自由刑屬於法官保留模式之法制信賴（例如，被告因信賴該犯罪得易科罰金而基於訴訟經濟之考量於偵審中自白並接受簡易程序）[103]而忽略了個案正義（蓋於前述情形中，如被告事先知悉其所為之自白將因數罪併罰規定使其失去自由，必須接受徒刑執行，多半即不願自白並接受簡易程序；而於被告自白並接受簡易程序後，始知悉其將因數罪併罰規定入監服刑，似將招致法律設局欺騙之非議），其立法之不當，已無待贅言。觀諸釋字第662號解釋黃茂榮大法官之協同意見書參：「按是否適合易科罰金，涉及個案之衡平性的評價，並不適合由立法機關超出刑法第四十一條第一項以上，自始為一般的禁止。且量刑之裁量權本屬於法院。在各罪之量刑中，各審判法院已就各罪之可罰性及適合之刑罰充分表示其評價。該評價對於因數罪併罰，而依刑法第五十一條定應執行刑之法院，有其拘束力。」之說明，黃大法官似亦肯認易科罰金之法官保留模式不宜因複數犯罪之累計而變更為法律保留之模式。

陸、結論

針對釋字第366號解釋及相關立法所引發之爭議，除自沿革的角度介紹其所涉之立法原理外，更從比較法之觀點出發，探討學說上反對釋字第366號解釋之論理基礎。由於我國刑法與德國刑法在短期自由刑避免上，採取不同的規範保留模式，縱或我國實務出現異於德國法制之執行現象與說理基礎，原不足為奇。基於比較法探討，本文除回應前述學者反對釋字第366號解釋之論述基礎外，更進一步以美國法規範保留恆定原則為基礎，說明得否易科罰金並不致因我國刑法第50條數罪併罰之規定而發生本質上的變化。又由於我國刑法之應執行刑不致在「學理上」產生如同「單一重罪宣告刑」般效力，因此亦不致產

103 關於被告對於易科罰金之信賴，亦可參照釋字第662號解釋池啓明大法官協同意見書一：「7、若所犯數罪分屬二裁判以上者，被告因「信賴」各罪宣告均得易科罰金而不用入監服刑，乃一併放棄第二審上訴，事後卻因檢察官依刑法第五十三條規定聲請法院裁定合併定應執行刑，被告於收受裁定後，始悉因合併定執行刑逾六月而全部不得易科罰金時，幾乎已無救濟之機會，此種情形無異藉定應執行刑而變相加重處罰，非只有突襲性裁判之嫌，且將造成侵犯人民身體自由之結果，何況此部分採書面審理而未予受刑人表示意見及充分行使其訴訟防禦權之機會，亦嫌有違反公平審判之原則。」之說明。

生一概剝奪受刑人易科罰金機會之效力。也就是說，既然數罪併罰規定本身原不在使受刑人接受更不利之執行處分，刑法第50條之規定尚不致成爲複數犯罪失其易科罰金機會之關鍵。本文亦自憲法人權保障之觀點，說明何以施行於民國95年之刑法第41條第2項一概不准易科罰金之規定，因剝奪受刑人易科罰金之機會，有違反自由刑最後手段原則之不當。雖然將釋字第366號解釋與其明文化的刑法第41條第2項之規定，並未充分釐清並在理論上妥善處理源自於數罪併罰與易科罰金結合時所出現的問題，也不是解決併罰數罪得否易科罰金之最佳規定，不過，較之施行於民國95年之刑法第41條第2項規定不當剝奪受刑人易科罰金的機會，釋字第366號解釋與民國90年增訂之刑法第41條第2項規定實較符合人權保障之理念。因此，以狹義比例原則爲基礎的釋字第662號解釋，其所持「一概不准超過六月之應執行刑易科罰金」之刑法第41條第2項規定違反最小侵害原則之主張，非僅未違反數罪併罰之規範目的，亦與我國刑法易科罰金所採（執行時）法官保留之模式相符，其立論實値贊同。

應予補充說明者，由於數罪併罰規定原以累罰效應避免爲規範目的，故縱依施行於民國95年之刑法第41條第2項規定，限於在應執行刑未逾六個月始得易科罰金，不過既然應執行刑未逾六月，如認被告不必發監執行有期徒刑，本質上原無避免累罰效應之必要。則此時允許應執行刑未逾六個月始得易科罰金之民國95年施行之刑法第41條第2項規定，不但無法說明何以在無避免累罰效應之必要時，被告仍得基於數罪併罰規定而於罰金之易科執行上享有減免之優待；而若堅持應執行刑逾六月即不得易科罰金，更令人不解的是，何以實務上會出現如釋字第366號解釋所引之案例「其中一罪已依易科罰金之方式執行完畢」與「刑法第41條第2項規定所有罪刑均不得易科罰金」二者相互矛盾之現象。因而，正本清源之道，乃在調整限縮數罪併罰之規定。本文建議於刑法第50條規定後，增定但書：「但如部分之宣告刑於應執行刑開始執行前已執行完畢，或以易科罰金之方式執行，不在此限。」之規定，如此一來，不但實務上可避免類似釋字第366號解釋等源自數罪併罰規定之爭議，亦使易科罰金之運作符合美國聯邦最高法院於路易絲案中所揭示之法理。

第二章　解構數罪併罰與易科罰金之交錯難題

壹、問題之提出

在我國刑事法制發展過程中，大概很少有一個爭議像數罪併罰與易科罰金相互交錯時，那麼受到大法官的青睞了。從早期1975年12月作成之釋字第144號解釋開始，歷經1994年9月作成之釋字第366號解釋、2009年6月作成之釋字第662號解釋到2010年7月作成之釋字第679號解釋爲止，大法官共計作成四號解釋來分析、探討數罪併罰是否得易科罰金之難題；期間立法者就此更曾三度於民國90年、民國94年與民國98年間，左右搖擺地修正刑法第41條規定，不難想見此一難題存在之高度爭議。究竟爲什麼在經歷三、四十個年頭的爭議後，關於數罪併罰得否易科罰金之爭議，仍然停留在剪不清、理還亂的混沌階段？何以歷來或歷屆大法官總不能提出一個兼顧學說與實務，讓各方都能接受的解釋呢？面對正反二說之針鋒相對，以及以德國法制論述爲基礎的強烈修法呼籲[1]，不禁令人質疑：如果德國法制不能充分詮釋並解決我國現行刑事實務爭議，難道就不存在一個既跳脫法制繼受束縛而又有別於傳統的本土論述，足以涵蓋我國數罪併罰與易科罰金法制特色、又能解套此一法制難題的法釋義途徑？難道我國刑事法制只能自嘆不如並甘拜下風地修正我國現行制度以迎合外國法理論述？如果各方源自比較法的批評眞的那麼鞭辟入裡，又何以學養俱優的歷來或歷屆大法官皆參不透其中玄機，無法下定決心從善如流、蕭規曹隨地通盤繼受可以攻錯的他山之石，並執意二度作出如釋字第366號與第662號等一

---

1 相關批評可參閱林山田，論併合處罰之易科罰金，刑事法雜誌，第39卷第1期，頁23-31，1995年2月；朱敏賢，「數罪併罰之易科罰金」之研究——以釋字第366號解釋爲中心，刑事法雜誌，第40卷第4期，頁117，1996年8月；柯耀程，易科罰金的數罪併罰問題檢討；蔡墩銘主編，刑法爭議問題研究，頁378-381，五南，1999年2月；林山田，評易科罰金的修正，月旦法學雜誌，第74期，頁144，2001年7月；林山田，論刑法總則之改革，月旦法學雜誌，第76期，頁104，2001年9月；柯耀程，數罪併罰之易科罰金適用關係檢討，司法周刊，第1284期，頁2-3，2006年4月27日、第1285期，頁2，2006年5月4日；黃翰義，修正刑法易科罰金規定之檢討，法學叢刊，第203期，頁157，2006年7月；薛智仁，易科罰金與數罪併罰的交錯難題，頁23-34，成大法學，第18期，2009年12月。

律允許超過六月應執行刑易科罰金之解釋並招致有違「外國法理」批判的憲法解釋？又如釋字第366號與第662號等解釋已足充分釐清並解決數罪併罰易科罰金之爭議所在，何以釋字第679號解釋卻一反前揭解釋立場，仍沿襲釋字第144號解釋堅持於併罰數罪中部分罪刑宣告超過六月時，因一律不生易科罰金之問題而無庸記載易科罰金之標準？事實上，上述大法官解釋間關於得否易科罰金之歧異，亦足徵數罪併罰得否易科罰金之高度複雜性，也難怪我國學說與刑事執行實務會對此爭論不休。

爲能充分理解數罪併罰得否易科罰金之爭議所在，本文將先介紹歷來大法官就此所爲之諸號解釋，以及刑法第41條之沿革修正。而在進一步分析說明此一爭議之前，本文也將分別探討數罪併罰與易科罰金之規範目的及源自比較法之質疑批評。最後本文將提出有別於向來對數罪併罰得否易科罰金此一爭議理解之法釋義途徑，並論證此一詮釋途徑於前述難題及我國相關實務爭議（如正當法律程序保障與累犯之判斷）解決之有效性及實用性，以爲我國司法實務之參考。

貳、數罪併罰得否易科罰金之大法官解釋與學說

由於刑法第41條第1項定有易科罰金之前提，因此犯罪之罪刑宣告得略分爲得易科罰金之罪刑宣告與不得易科罰金之罪刑宣告二類，而數罪併罰亦相對應的可分爲「得易科罰金之罪刑宣告併罰」、「得易科罰金之罪刑宣告與不得易科罰金之罪刑宣告併罰」與「不得易科罰金之罪刑宣告併罰」三種併罰類型[2]，由於後者不存在易科罰金之可能，因此司法實務上惟於前二種併罰類型始可能發生得否易科罰金之爭議。

大體而言，釋字第366號解釋與第662號解釋旨在處理「得易科罰金之罪刑

2 由於刑法第41條第2項與第3項新增易服社會勞動規定，因此事實上併罰類型尚有：「得易科罰金之罪刑宣告與得易服社會勞動之罪刑宣告併罰」、「得易科罰金之罪刑宣告與不得易服社會勞動之罪刑宣告併罰」、「得易服社會勞動之罪刑宣告併罰」、「不得易科罰金之罪刑宣告與得易服社會勞動之罪刑宣告併罰」、「不得易科罰金之罪刑宣告與不得易服社會勞動之罪刑宣告併罰」、與「不得易服社會勞動之罪刑宣告併罰」六種。雖然實務上就前四種併罰類型得否易科罰金或易服社會勞動尚未產生爭議，因可預見其必於將來發生爭議，則相關解釋或說明就此不應有所忽略。

宣告併罰[3]」所衍生之爭議，而釋字第144號解釋與第679號解釋則以「得易科罰金之罪刑宣告與不得易科罰金之罪刑宣告併罰[4]」為解釋標的。事實上，在1994年9月釋字第366號解釋作成前，實務向認逾六月之應執行刑不得易科罰金，此可參照最高法院57年台非字第127號判決：「第一審判決既定其應執行刑為有徒刑十月，依照刑法第41條之規定，即無諭知易科罰金之餘地，乃竟諭知罰金，原審亦復予以維持，均有違誤。」之說明；學者間亦認只有在各罪之宣告刑及依刑法第53條所定應執行之刑均在六個月以下，受刑人始得以易科罰金之方式執行應執行刑；惟若各罪之宣告刑均在六個月以下而所定應執行之刑卻已逾六個月時，所定應執行刑即不得以易科罰金之方式執行，受刑人即應入監服刑[5]。

---

[3] 參照釋字第366號解釋：「裁判確定前犯數罪，分別宣告之有期徒刑均未逾六個月，依刑法第四十一條規定各得易科罰金者，因依同法第五十一條併合處罰定其應執行之刑逾六個月，致其宣告刑不得易科罰金時，將造成對人民自由權利之不必要限制，與憲法第二十三條規定未盡相符，上開刑法規定應檢討修正。」與第662號解釋：「中華民國九十四年二月二日修正公布之現行刑法第四十一條第二項，關於數罪併罰，數宣告刑均得易科罰金，而定應執行之刑逾六個月者，排除適用同條第一項得易科罰金之規定部分，與憲法第二十三條規定有違，並與本院釋字第三六六號解釋意旨不符，應自本解釋公布之日起失其效力。」及其解釋理由書。

[4] 參照釋字第144號解釋：「數罪併罰中之一罪，依刑法規定得易科罰金，若因與不得易科之他罪併合處罰結果而不得易科罰金時，原可易科部分所處之刑，自亦無庸為易科折算標準之記載。」與第679號解釋：「本院院字第二七〇二號及釋字第一四四號解釋與憲法第二十三條尚無牴觸，無變更之必要。」及其解釋理由書。實則，因大法官釋字第144號解釋係以司法院院字第2702號解釋：「數罪併罰中之一罪其最重本刑雖在三年以下，而他罪之最重本刑如已超過三年，則因併合處罰之結果，根本上不得易科罰金，故於諭知判決時亦無庸為易科折算標準之記載。法院竟於併合處罰判決確定後又將其中之一部以裁定諭知易科罰金，其裁定應認為無效。」為前提，則釋字第144號解釋之文義不及於「數罪併罰中之一罪，依刑法規定得易科罰金，若因與不得易科之他罪併合處罰結果而『得』易科罰金時」。

[5] 學者間之見解，可參考如下：韓忠謨：「夫三年以下有期徒刑以下之刑之罪，情節較輕，而或拘役，其所處之刑期又短，頗與罰金相近，故法律規定宣告此類罪刑者，始得易科罰金。所謂受六月以下有期徒刑或拘役之宣告，不僅指單一犯罪之情行而言，即數罪併罰，各罪所宣告之刑均係六月以下有期徒刑，或均係拘役者，亦屬之，但各罪所宣告之有期徒刑，雖均在六月以下，而所諭知執行刑之總刑期逾六月者，即不許易科，蓋易科罰金，專為受短期自由刑之科處者而設，而刑法第四十一條短期自由刑之界限，規定為六月以下有期徒刑及拘役二種，在數罪併罰之案件，各罪所宣告之刑，雖均為六月以下有期徒刑，苟執行刑超過六月，即不得不認為逾越該條所定短期自由刑之界限。」參閱韓忠謨，刑法原理，頁460，作者自刊，1972年4月；周冶平：「須受六月以下有期徒刑或拘役之宣告，即指所諭知應執行數而言，無論所犯者為單純一罪科以單一之刑；或為依數罪併罰所定之應執行之刑（刑法第五十一條參照）；或為因累犯而加重之宣告刑（刑法第四十七條參照），均須在六月以下，始得易科。對於數罪併罰中之一罪之刑，雖合於易科罰金之規定，亦不得單獨為易科罰金之

雖多數學說與民國94年修正之刑法第41條規定皆認超過六月之應執行刑不得易科罰金，不過釋字第366號解釋與第662號解釋等卻一再堅持前揭多數學說觀點有違憲法第23條規定，因而主張如併罰數罪分別宣告之有期徒刑「均」未逾六個月，縱其應執行刑逾六月者，仍得易科罰金[6]。惟如其中一罪或數罪分別宣告之有期徒刑已逾六月，因其已屬釋字第144號解釋之併罰類型，本質上已逾越釋字第366號解釋與第662號解釋之範圍而無在此探討之必要[7]。又雖釋字第144號解釋與第679號解釋均認「得易科罰金之罪刑宣告與不得易科罰金之罪刑宣告併罰」時，不生易科罰金之問題，不過鑒於事實上在得易科罰金之罪刑宣告先確定時，執行實務上的確存在短期自由刑宣告易科罰金之現象，該等解釋不免因無法完全解釋實務存在易科罰金之現象，其內容即難謂妥當；此外，鑒於「不得易科罰金之罪刑宣告」仍可能依刑法第41條第3項規定易服社會勞動，故關於「得易科罰金之罪刑宣告與不得易科罰金之罪刑宣告併罰」併罰類型尚可細分爲「得易科罰金之罪刑宣告與得易服社會勞動之罪刑宣告併罰」與「得易科罰金之罪刑宣告與不得易服社會勞動之罪刑宣告併罰」二類，釋字第679解釋未慮及此，則關於此二類併罰是否皆不生易科罰金甚至易服社會勞動之爭議，自亦不難想見。

關於何以「得易科罰金之罪刑宣告與不得易科罰金之罪刑宣告併罰時，『必然』不生易科罰金之問題」，釋字第144號解釋與第679號解釋並未提出進一步之具體說明，故其確實理由爲何？尚不得而知。如果僅因其中部分罪刑宣

處分。」參閱周冶平，刑法總論，頁535-536，三民書局，1968年11月；林山田：「易科罰金之限制係爲避免執行六個月以下之短期自由刑而設，故其法定要件自必以受六個月以下自由刑之宣告者爲限。此等限制係專就避免執行六月以下短期自由刑而爲之行刑措施，故本法之規定不問係因一罪抑係數罪：而受六月徒刑之宣告，均有其適用，因一罪而受逾六個月之宣告者，固不得易科罰金，因數罪併罰定執行刑而逾六個月者，自亦不得易科罰金，而不受定執行刑前各罪分別宣告之徒刑均未逾六個月之影響。易言之，裁判確定前犯數罪，雖各罪分別宣告之徒刑均爲六月以下，但因數罪併罰定執行刑而逾六個月者，則因必須執行六月以上之自由刑，故已非屬短期自由刑。因此，即應執行自由刑，而不得易科罰金。」參閱林山田，論併合處罰之易科罰金，刑事法雜誌，第39卷第1期，頁16；蔡墩銘：「刑法第四十一條所謂『受六月以下有期徒刑或拘役之宣告』，並未指爲此爲單一罪之宣告刑或數罪併罰之執行刑，是以六月以下有期徒刑乃係就諭知之總數而言，因之，無論單一罪之宣告刑或數罪併罰之執行刑均不得逾越六月以下有期徒刑之限制。」參閱蔡墩銘，刑法總則爭議問題研究，頁368，五南，1991年2月）。觀諸釋字第366號解釋作成前之學說與實務概況，不難發現：民國94年通過之刑法第41條第2項：「前項規定於數罪併罰，其應執行之刑未逾六月者，亦適用之。」規定，實質上乃以釋字第366號解釋作成前之學說與實務爲據。

6　前大理院4年統字第243號解釋本即採此見解。

7　因此大法官翟紹先於釋字第366號解釋所提之不同意見書，恐有誤認併罰類型之不當。

告不得易科罰金即認定其他得易科罰金之罪刑宣告一概皆不得易科罰金，那麼當不得易科罰金之罪刑宣告仍得易服社會勞動時，反倒將出現於所犯法定刑較重之罪（特別在其先確定時）不必入監服刑，但所犯法定刑較輕之罪卻因併罰規定與釋字第679解釋而須入監服刑之執行實務，其間輕重失衡，不當之處，不言可喻。此外，雖釋字第366號解釋與第662號解釋皆主張超過六月之應執行刑不得易科罰金有違憲法第23條規定，但究竟民國94年修正之刑法第41條規定不當或過度限制受刑人何種受憲法保障之權利[8]？大法官亦未具體闡明。又如依釋字第144號解釋與第679號解釋認受刑人一概必須入監服刑，其對易科罰金或易服社會勞動之限制是否亦屬不當或過度？雖大法官就此並未加著墨，似乎才是釋字第679號解釋聲請之主要目的。簡單來說，關於釋字第366號解釋與第662號解皆主張不當或過度限制之權利，是否亦爲釋字第144號解釋與第679號解釋所不當或過度限制？是一個值得進一步深入探討卻乏人問津之重要議題。爲能正本清源地釐清此一疑義，本文以下乃先探討數罪併罰與易科罰金（包含易服社會勞動）之個別規範目的，以爲後續檢討之基礎。

參、數罪併罰規範目的之探討及釐定

對犯罪加以處罰本係防衛社會與預防犯罪之必要手段，其目的在於增進社會全體之利益。由於刑法分則所列舉之個別犯罪係以行爲人觸犯單獨罪名爲規範對象，因此其所定之法定刑範圍也是針對個別犯罪所爲，就此而言，除了所謂裁判上一罪之規定外，一旦行爲人多數犯罪行爲觸犯數個罪名，法院本應以個別犯罪之情狀爲基礎，分別宣告其刑（量刑）；如無其他考量，邏輯上這些個別宣告刑原本即應累計處罰，直至所有宣告刑皆執行完畢，以實現刑罰之目的，而國家對個別犯罪之刑罰權也應分別於個別宣告刑執行完畢時即告消滅。然因我國刑法第50條定有：「裁判確定前犯數罪，併合處罰之。」之明文，因此，「在綜合斟酌犯罪行爲之不法與罪責程度，及對犯罪行爲人施以矯正之必要性，而決定所犯數罪最終具體應實現之刑罰，以符罪責相當之要求[9]」之目

[8] 按依憲法第22條：「凡人民之其他自由及權利，不妨害社會秩序公共利益者，均受憲法之保障。」規定，縱非憲法明文列舉之權利，只要不妨害社會秩序公共利益，均應依憲法第23條比例原則之精神，以內容實質正當之法律或符合授權明確原則之法規命令始得予以限制。

[9] 參照釋字第679號解釋理由書之說明。

的下，如多數犯罪係於某犯罪裁判確定前所犯，即須依照刑法第51條之規定執行，以避免刑罰過於嚴酷，符合刑罰均衡性。一般咸認數罪併罰應以依刑法第51條規定所定之應執行刑為檢察官依刑事訴訟法第457條第1項規定指揮執行之依據，如於個別宣告刑執行完畢事後始發生數罪併罰或併罰範圍擴張之情形，縱先開始執行之刑罰已執行完畢，檢察官亦應依事後所定應執行刑換發執行指揮書，以為因應。

縱刑法針對行為人之多數犯罪於裁判確定前之要件下設有併合處罰之規定，然而關於併合處罰之規範目的以及數罪併罰對於其他刑法制度產生何種影響，因立法者並未明確予以說明，以致於迭有爭議。就法制沿革而言，由於併罰制度乃對行為人之多數犯罪所設，其規範目的旨在解套執行實務上無法執行多數死刑與無期徒刑之困境（刑法第51條第1款及第3款參照）與防止連續執行有期徒刑所生「累罰效應」對行為人多數犯罪之過度處罰（刑法第51條第5款至第7款參照）；究其所以，不外因於結合犯外，刑法分則之犯罪處罰於刑度設計上並未考量行為人多數犯罪之情狀，因此法制上遂有於刑法總則設置數罪併罰予以調整其處罰之現象。特別於前述避免累罰效應過度處罰之規範目的下，學說上乃認數罪併罰之應執行刑整體反應了行為人多數犯罪之罪責內涵[10]，並認應執行刑因於執行上具有不可分割之特徵與效力，而有其整體性[11]。實務上除認依應執行刑執行時「無從嚴格區分各罪分別於何時執行完畢[12]」外，更認行為人是否對刑法感應力薄弱而有以累犯予以加重處罰之必要，應以應執行刑是否整體執行完畢為判斷基礎[13]；此外，有關假釋之計算，亦應以應執行刑為依據[14]。

值得注意的是，為免刑事處罰過度重視行為人而忽略行為要素[15]，規範上必然須以某個程序階段（起訴、刑之宣告、裁判確定或執行完畢）為多數犯罪併合處罰（併合範圍）之前提限制，因此，是否因未併合處罰而產生過度處罰之流弊，亦即在何種情況下（例如：起訴後再犯罪、刑之宣告後再犯罪、裁判

10　參閱柯耀程，數罪併罰整體刑之確立與易刑處分；變動中的刑法思想，頁251，元照，1999年9月。

11　參閱甘添貴，狹義數罪併罰與執行刑之加重與併科，月旦法學雜誌，第67期，頁14-16，2000年12月。

12　參照最高法院82年台上字第6865號刑事判決。

13　參照最高法院76年台非字第128號刑事判例。

14　參照最高法院99年台抗字第221號刑事裁定。

15　參閱楊建華，刑法總則之比較與檢討，頁379，三民書局，1998年3月。

確定後再犯罪或執行完畢後再犯罪）之接續處罰（累積執行宣告刑）始不生過度處罰之問題[16]，而無併罰之必要，本質上應以立法者所爲之刑事政策決定爲斷[17]。不過雖於概念上得明確區分各個程序階段，併罰目的是否達成卻不免因實務操作之不確定而不易檢驗，蓋於實務操作上，關於須偵查多久始得起訴、須審判多久始得宣判、須上訴多久始得確定以及須確定多久始得執行等因素，對被告而言，因程序之主導者爲檢察官與法院，故前述因素具有高度不確定之特徵，則不論以何程序階段爲區隔是否併罰之前提要件，實際上必然產生併罰範圍因得於事後擴張而不確定之現象[18]，關於在前犯罪冗長訴訟程序中之再犯罪是否應與前犯罪併罰，是否仍有必要將其視爲數罪併罰而予以刑罰寬免，本質上並非沒有爭議。特別當「先確定之罪刑宣告」或「併罰範圍擴張前之應執行刑」已執行完畢後始發現另存在得併罰之他罪時，由於實際上已不存在因連續執行導致過度處罰之流弊，法制上遂出現程序上「須於同一程序接受審判且有可能因接續執行而過度處罰時，始適用併罰規定」之併罰限制[19]。

---

16 黃榮堅教授質疑不適用併罰規定之累計處罰（如釋字第202號解釋）亦違反罪責原則，參閱薛智仁，易科罰金與數罪併罰的交錯難題，頁10，註14，成大法學，第18期，2009年12月。

17 蓋依刑法第50條：「裁判確定前犯數罪者，併合處罰之。」與第53條：「數罪併罰，有二裁判以上者，依第五十一條規定，定其應執行之刑。」等規定，當以裁判確定爲犯數罪爲依法定應執行刑以避免過度處罰之前提。惟於被告一再犯罪，經受諸多科刑判決確定之情形，所謂裁判確定乃指首先確定之科刑判決而言，故判斷上需以該首先判刑確定之日作爲基準，凡在該日期之前所犯之各罪，即應依刑法第51條各款規定，定其應執行之刑；在該日期之後所犯者，則無與之前所犯者合併定執行刑之餘地；惟在該日期之後之數罪，其另符合數罪併罰者，仍依前述法則處理；然無論如何，既有上揭基準可循，自無許任憑己意，擇其中最爲有利或不利於被告之數罪，合併定其應執行之刑。詳請參照最高法院97年台非字第511號刑事判決與98年台非字第195號刑事判決之說明。

18 併罰範圍除將因事後併罰而不確定外，更將因上訴程序之提起或案件發回而有所變動，最高法院98年台抗字第224號刑事裁定：「惟查抗告人所犯上開二罪固曾經原審法院九十五年度重上更（二）字第五五號判處罪刑並諭知應執行有期徒刑八月，緩刑二年；然抗告人嗣就誣告部分提起第三審上訴，經本院九十六年度台上字第一〇七六號判決撤銷原判決關於誣告部分，發回原審法院；再經原審法院九十六年度重上更（三）字第四三號判決就誣告部分論處罪刑（未宣告緩刑），終經本院九十七年度台上字第二九〇二號判決從程序上駁回上訴確定，有各相關判決可資調閱。原審法院九十五年度重上更（二）字第五五號判決誣告部分既經本院撤銷發回，其對該罪量處之刑已不復存在，所定應執行刑部分亦因失所附麗而事實上失其效力。原裁定依原審法院論處抗告人罪刑確定之判決，即九十六年度重上更（三）字第四三號判處誣告部分、九十五年度重上更（二）字第五五號判處僞造印文部分，據以裁定減刑並定應執行刑，並無違誤。」可資參照。

19 相關說明可參閱張明偉，數罪併罰中有期徒刑之執行，頁44-49，國立台灣大學法律學院碩士論文，2002年6月。

此外，縱認數罪併罰具有整體評價與反應行爲人罪責內涵之功能[20]，在避免過度處罰之規範目的下，數罪併罰制度是否尚具有「提昇」罪責內涵之目的與功能[21]？不免令人質疑[22]；原則上，罪責之高低原爲法院於個別犯罪量刑時所應決定之事項，如果法院依具體犯罪情狀而認被告具高度罪責，本應爲高度刑期宣告以爲反映[23]，反之，如其認被告此時罪責程度不高，只要爲低度量刑即可。鑒於分別以粗鄙言語公然侮辱一百個人對社會所造成之惡害與砍斷他人一手或一腳或性侵害未成年少女一次在價值判斷上無法相提並論，如果僅因應執行刑之刑度相對於各罪之宣告刑有所提昇，而認數罪併罰制度將個別犯罪宣告刑刑度罪責內涵提昇至應執行刑刑度罪責內涵之效力[24]（量變導致質變[25]？），亦即認爲公然侮辱一百次與砍斷他人手腳或性侵害未成年少女一次對社會造成相同或相當之惡害（甚至因應執行刑之刑度更長而認整體惡害更爲重大），實質上不啻導致數罪併罰變成一個加重（罪責）處罰事由，如此除將與其原本僅在避免加重處罰之規範目的有所矛盾外，並存在「以避免加重處罰之名行加重處罰之實」之不當[26]。此外，立法者既未若累犯規定般明文將數罪併罰定爲刑罰加重事由，則在數罪併罰合併定應執行刑依限制加重原則[27]不得更不利於被告之規範前提下[28]，依人格責任論將數罪併罰解爲具行爲人刑法色彩之加重要件，恐將有違罪刑法定主義習慣法禁止與類推適用禁止等精神以及禁止雙重評價之憲法原則[29]。

---

20 參照釋字第662號解釋陳新民大法官所提之不同意見書。

21 參閱林山田，評易科罰金的修正，月旦法學雜誌，第74期，頁144，2001年7月。

22 關於無法易科罰金之應執行刑是否眞能整體反應罪責，並非沒有質疑，參閱李茂生，台灣法律發展回顧：刑事法，台大法學論叢，第39卷2期，頁6，2010年6月。

23 參閱李茂生，釋字第六六二號解釋評釋，臺灣法學雜誌，133期，頁242，2009年8月。

24 參閱黃翰義，修正刑法易科罰金規定之檢討，法學叢刊，第203期，頁145-146，2006年7月。

25 參照釋字第366號解釋翟紹先大法官所提之不同意見書以及釋字第662號解釋陳新民大法官所提之不同意見書。

26 如果適用數罪併罰將招致更不利（不得易科罰金）之結果，絕大多數之受刑人寧可選擇不要此種「以避免加重處罰之名行加重處罰之實」、掛羊頭賣狗肉之刑罰制度。關於誤用數罪併罰致不利於被告，可參照最高法院97年台非字第485號刑事判決之說明。

27 參閱薛智仁，易科罰金與數罪併罰的交錯難題，頁11，成大法學，第18期，2009年12月。

28 參照釋字第662號解釋池啓明大法官所提之協同意見書與釋字第679號解釋許玉秀大法官所提之協同意見書。

29 類似見解，參閱李茂生，釋字第六六二號解釋評釋，臺灣法學雜誌，133期，頁242-243，2009年8月。

再者，由於未以「程序上同時接受裁判」限制併罰範圍之數罪併罰制度（如我國），其併罰範圍與所定應執行刑裁定本質上具有高度不確定之特徵[30]，如以被告所不能控制之不確定因素（何時判決確定或執行完畢）作爲判斷是否處罰過當與是否適用併罰制度之標準，爲免出現「變相肯認罪責內涵係以不確定因素爲前提要件」之疑慮，數罪併罰必然將因此一不確定特徵而不具有區隔罪責高低之作用。故縱應執行刑之刑度通常（非必然）較各罪宣告刑刑度之總和爲短，僅因多數犯罪符合併罰規定而一概認行爲人惡性較重大[31]，相較於實際上不符合數罪併罰之多數犯罪行爲人未必皆爲惡性重大之現象，法制上亦難自圓其說。因此，本文認爲：解釋上實不應認應執行刑具有提昇（改變）整體罪責內涵之效力，否則不啻認爲罪責內涵將因其他犯罪之存在而改變，其不當不言可喻。從而，多數犯罪本身並不是一個足以改變罪責輕重評價之事由[32]，應執行刑僅於避免過度處罰之目的上，具有接續執行自由刑至應執行刑所定刑度時，即足以整體應報多數犯罪惡害、反應多數犯罪罪責之計算上功能。鑒於數罪併罰之應執行刑僅應具有接續執行自由刑或整體執行罰金刑至應執行刑所定刑度（而非接續或整體執行宣告刑全部），即足以適度（非過度）應報行爲人多數犯罪對社會造成危害並矯正犯罪人危險性格之功能。如認行爲人多數犯罪未被處罰前通常存在累進式減弱犯罪反對動機之現象而降低罪責程度[33]，一旦部分犯罪已接受處罰，除應產生強化犯罪反對動機之效果外，不存在接續執行自由刑之情狀，本質上即無避免過度處罰之必要，自亦無適用數罪併罰規定之前提，此時行爲人多數犯罪之處罰原即應回歸到累計處罰（併執行）之原則，此觀刑法第51條第2款、第4款、第9款及第10款等規定「因無

---

30 執行實務上，定應執行刑裁定將因併罰範圍更動而當然失其效力，此可參照最高法院59年台抗字第367號判例：「數罪併罰，應依分別宣告其罪之刑爲基礎，定其應執行刑，此觀刑法第五十一條規定自明，故一裁判宣告數罪之刑，雖曾經定其執行刑，但如再與其他裁判宣告之刑定其執行刑時，前定之執行刑當然失效，仍應以其各罪宣告之刑爲基礎，定其執行刑，不得以前之執行刑爲基礎，以與後裁判宣告之刑，定其執行刑。」與98年台非字第6號刑事判決：「至檢察官倘應另行依法聲請裁定更定其應執行刑，則法院再爲更定其應執行刑之裁定時，原有依聲請定應執行刑之裁定，當然失其效力。」之說明。

31 參閱林山田，評易科罰金的修正，月旦法學雜誌，第74期，頁144，2001年7月。

32 依美國聯邦最高法院所見，於同一被告犯多數輕罪時，並不因其所受科刑宣告於累計上可能高於（重罪）一年以上之科刑宣告，而必然導致犯多數輕罪之被告於刑事程序上均得主張憲法僅對重罪被告提供保障之陪審權利，換言之，就程序保障之角度而言，罪數之累計並不會改變罪責。參閱張明偉，數罪併罰與易科罰金：以釋字第366號解釋與釋字第662號解釋爲中心，軍法專刊第56卷第4期，頁174-176，2010年8月。

33 參閱薛智仁，易科罰金與數罪併罰的交錯難題，頁11，成大法學，第18期，2009年12月。

避免過度處罰之必要而採累計處罰原則」，亦可得到印證。

肆、易科罰金與易服社會勞動規範目的之探索與釐定

爲了緩和自由刑之嚴厲性、避免短期自由刑之流弊並解決監獄人滿爲患之困境，縱於刑法制定之際（民國23年）即存在本於贖刑流弊[34]而反對之聲浪[35]，立法者「爲達成防止短期自由刑之流弊，並藉以緩和自由刑之嚴厲性[36]」，仍於刑法第41條制定易科罰金之規範，並進一步增定易服社會勞動制度，以符自由刑最後手段原則[37]。相對於傳統上於矯正機構（監獄）內執行自由刑（限制自由權）以達受刑人與社會隔離目的之行刑制度，任何替代前述傳統機構內處罰方式之刑事處遇措施（包含少年保護事件之刑事措施[38]），本質上均屬於轉向處分[39]。雖因易科罰金與易服社會勞動之宣告係以被告已接受正式審判並告有罪確定爲前提，概念上不屬於以未經正式司法審判程序爲內涵之狹義轉向處分（diversion），不過如以非機構處遇執行（不發監執行）爲廣義轉向處分之內涵[40]，因易科罰金與易服社會勞動二者本質上均係以機構外處遇

---

34 其流弊包括：一、監獄設備不足，減輕監所壓力，這是以行政資源不足，作爲犧牲刑法公權利之代價；二、專制時代的施恩；三、侵犯平等權，有錢贖罪。參閱高仰止，刑法總則之理論與實用，頁528，五南，民國72年1月。

35 參閱王自新，易科罰金之研究，民國法學論文精萃（第四卷）刑事法律篇，頁269，法律出版社，2004年12月。

36 參照釋字第679號解釋理由書之說明。

37 參閱蘇俊雄，自由刑理論與刑法改革的比較研究，台大法學論叢，第23卷第1期，頁107，1993年12月；柯耀程，數罪併罰之易科罰金適用關係檢討上，司法周刊，第1284期，頁2，2006年4月27日。亦有研究指出，轉向處分具有降低再犯率之功能，See Hora, Schma & Rosenthal, Therapeutic Jurisprudence and the Drug Treatment Court Movement: Revolutionizing the Criminal Justice System's Response to Drug Abuse and Crime in America, 74 Notre Dame L. Rev. 439, 531 (1999).

38 1899年設立之芝加哥少年法院係以治療（cure）而非處罰（punish）少年非行爲目的；於1914年正式開啓了強制少年轉向處分之發展，See James A. Inciardi, Duane C. McBride & James E. Rivers, Drug Control and the Courts, 25 (Sage Publications, 1996).

39 See David A. Inniss (editor), DEVELOPMENT IN LAW: ALTERNATIVES TO INCACERATION, 111 Harv. L. Rev. 1898, 1903 (1998).

40 廣義轉向處分（替刑制度）包含所有替代監禁刑的非監禁刑事懲罰與矯正措施，參閱邵衛鋒，刑種與替刑制度，頁154，雲南人民出版社，2007年4月。

替代短期自由刑之執行方式[41]，故二者於概念上皆應該當廣義轉向處分[42]，並無疑義。鑒於轉向處分在美國法制沿革上之蓬勃發展原在避免以機構內處遇措施對待煙毒犯時所遭遇之違憲爭議[43]，雖其內涵及性質因已不屬「過度酷刑」而與未經轉向之傳統機構內處遇[44]不能相提並論；此外，又因轉向處分本質上乃處罰之選擇制度[45]，縱執行手段有所轉向，仍不失其刑罰色彩[46]；從而，不論係易科罰金或是易服社會勞動，此等以機構外處遇爲執行手段之轉向處分對被告造成之處罰效應，本質上應迥異於以機構內處遇爲執行手段之自由刑執行；依刑法第44條規定，其作用充其量不過與執行所宣告之自由刑相同，具有解消國家對宣告刑行刑權之效力而已。因此，因自由刑接續執行（機構內處遇）可能導致過度處罰之疑慮，本質上並不存在於轉向處分（機構外處遇）之

---

41 替代自由行執行之方式尚包含：刑之免除、延期執行、保護觀察處分、罰金刑、損害賠償命令、公益勞動命令等，參閱黃翰義，修正刑法易科罰金規定之檢討，法學叢刊，第203期，頁138，註4，2006年7月。

42 依此定義，緩刑制度與保安處分亦屬廣義之轉向處分，依刑法第93條第1項：「受緩刑之宣告者，在緩刑期內得付保護管束。」規定，保護管束（保安處分）得爲緩刑之執行手段之一。基於刑事政策的角度而論，「所謂的diversion是指將現在刑事程序所處理的對象（事件或案件）切離（廣義）刑事司法體系的機制。而這種切離的動作有些是發生在刑事程序啓動之前，有些則是發生在刑事程序正在進行的過程中，當然也有些是發生在刑事程序的最後階段。此外，當轉向的機制發動後，對於該當事件或案件國家可以不再進行任何的干預（或協助），反之國家也可以透過另外一種社會系統（通常是福利系統）積極地繼續干預該當事件或案件。據此，從微罪處理、緩起訴、緩刑到假釋，甚至於暫時的轉向機制（少年事件處理法中的試驗觀察）都可以算是廣義的轉向制度。」參閱李茂生，轉向制度的立法意旨與未來展望，頁1，收錄於李茂生's posterous， http://s3.amazonaws.com/files.posterous.com/lms/JKFFVDCMlZgpWeDToUUND76kM0wBN1mBtXcNRZkA5lH9lgbHoyRpN6mfmldk/untitled.pdf?AWSAccessKeyId=1C9REJR1EMRZ83Q7QRG2&Expires=1283681242&Signature=aSXQ%2F2fj1K4Q6o19x4Ysn4e3ULE%3D（最後造訪日：2010年9月6日）。

43 由於美國聯邦最高法院曾於1962年之Robinson v. California（370 U.S. 660）乙案中判決以機構內處遇對待吸毒者有違聯邦憲法第八修正案禁止殘酷刑罰之規定，因此美國刑事法制遂開始發展符合美國憲法第八修正案原則之轉向處分，以因應毒品濫用之問題。See Beth A. Weinman, Treatment Alternatives to Street Crime (TASC), in James A. Inciardi ed., Handbook of Drug Control in the United States 139, 140 (1990).

44 由於現行法之易刑處分包含罰金易以訓誡此種機構外處遇之易刑，其範圍較轉向處分爲廣，因此本文以轉向處分一詞指稱易科罰金與易服社會勞動等將機構內處遇轉向爲機構外處遇之易刑處分。

45 See Dan M. Kahan, WHAT DO ALTERNATIVE SANCTIONS MEAN？, 63 U. Chi. L. Rev. 591, 591 (1996).

46 參閱林順昌，易刑處分刑事政策之務實與樂觀——評短期刑轉向社會勞動制度，法學新論，第10期，頁97，2009年5月。

執行中。

關於易科罰金准駁之權誰屬，在舊刑法第41條仍以「因身體、教育、職業或家庭之關係，執行顯有困難者」爲其要件時，其要件該當與否究應由誰判斷，歷來迭有爭議。雖院字第1356號解釋肯認於法院判決主文漏未記載易科罰金時，被告及檢察官均有易科罰金聲請權，惟本諸院字第1387號解釋：「刑法第四十一條之易科罰金，法院祇須依刑事訴訟法第三百零一條第二款，於判決主文中諭知其折算標準，無庸就執行有無困難預爲認定。」意旨，實務上向來皆認易科罰金係執行指揮事項，而應專由檢察官於實際執行時具體判斷[47]。不過在刑事訴訟法第484條允許受刑人等以檢察官執行之指揮不當爲由，向諭知該裁判之法院聲明異議之規範下，事實上法院可以透過聲明異議程序裁定變更檢察官有關是否該當「因身體、教育、職業或家庭之關係，執行顯有困難」之判斷，依釋字第245號解釋：「受刑人或其他有異議權人對於檢察官不准易科罰金執行之指揮認爲不當，依刑事訴訟法第四百八十四條向諭知科刑裁判之法院聲明異議，法院認爲有理由而爲撤銷之裁定者，除依裁定意旨得由檢察官重行爲適當之斟酌外，如有必要法院自非不得於裁定內同時諭知准予易科罰金」意旨，以及刑法第43條易以訓誡「犯罪動機在公益或道義上顯可宥恕」與刑法第74條緩刑宣告「以暫不執行爲適當者」等均純屬審判上所應審酌事項[48]，檢察官僅能依判決內容執行，而不得否定易以訓誡或緩刑宣告，本文認爲：既然法院都有權可以在宣判時決定（暫時）不執行自由刑（易以訓誡或緩刑）了，舉重以明輕，法理上實在找不出甚麼理由否定法院於裁判宣告時有權預測並決定執行有無困難，以決定以罰金刑代替短期自由刑之執行；因此，鑒於刑事訴訟法第457條之執行指揮權並未授予檢察官對於刑罰種類有決定權力[49]，並避免檢察官之執行指揮權架空法官之刑罰裁量權、破壞權力分立精神[50]，縱於

47　修法前之實務可參照最高法院77年台非字第158號刑事判決。惟於2005年修法後，仍有持相同見解者，例如大法官池啓明即認爲：准否易科罰金，係專屬執行檢察官之裁量權。參閱池啓明，釋字第662號解釋協同意見書與釋字第679號解釋不同意見書；另可參閱李茂生，釋字第六六二號解釋評釋，臺灣法學雜誌，133期，頁240，2009年8月。不過，本文並不贊同此種見解，姑不論本文主張轉向處分係法院權限，單就法院依釋字第245號解釋得自爲易科罰金之決定而言，關於易科罰金實已非「專屬」檢察官之裁量權。

48　參照前司法行政部（42）台令俞字第4298號函。

49　參閱柯耀程，2009年新修刑法條文評析——易刑處分導入社會勞動制度之檢視，月旦法學，第175期，頁156，2009年12月。

50　以緩刑宣告爲例，如法官於宣判時未爲緩刑宣告，已反映出法官認爲無緩刑必要，如法官同時未爲易科罰金宣告，亦表示出法官認爲有執行短期自由刑之必要，實務只允許檢察官任意

2005年刑法修正前，關於執行時得否易科罰金，因其本質上係量刑事項，仍應專屬法院之權限。觀諸修正前刑法第41條並無類似刑法第42條第6項（修正前刑法第42條第4項）：「科罰金之裁判，應依前三項之規定，載明折算一日之額數。」強制載明折算標準之文字[51]以及刑事訴訟法第309條第2款：「有罪之判決書，應於主文內載明所犯之罪，並分別情形，記載下列事項：二、諭知六月以下有期徒刑或拘役者，如易科罰金，其折算之標準」並未強制法院宣告易科罰金之折算標準，並允許法院於「如不易科罰金時」不必諭知易科罰金之折算標準[52]，修法前有關「易科罰金乃專屬檢察官權限、法院無庸就執行有無困難預爲認定」之說法，非無疑義[53]。

由於刑法第41條已於民國94年修正時刪除前述「因身體、教育、職業或家庭之關係，執行顯有困難者」之要件，因此，犯最重本刑爲五年以下有期徒刑之刑之罪並受六月以下有期徒刑或拘役之宣告者，原則上即爲「應」易科罰金（非「得」易科罰金）。雖然刑法第41條第1項但書「但確因不執行所宣告之刑，難收矯正之效或難以維持法秩序者，不在此限」明文不得易科罰金之要件，不過關於「是否確因不執行所宣告之刑，難收矯正之效或難以維持法秩序」之判斷誰屬[54]，除前述理由外，鑒於現行刑法第41條第1項已刪除「執行顯有困難」、但同條第4項卻仍保留「執行顯有困難」等文字，本文認爲：縱於2005年修法前主張易科罰金屬執行指揮事項而應專由檢察官決定，在現行

變更易科罰金之執行卻不允許檢察官對緩刑與否之裁量表示意見，並不具正當化之事由。此部分尚可參閱盧映潔，台灣刑罰執行與變更中的問題與改革——以易科罰金及易服社會勞動爲探討重點，法學新論，第20期，頁38-40，2010年3月。

51 參照最高法院43年台上字第791號刑事判例。

52 參閱左覺先，探討易科罰金之一則問題，法律評論，第45卷第4期，頁5-8，1979年4月。依此見解，如法院於宣判時認執行無困難，固得不爲易科罰金折算標準之諭知，惟如檢察官於實際執行時認有困難，尚得向法院聲請易科標準之裁定，不過法院此時仍有權駁回聲請；反之，如法院於宣判時已爲易科罰金標準之諭知，而檢察官於實際執行時認無執行困難而不准易科罰金，受刑人即得透過聲明異議之程序尋求法院救濟，此即釋字第245號解釋所指之情形。然而，前述情形於2005年刑法第41條修正後應已改觀，蓋修正法已刪除「因身體、教育、職業或家庭之關係，執行顯有困難者」之易科要件。

53 同此見解，參閱蔡銘書，論易刑處分之決定——由台灣高等法院台南分院97年度聲字第638號裁定談決定程序之建構，「刑事立法政策檢視」學術研討會，台灣刑事法學會99年度會員大會手冊，頁95、103，2010年9月25日。

54 最高法院98年台抗字第102號刑事裁定等實務見解仍主張此乃立法者賦予檢察官之裁量權，台灣高雄地方法院98年聲字第164號刑事裁定更詳明難收矯正之效係以特別預防爲基礎，而難以維持法秩序係以一般預防爲考量因素。

法已調整易科罰金規範架構之前提下，為避免檢察官重複審查法院已於決定易科罰金時審查過的事項[55]，解釋上應認關於易科罰金之准駁，本質上已非屬通說所認須於執行時始得予以評價之事項[56]；則就體系解釋而言，得否易科罰金應係法院於個別犯罪量刑時，針對矯正效果與法秩序維護等因素予以考量之事項。既然關於得否易科罰金之判斷須於裁判宣告時作成，實質上得否易科罰金即應如緩刑宣告般，純屬法院於審判上應斟酌決定之事項，亦即法院應於裁判時決定被告是否應執行短期自由刑。故就現行易科罰金之規範結構而言，如果法院於刑之宣告時認刑法第41條第1項但書之情形不存在（亦即該宣告刑得易科罰金），即應諭知易科罰金之折算標準，以為檢察官將來執行之依據；相反的，如果法院於刑之宣告時認為確實存在刑法第41條第1項但書之情形（亦即該宣告刑不得易科罰金），即無須諭知易科罰金之折算標準，檢察官於執行時亦無須再行判斷得否易科罰金[57]。既然現行法關於得否易科罰金之判斷與定位已與修正前不同而非屬執行時所應判斷之事項，故其應如同易以訓誡與緩刑宣告般，屬法院就具體犯罪情狀於罪刑宣告（量刑）時應判斷與決定之事項。因此，鑒於法院於具體個案中得裁量是否選擇易科罰金、易以訓誡或緩刑作為某犯罪宣告刑之轉向處分[58]以救濟短期自由刑或避免不必要的自由刑[59]，並為避免否准易科罰金限制人身自由之執行實務存在違反憲法第8條絕對法官保留原則與公民與政治權利國際公約（International Covenant on Civil and Political

55 參閱蔡銘書，論易刑處分之決定——由台灣高等法院台南分院97年度聲字第638號裁定談決定程序之建構，「刑事立法政策檢視」學術研討會，台灣刑事法學會99年度會員大會手冊，頁102，2010年9月25日。

56 類似見解，參閱黃翰義，修正刑法易科罰金規定之檢討，法學叢刊，第203期，頁155，2006年7月。

57 不過，關於檢察官或受刑人此時得否再次請求法院准許易科罰金並諭知易科罰金之折算標準，乃係另外一個問題。

58 參照最高法院99年度台上字第3071號刑事判決：「緩刑制度旨在暫緩宣告刑之執行，促使犯罪行為人自新，藉以救濟短期自由刑之流弊，則緩刑期內，其是否已自我約制而洗心革面，自須予以觀察，尤其對於因生理或心理最需加以輔導之妨害性自主罪之被告，應於緩刑期間加以管束。」說明，緩刑本質上亦為救濟短期自由刑流弊所設之轉向處分，只不過得宣告緩刑的自由刑宣告不限於六月以下自由刑宣告（傳統上認知的短期自由刑），而擴及於二年以下自由刑宣告。

59 依照加州刑法（California Penal Code § 1000.2）規定，法院應於舉行聽證後決定轉向處分是否有利於被告，而檢察官僅能就被告是否適於轉向處分表示意見。See Hora, Schma & Rosenthal, Therapeutic Jurisprudence and the Drug Treatment Court Movement: Revolutionizing the Criminal Justice System's Response to Drug Abuse and Crime in America, 74 Notre Dame L. Rev. 439, 507 (1999).

Rights）之疑慮[60]，法制上除易科罰金准駁應符合正當法律程序之要求[61]外，自亦應認檢察官並無權否定或改變法院所宣告之（緩刑或易科罰金）轉向處分[62]而得逕自決定得否易科罰金或易以訓誡。

不過法院所爲緩刑或易科罰金之宣告，因規範設計之不同，其於得否撤銷或是否執行之點，對被告而言並不完全相同，其轉向之內涵亦因此有所出入。如前所述，由於易科罰金之性質已因刑法第41條之修正而有所轉變，故一旦法院於量刑時已爲易科罰金之宣告，如同法院爲緩刑之宣告般，關於短期自由刑是否易科罰金（或是自由刑得否緩刑），已非檢察官於執行時所得干涉。惟應予注意者，原則上法院所爲之緩刑宣告於裁判確定時即已「自動」發生效力，被告對此並無權置喙，縱被告於事實上得藉由於緩刑期內再犯罪之方式否定該緩刑宣告之效力，徵諸實際，其不過爲緩刑撤銷之問題，被告仍無權同意或否定緩刑之生效與執行。與此相對，雖法院所爲之易科罰金宣告亦於裁判確定時發生效力，不過該宣告卻不生「必然」易科罰金之效果，蓋如被告於實際執行時不繳納易科罰金，甚至拒絕易服社會勞動而堅持入監服刑，則關於應易科罰金之短期自由刑宣告，實際上仍將以機構內處遇之方式執行原宣告刑。就此而言，本質上我國刑法第41條第1項有關得否轉向以易科罰金之方式執行短期自由刑之轉向制度，除以法院同意爲前提外，被告之同意與配合亦爲不可缺之要件，一旦法院已作出刑法第41條第1項但書不存在之判斷而爲易科罰金之轉向宣告，被告於該宣告確定時即已取得選擇以易科罰金方式執行之權利。

鑒於被告事實上爲短期自由刑是否易科罰金之決定者，其得決定是否接受轉向處分之地位，在憲法第22條保障所有不妨害社會秩序與公共利益權利之憲政秩序下，除非認爲其有害社會秩序或公共利益，否則應足以評價爲一種值得法律保護之權利，而受到憲法第23條之保障。因此，當法院同意轉向處分後，是否選擇轉向處分，本質上乃被告之權利（易科罰金權或易科罰金選擇權）[63]，依憲法第23條規定，「除爲防止妨礙他人自由、避免緊急危難、維持

---

60 關於由檢察官決定得否易科罰金之執行實務存在違憲與公民與政治權利國際公約之疑慮，參閱蔡銘書，論易刑處分之決定——由台灣高等法院台南分院97年度聲字第638號裁定談決定程序之建構，「刑事立法政策檢視」學術研討會，台灣刑事法學會99年度會員大會手冊，頁106-107，2010年9月25日。

61 參照台灣高等法院台南分院97年度聲字第638號刑事裁定。

62 參閱薛智仁，易科罰金與數罪併罰的交錯難題，頁18-19，成大法學，第18期，2009年12月。

63 參閱釋字第679號許玉秀大法官之協同意見書。又由於刑法第41條修正前之實務除於少數情

社會秩序或增進公共利益所必要者外」，原則上不得以法律限制易科罰金。因此，縱欲以法律限制此「易科罰金權或易科罰金選擇權」，其內容亦須通過比例原則之檢驗[64]。本文認爲大法官雖未明文「一概不許超過六月應執行刑易科罰金，在本質上過度侵害了此種選擇是否易科罰金之權利」，惟如前述說明，數罪併罰既無使被告處於更不利地位之效力，則「過度限制轉向處分」應即爲釋字第366號與第662號等解釋指摘違憲之主要理由所在。因此，如併罰數罪分別宣告之有期徒刑「均」未逾六個月，受刑人對於各個短期自由刑本即「均」得行使易科罰金選擇權，僅因所定應執行刑逾六個月即一概否定法院個別所爲轉向宣告之效力，並限制受刑人行使易科罰金選擇權，自不屬最小侵害手段而有違憲法第23條之規定。

伍、併罰數罪之易科罰金：不同規範目的交錯時之應然

在分別探討數罪併罰與易科罰金之規範本旨與定位後，關於制度交錯時所生之爭議應如何處理，仍有待進一步檢討說明。縱觀前述四則大法官解釋，大法官似皆肯認刑法第51條第5款之宣告多數有期徒刑包含「已以易科罰金執行完畢或符合刑法第41條第1項」之有期徒刑宣告，正因如此，釋字第366號解釋與第662號解釋才會堅持超過六月應執行刑不得易科罰金之實務見解及立法違反憲法第23條規定。然而，當數罪併罰與易科罰金等制度交錯時，何以不論所宣告之有期徒刑已否執行完畢或得否易科罰金，所有裁判確定前所犯數罪均應併罰而必須依刑法第51條第5款規定定應執行刑？亦即是否不論所宣告有期徒

況（如侵害著作權犯罪）外，原則上准許易科罰金聲請之比例超過九成，基於實際執行時轉向處分之普遍性，在憲法第22條保障所有不妨害社會秩序與公共利益權利之憲政秩序下，除非認爲其有害社會秩序或公共利益，否則應足以評價爲一種值得法律保護之權利，因此本文認爲於修法前，於執行時存在以「請求檢察官或法院以易科罰金之方式執行短期自由刑」之「易科罰金請求權」。

64　雖然實務上尚未發生易服社會勞動之爭議，且依刑法第41條第4項規定，「因身心健康之關係，執行顯有困難者」即應執行原宣告刑或易科罰金，概念上不得易服社會勞動尚可區分爲「法院認不得易服社會勞動者「與檢察官認不得易服社會勞動者」二類，因此執行上須法院與檢察官均認執行時適合者，始得易服社會勞動。鑒於法院認得易服社會勞動前提下，於執行時只要非因身心健康之因素致執行易服社會勞動有困難之人均得請求易服社會勞動，且易服社會勞動與易科罰金同屬廣義轉向處分之一，本文亦認如欲以法律限制此一類似修法前「易科罰金請求權」之「易服社會勞動請求權」，其內容須通過比例原則之檢驗。

刑之執行方式爲何，所有裁判確定前所犯之罪均不能倖免地必須併合處罰？類此疑問或爲制度交錯時首應釐清之盲點。

如前所述，就裁判確定前數罪均宣告有期徒刑來說，數罪併罰之規範目的原在避免因接續執行自由刑對受刑人造成過度處罰之不利益，因此一旦不存在避免過度處罰之考量，數罪本即應因目的之不達而不應併罰，並應接續（累計）執行宣告刑。因此，當裁判確定前所犯數罪之一已執行完畢並出現事後併罰時，因已無從接續執行自由刑，自無從發生過度處罰之可能，此時在規範目的拘束下，法理上裁判確定前之數罪本即不應依刑法第51條第5款定應執行刑。同理，當裁判確定前所犯數罪之一部或全部不須執行自由刑時，理論上亦應因其不與其他自由刑接續執行而不生過度處罰之問題，而失依刑法第51條第5款規定併罰之必要，此觀（一）實務上於裁判確定前所犯數罪之一部受緩刑宣告或緩起訴處分時，其於緩刑宣告或緩起訴處分（轉向處分）撤銷前與其他未受緩刑宣告之有期徒刑不適用數罪併罰定應執行刑[65]；（二）刑法第51條本諸法理上之當然而未針對「緩刑與未緩刑之犯罪併罰」與「緩起訴與未緩起訴之犯罪併罰」等情形明文應如何定應執行刑之規範設計，自可明瞭。本文因此認爲，一旦裁判確定前所犯數罪之一部接受轉向處分（如緩起訴處分或緩刑宣告），因其與未接受轉向處分之自由刑宣告間，於轉向處分撤銷前已無接續執行自由刑之可能，本質上尚不生過度處罰之疑慮而無必要併合處罰；蓋機構內處遇與機構外處遇之本質並不相同，實施機構外處遇並不會產生「機構內處遇是否過度」之問題。因此，裁判確定前所犯數罪是否以機構內處遇之方式執行自由刑，實與數罪併罰之適用有密切的關聯。鑑於刑法第41條第1項僅規定單獨一罪之有期徒刑宣告超過六月時不得易科罰金，並未就數罪併罰應執行刑是否視爲宣告刑以及超過六月應執行刑得否易科罰金有所規範，在罪刑法定主義禁止不利益類推適用之拘束下[66]，數罪併罰規定並不生限制轉向處分（緩起訴或緩刑）之效力[67]，縱已依刑法第51條第5款定應執行刑，亦不影響刑法第41

65　最高法院98年度台抗字第606號刑事裁定：「是數罪併罰各罪所宣告之刑中有一經宣告緩刑，在緩刑期內而未撤銷緩刑之宣告者，該部分之刑即無從依刑法第五十三條、第五十一條之規定，與其餘之罪定其應執行之刑。」可資參照。依刑法第75條之1規定，緩刑前之過失犯罪不生事後撤銷緩刑之效力，縱其與緩刑之罪皆係裁判確定前所犯，亦因未撤銷緩刑宣告而不適用數罪併罰定應執行刑規定。

66　參閱李茂生，釋字第六六二號解釋評釋，臺灣法學雜誌，133期，頁241，2009年8月。

67　舉例來說，如果所犯數罪皆屬輕微犯罪，檢察官或法院本可皆予以緩起訴處分或爲緩刑宣告，縱其等數罪皆爲某裁判確定前所犯，亦未曾見學說或實務有主張因被告所犯多罪而不許緩起訴處分或爲緩刑宣告，依最高法院54年台非字第148號判例：「凡在判決前已經受有期條第1項係以宣告刑爲易科罰金對象之原則[68]。鑒於實際上只有在裁判確定前所犯數罪皆以機構內處遇之方式執行自由刑（未接受轉向處分）時，始有避免過度處罰並適用數罪併罰規定之必要，則任何接受轉向處分之犯罪（不論已否經法院宣告自由刑），就刑法第51條第5款規定而言，皆應排除於併罰範圍之外。

故雖刑法第51條第5款僅以宣告多數有期徒刑爲定應執行刑之前提，而未明文將受緩刑宣告等不執行機構內處遇者排除於併罰範圍外，不過在併罰目的限制下，因僅在多數有期徒刑宣告皆以機構內處遇（自由刑執行）爲執行手段時，始有避免過度處罰之必要，故解釋上應僅於所宣告多數有期徒刑皆接受機構內處遇時，檢察官始得依所定應執行刑指揮執行；一旦部分犯罪已因緩起訴而轉向、或部分自由刑宣告已因緩刑或易科罰金而轉向執行（機構外處遇），因已非自由刑之執行，自應排除於併罰範圍外而無再據以定應執行刑之必要。雖法無明文及此，惟就緩起訴與緩刑於未撤銷前均不適用數罪併罰，但卻於「撤銷緩起訴處分後並經法院爲有期徒刑宣告」以及「撤銷緩刑」時均適用數罪併罰之實務運作而言[69]，前此基於規範目的所爲之說明，應屬法理上之當然

徒刑以上刑之宣告確定者，即不合於緩刑條件，至於前之宣告刑已否執行，以及被告犯罪時間之或前或後，在所不問，因而前已受有期徒刑之宣告，即不得於後案宣告緩刑。」之反面解釋，在判決前已經受有期徒刑以上刑之宣告但未確定者，仍可爲緩刑宣告。就此而言，既然數罪併罰並無限制對被告較爲寬待之緩起訴處分或緩刑宣告效力，舉重以明輕，數罪併罰亦不應限制對被告較爲嚴苛之易科罰金效力。總體來說，於被告犯數罪之情形中，不論數罪得否併罰，均不生限制轉向處分之效力。

68 惟有主張宣告刑本身不生執行效力，僅執行刑方得爲（易科罰金）執行依據；參閱柯耀程，數罪併罰之易科罰金適用關係檢討上，司法周刊，第1284期，頁3，2006年4月27日；薛智仁，易科罰金與數罪併罰的交錯難題，頁8-9，成大法學，第18期，2009年12月。因刑法第41條第1項已明文短期自由刑宣告易科罰金，雖仍須以未受緩刑宣告而具執行力爲前提，因未改變其以宣告刑易科罰金之架構，且法未明文應以應執行刑爲易科之基礎，鑒於轉向處分旨在阻止發生自由刑宣告之執行力，本文不採前揭觀點。

69 此可參照最高法院99年度台上字第2311號刑事判決之事實部分：「上訴人甲○○於民國九十一年間，因僞造文書案件，經台灣彰化地方法院以九十二年度簡字第一八四號判決判處有期徒刑三月，如易科罰金以銀元三百元折算一日，緩刑二年確定；嗣因僞造有價證券案件，經台灣桃園地方法院以九十三年度訴字第六六六號判決判處有期徒刑三年二月確定；又因違反槍砲彈藥刀械管制條例案件，經台灣台中地方法院以九十三年度易緝字第四二八號判決判處有期徒刑三月，如易科罰金以銀元三百元折算一日確定；復因僞造文書案件，經台灣台中地方法院以九十三年度易字第二四二六號判決判處有期徒刑三月，如易科罰金以銀元三百元折算一日確定。嗣上開九十一年間之僞造文書案件另經台灣彰化地方法院裁定撤銷緩刑確定後，與其餘三罪，經台灣台中地方法院以九十七年度聲減字第一一四號裁定，定其應執行刑爲有期徒刑三年五月確定，於九十三年十一月二十六日入監執行，九十五年八月

結果。基於以上之說明，當裁判確定前所犯數罪皆宣告有期徒刑時，法院依刑法第51條第5款所定應執行刑僅於所有罪刑宣告皆接受機構內處遇時，始有適用，當「法院對部分有期徒刑宣告緩刑」或「受刑人行使易科罰金權選擇以機構外處遇之方式執行部分有期徒刑宣告」時，該部分之罪刑宣告即不應爲指揮執行應執行刑之基礎，而應排除於併罰範圍之外；此時縱或仍有數罪併罰之空間，亦僅應以未接受轉向處分之其他罪刑宣告爲定應執行刑之基礎。

陸、自由刑轉向不併罰原則之確立

回顧前述四則大法官解釋，不難發現向來有關數罪併罰得否易科罰金之說明，在未釐清個別制度規範目的之前提下，才會出現於制度交錯時皆無法跳脫「裁判確定前犯數罪均應併罰（數罪中縱部分已轉向執行仍應併罰）[70]」之盲點，釋字第366號解釋與第662號解釋更因此無法清楚說明系爭違憲爭議之所在，而相關學說亦未曾確實澄清實務操作（部分罪刑宣告已易科罰金執行完畢後始併罰）與其論述（超過六月之應執行刑皆不得易科罰金）間之矛盾。有趣的是，向來不論學說與實務均無視此一問題所在，甚至認爲只要是裁判確定前所犯之罪，均應理所當然地適用刑法第51條之規定，好像在數罪併罰制度一開始就存在得否易科罰金之爭議，只是立法者的態度不明而已[71]。惟若自法制沿革之角度觀察，或可釐清數罪併罰得否易科罰金之爭議，按於併罰制度濫觴

二十三日縮短刑期假釋，假釋期間付保護管束，於九十六年十二月二十五日期滿而執行完畢。」因此，於轉向處分又「轉回」機構內處遇時，始有數罪併罰之適用。

70 依最高法院89年台抗字第360號刑事裁定：「又以數罪併罰，有二裁判以上，應依法定其應執行之刑者，縱其中一部分已執行完畢，如該數罪尚未全部執行完畢，仍應依刑法第五十三條之規定，定其應執行之刑，至於已執行部分，應由檢察官於執行時扣除之」說明，法院原則上得於所有犯罪全部執行完畢前定應執行刑；惟爲免事後對於累犯或緩刑之判斷造成不正確之影響，實務甚至肯認於數罪均分別執行完畢後，仍得依刑法第51條第5款規定定應執行刑，詳請參照最高法院98年台非字第92號刑事判決、98年台非字第155號刑事判決與99年台抗字第221號刑事裁定之說明。學說部分可參閱柯耀程，定執行刑界限及已執行刑扣抵——評最高法院九十八年台非字第三三八號刑事判決，月旦裁判時報，第3期，頁106，2010年6月。

71 例如大法官池啓明即曾於釋字第662號解釋協同意見書指出：「舊刑法制定當時，既於同法總則篇第七章詳爲規範數罪併罰定其應執行刑之制度，惟何以未就定應執行之刑，併予規定其易科罰金之條件？是否立法原意認爲易科罰金之條件應就各罪個別審酌決定？尚非可知。」

之際，刑事制裁體系於規範上尚未發展出機構外處遇之轉向執行手段，因此有關併罰制度之發展，原僅以機構內處遇爲考量；以此爲基礎，所謂避免接續執行產生過度處罰之論點，原本即未將機構外處遇之轉向處分考慮在內。試想，如果我國刑法未有易科罰金制度（轉向處分），縱裁判確定前犯數罪皆宣告短期自由刑，因所有自由刑宣告皆須接受機構內處遇，法院此時亦僅須單純地考慮短期自由刑併罰如何定應執行刑較爲恰當，實務上當不發生前述短期自由刑宣告得否易科罰金（轉向執行）之爭議。事實上，在1921年德國制定「罰金刑法」第3條引進「替代罰金刑」（Ersatzgeldstrafe）[72]救濟短期自由刑弊端之前，由於所有短期自由刑宣告均須入監服刑（接受機構內處遇）而不得轉向宣告爲罰金刑，因此縱法院就多數犯罪中之一部或全部爲短期自由刑之宣告，本質上尚不生得否接受機構外處遇之問題，則於1921年以前發展之併罰學理，當然不存在併罰數罪之全部或一部轉向執行時，究應如何定位數罪併罰之論述。

除前述併罰學理早期發展並未考量轉向處分外，關於轉向處分之規範模式，亦對併罰實務產生實質的影響。由於前身爲1921年德國「罰金刑法」第3條之現行德國刑法第47條第2項規定，授權法院在無必要處以自由刑時，縱法未明文罰金刑爲該犯罪之法定刑，法院亦應爲罰金刑宣告；因此，只有「在沒有其他與罪責相適應的制裁方式能夠實現預防性的刑罰目的時，始可科處短期自由刑[73]」。故依德國刑法第47條第2項規定，「自由刑轉向爲罰金刑之宣告」本質上就如同自由刑之緩刑宣告般，係採「法官保留」之規範模式，一旦法官在行使量刑裁量後已對輕微犯罪爲罰金刑宣告（或緩刑宣告），實際執行時被告對於法官之轉向決定並無選擇權（此點與我國之被告可以決定是否易科罰金並不相同）。一旦法官已爲轉向宣告，因該轉向宣告之罰金刑已不得「轉回」短期自由刑，此時如與其他犯罪數罪併罰，由於依德國刑法第47條宣告者已非自由刑，縱與其他自由刑合併執行，本質上因不生過度處罰之疑慮，而無透過限制加重原則（即類似我國刑法第51條第5款併罰規定）予以規避過度處罰之必要。

---

72 此條文爲現行德國刑法第47條之前身。關於罰金刑法之說明，參閱徐久生譯，Dr. Franz v. Liszt著，Dr. Eberhard Schmidt修訂，德國刑法教科書，頁467-468，法律出版社，2000年5月。

73 這裡只可將「對行爲人的影響」和「維護法秩序」作爲處罰的目的來考慮，因此，自由刑的科處不能僅僅依據「罪責特別嚴重」，或者依據行爲人政治避難申請來進行。參閱徐久生譯，Hans-Heinrich Jescheck and Thomas Weigend合著，德國刑法教科書（總論），頁923，中國法制出版社，2001年3月初版。

鑑於德國刑法第47條有關短期自由刑轉換爲罰金刑宣告之規定，亦具有非機構內處遇犯罪之特徵，其本質亦屬廣義轉向處分之一，因此當法院依該規定將短期自由刑轉換（轉向）爲罰金刑宣告時，已轉向之罪刑宣告與未轉向之罪刑宣告間，縱亦該當裁判確定前犯數罪之併罰規定，因被告於轉向宣告罰金刑後只能接受罰金刑之執行，實際上符合併合處罰規定之數犯罪因已不存在併合數自由刑宣告定應執行刑之可能，既然此時已不存在因接續執行自由刑而過度處罰之疑慮，自僅需分別執行「已轉向之罪刑宣告與未轉向之罪刑宣告」而無需另定應執行刑。相對而言，如法院於該犯罪審理後認有執行自由刑必要而未依德國刑法第47條將短期自由刑轉換（轉向）爲罰金刑宣告，因此時所有罪刑宣告均無轉向之必要而須接受機構內處遇，此時各罪宣告刑已無任何轉向宣告之機會，則併罰數罪即有定應執行刑之必要以實現避免過度處罰之規範目的。縱上所述，德國刑法於多數有期徒刑宣告併合處罰時，係以法官認爲所有自由刑罪刑宣告均須接受機構內處遇爲前提，此時於法制上已不存在部分有期徒刑得轉向宣告罰金刑之現象。因此，縱其所定應執行刑爲短期自由刑，因已不須再考慮應否轉向，只要單純依應執行刑所定刑度執行機構內處遇，不僅已足以避免過度處罰之疑慮，亦足以實現處罰目的。蓋依德國法制，由於所有短期自由刑宣告係以法院認必須接受機構內處遇爲前提，縱所定應執行刑爲短期自由刑仍須入監服刑，更遑論所定應執行刑已非短期自由刑時，被告是否應入監服刑。因此，不應以德國法制上併合多數短期自由刑所定應執行刑已非短期自由刑並須入監服刑，作爲我國相關法制說明之依據。

值得注意的是，前述德國刑法第47條有關短期自由刑轉向爲罰金刑宣告之規範模式[74]，與我國刑法第41條並不相同，德國法院依該規定將短期自由刑直接轉向宣告爲罰金刑時，受刑人對於罰金刑之執行並無選擇權。事實上，關於是否轉向處分，於德國法制係單純屬於法官保留領域之事項，法官依刑法第47條所爲之轉向宣告，係以法官認爲被告沒有接受機構內處遇之必要（否則即不必要爲轉向宣告）爲內涵，鑑於德國實務曾多次指出：「單純的數次重新犯罪的事實本身並不是應當科處短期自由刑的理由[75]」，法理上並不存在因多數犯

---

[74] 有將此稱爲「自由刑與罰金刑相容性之規定」，參閱黃翰義，修正刑法易科罰金規定之檢討，法學叢刊，第203期，頁157，2006年7月。

[75] 例如：多賽爾多夫邦高等法院、茲威布呂肯邦高等法院與石勒蘇益格邦高等法院均有相同之主張。參閱徐久生譯，Hans-Heinrich Jescheck and Thomas Weigend合著，德國刑法教科書（總論），頁924，中國法制出版社，2001年3月初版。

罪之罪責較高而一概皆不得轉向之限制[76]，因此如法院認爲個別犯罪之罪責皆不致使被告接受機構內處遇，縱係裁判確定前之多數犯罪，亦因罪責未提昇至必須入監服刑之程度，本即得爲多數轉向宣告[77]。

既然我國刑法關於易科罰金之轉向規範結構異於德國法制，而且於多數有期徒刑之宣告併合處罰時，我國刑事執行實務仍將出現部分有期徒刑得以易科罰金之現象，因此我國刑法於相關問題之處理上，本即應因法制規範有異而存在不同解釋之空間。就救濟短期自由刑而言，與德國法制不同，我國易科罰金制度除須法院將短期自由刑轉向宣告爲「短期自由刑易科罰金」（法官保留）外，仍存在由受刑人選擇是否轉向執行之空間（受刑人選擇權），則僅法院爲「短期自由刑易科罰金」之宣告，本質上尚不足以實現轉向處分救濟短期自由刑之目的。不過由於受刑人已於宣判時取得選擇轉向處分之權利，縱發現其他裁判確定前之犯罪，在行爲刑法之前提下，亦不致改變法院基於罪責原則所爲某犯罪「應否接受機構內處遇」之判斷。又如法院對裁判確定前之多數犯罪均作出「短期自由刑易科罰金」之轉向宣告，數次「不應接受機構內處遇」之科刑判斷（轉向宣告）亦不應僅因發現其他裁判確定前犯罪而有所改變，蓋法院如認爲某犯罪應接受機構內處遇矯治，本可於科刑判斷時作出被告應接受機構內處遇之裁判，實無必要於科刑宣告後再透過數罪併罰制度達成機構內處遇被告之目的。因此，如同緩刑宣告德國法制之罰金刑轉向宣告般，受刑人已依法院轉向宣告取得接受機構外處遇之權利，縱因數罪併罰之適用，尚不致「得而復失」。

關於數罪併罰之易科罰金，雖然釋字第679號解釋理由書：「惟本院釋字第一四四號解釋乃針對不同機關對法律適用之疑義，闡明本院院字第二七〇二號解釋意旨，並非依據憲法原則，要求得易科罰金之罪與不得易科罰金之罪併合處罰時，即必然不得准予易科罰金。立法機關自得基於刑事政策之考量，針對得易科罰金之罪與不得易科罰金之罪併合處罰時，就得易科罰金之罪是否仍得准予易科罰金，於符合憲法意旨之範圍內裁量決定之。」曾將之定位爲法律保留事項，不過在缺乏相關法理（如後述之轉向不併罰原則）之認知與輔助說明下，關於立法規範之界線爲何，因其理由過於空洞而無法窺見，自有待學說進一步之補強。鑒於德國刑法亦肯認於併罰數罪中之一罪爲轉向宣告時，並無

76　參閱薛智仁，易科罰金與數罪併罰的交錯難題，頁13，成大法學，第18期，2009年12月。

77　類似見解，參閱林順昌，論釋字第662號與刑法第41條之修正論易服社會勞動之建構——兼評法務部之行政解釋與相關規定，警大法學論集，第17期，頁146，2009年10月。

合併機構內處遇（自由刑）與機構外處遇（罰金刑）定應執行刑之必要，則當我國實務出現併罰數罪中之一罪以機構外處遇方式（易科罰金、易服社會勞動或緩刑）執行時，自亦應排除其與須接受機構內處遇之自由刑宣告再依刑法第51條第5款規定定應執行刑。從而，本文認爲我國數罪併罰之實務，應依下述原則執行：（一）在事後併罰的情形中，不論事後併罰中之一罪已先依何種方式執行完畢，因無接續執行自由刑而不生過度處罰之疑慮，該犯罪即不須與其他同爲裁判確定前所犯之罪依刑法第51條第5款規定定應執行刑；此時如後確定之罪刑宣告爲超過六月之自由刑，僅應依該自由刑宣告而爲執行，縱後執行之罪刑宣告爲六月以下之短期自由刑，只要法院宣告易科罰金之標準且受刑人選擇接受轉向處分，亦僅須執行後確定犯罪之轉向處分即爲已足；（二）在同時併罰的情形中，因受刑人有權選擇六月以下短期自由刑是否接受轉向處分已爲大法官釋字第366號與第662號解釋所肯認，則依刑法第51條第5款所定之應執行刑應僅於受刑人選擇數罪皆接受機構內處遇時，始得作爲執行之依據；一旦受刑人選擇以機構外處遇之方式執行短期自由刑宣告，因該經法院宣告轉向之短期自由刑已因被告選擇接受轉向處分而告確定，該已轉向之機構外執行即不必要與其他未轉向之機構內處遇適用刑法第51條第5款規定。簡單來說，由於我國刑法第41條與德國刑法第47條在轉向處分之適用上採取不同規範模式（前者以法官保留與受刑人選擇爲要件，後者僅以法官保留爲要件）以救濟短期自由刑流弊，因此相關實務運作必然存在一定程度的差異；不過一旦短期自由刑之宣告已轉向爲機構外處遇，則不論係德國法上由法院單獨決定轉向之模式，或是我國法上係由法院與受刑人共同決定之轉向模式，已轉向之機構外處遇與未轉向之機構內處遇間，縱形式上仍屬自由刑之執行，實質上亦因執行內涵之不同而不存在避免過度處罰之必要，此時自不須再依刑法第51條第5款所定應執行刑而爲執行。現行實務不區分是否轉向執行而一概適用數罪併罰並以應執行刑爲執行依據（亦即轉向仍併罰）之作法，應予改變。因此，雖依刑法第51條第5款所定之應執行刑係以數有期徒刑宣告爲前提要件，其於執行上亦應僅限於所有有期徒刑宣告均未接受轉向處分爲適用前提，此觀最高法院98年度台抗字第606號刑事裁定僅限於所有有期徒刑宣告均未接受緩刑宣告轉向爲定應執行刑前提之說明，自可明瞭。關於此種接受轉向處分即不適用刑法第51條第5款之現象，本文稱爲自由刑「轉向不併罰原則」。

事實上，如以轉向不併罰原則爲基礎，前述大法官解釋所遺留未明之難題或將迎刃而解。蓋以釋字第366號解釋與第662號解釋所指之併罰類型而言，由於裁判確定前所犯數罪均得易科罰金，而受刑人本有權決定是否接受該轉向處分，故當其選擇以機構外處遇之方式執行短期自由刑之罪刑宣告時，原則上因各罪刑宣告已因轉向而無過度處罰之疑慮，自無須依刑法第51條第5款所定應執行刑而為執行，亦即，此時僅分別執行其轉向處分（而不必依應執行刑易科罰金）即已達法院宣告轉向處分之處罰目的，如僅因存在其他犯罪（多數犯罪）進而一律限制受刑人選擇轉向處分之權利，鑒於數罪併罰本無提昇罪責與限制轉向之功能，自有此二則大法官解釋所指違憲之不當；惟如受刑人選擇接受機構內處遇執行自由刑，為避免過度處罰，此時僅依所定之應執行刑執行亦已達法院宣告多數自由刑之刑罰目的。而在釋字第144號解釋與第679號解釋之併罰類型中，可分為以下二種處理方式：（一）如果事後併罰中之一罪已先以易科罰金方式執行完畢，亦因無接續執行自由刑而不生過度處罰之問題，該犯罪亦不須與其他同為裁判確定前所犯之罪依刑法第51條第5款規定定應執行刑；如果事後併罰中之一罪已先發監執行完畢，縱受刑人選擇以機構內處遇方式執行後確定之罪刑宣告，亦因不生過度處罰之問題而無與後確定之犯罪定應執行刑之必要，如受刑人選擇以機構外處遇方式執行後確定之罪刑宣告，在轉向不併罰之原則下，自亦僅須依轉向宣告執行後確定之短期自由刑宣告即可，簡言之，在併罰目的之拘束下，本質上所有的事後併罰均無依刑法第51條第5款所定應執行刑而為執行之必要[78]。（二）另在同時併罰的情形中，由於併罰數罪中之部分罪刑宣告必須接受有期徒刑之執行（機構內處遇），因此於該部分執行期滿前，受刑人本無可能藉由轉向處分解免牢獄之災，此時尚不生如何執行轉向宣告之問題；不過一旦該部分罪刑宣告已執行期滿，則因短期自由刑依刑法第41條第1項規定易科罰金已為受刑人權利，除非於個別犯罪罪刑宣告時法院已依刑法第41條第1項但書否定易科罰金之執行，否則此時應由受刑人決定如何執行對其較為有利，如受刑人認依應執行刑繼續執行較有利，本即不必再為轉向處分之聲請；如其認以轉向處分之方式執行短期自由刑宣告對其較為有利，基於轉向不併罰之原則，即應於機構內處遇執行期滿時依原轉向宣告執行之，院字第2702號解釋及釋字第144號解釋一律限制受刑人選擇轉向處分之權利，亦應同具釋字第366號解釋與第662號解釋所指違憲之不當。至於得易科與不得易科之罪併罰而無庸載明易科標準之解釋，則因准否易科及易科標準已於短期自由刑宣告時諭知，其本質上本非應執行刑所應審認之對象，自無變更之必要。

78　同此見解，參閱林山田，論刑法總則之改革，月旦法學雜誌，第76期，頁104，2001年9月。

柒、易科罰金轉向亦應受正當法律程序保障

事實上，於民國95年7月1日施行之刑法第41條第2項：「前項規定於數罪併罰，其應執行之刑未逾六月者，亦適用之。[79]」除存在前述實體法上之瑕疵外，其規範內容亦有違程序法上正當法律程序之要求。按依刑事訴訟法第449條簡易程序之規定，如被告已自白或事證已明確並足認其犯罪，於宣告緩刑、得易科罰金或得易服社會勞動之有期徒刑及拘役或罰金之前提下，法院得不經通常程序甚至得以書面審理之方式以簡易判決處刑。由於簡易程序在科刑限制下係以被告得接受機構外處遇爲規範基礎，因此被告對於經簡易程序之罪刑宣告不經機構內處遇之認知或期待，本質上係源自於對程序法之合理信賴。就此而言，美國法制上之相關發展，即有高度參考之價値。

雖然美國聯邦最高法院未曾針對轉向處分之受刑人權利保護有所裁示，不過愛達荷州最高法院（the Idaho Supreme Court）卻曾於州訴羅傑斯（State v. Rogers）乙案中，以正當法律程序保障之角度，檢討此一問題。該案被告（Paul Lawrence Rogers）原遭指控持有毒品與無照駕駛，經認罪協商後，被告同意接受持有毒品罪之轉向處分（the Ada County Drug Court Program）以交換檢方對其他犯罪之不起訴，不過在轉向處分執行中，被告卻因妨害風化罪遭判刑確定，前述毒品法院遂依法在未舉行聽證程序之前提下終止被告之轉向處分，以致被告事後遭判處五年有期徒刑。被告因此主張終止轉向處分之程序違反正當法律程序並提起上訴，雖上訴法院駁回被告上訴，不過愛達荷州最高法院卻接受其主張並將該案撤銷發回。愛達荷州最高法院認爲，被告在同意接受轉向處分並認罪後，其不必接受機構內處遇之地位已屬被告之自由權利（liberty），而非僅爲認罪前之期待（desire）。既然被告將因本案終止轉向處分而等同緩刑或假釋被撤銷之人失去自由，在美國聯邦最高法院已承認緩刑[80]與假釋[81]之撤銷必須經正當法律程序始得爲之之基礎上，自亦應給予被告正當法律程序之保障[82]，蓋於剝奪人民自由權利時，法院本應考量（一）個人利益受政府行爲影響之程度、（二）所進行程序可能存在誤判之風險與（三）

[79] 此即爲民國98年9月1日施行之刑法第41條第8項，依其規定，各得易科罰金之數罪，因併合處罰定其應執行之刑逾有期徒刑六個月時，即不得再依同條第一項之規定易科罰金，而應受自由刑之執行。

[80] See Morrissey v. Brewer, 408 U.S. 471 (1972).

[81] See Gagnon v. Scarpelli, 411 U.S. 778 (1973).

[82] See State v. Rogers, 170 P. 3d 881 (Idaho 2007).

政府利益之重要性等三大因素[83]。本案被告雖已認罪，不過其認罪係以接受機構外處遇之轉向處分爲目的，既然其認罪不必然包含自願接受機構內處遇之意思在內，則任何必然導致機構內處遇並剝奪自由權利之措施，都不應以該認罪爲基礎，而應另踐行正當法律程序[84]；換言之，法院允許未直接導致自由權利喪失之非正式轉向終止程序，僅受較低度正當法律程序之保障[85]。以接受機構外處遇爲目的所進行之程序，並不足以作爲事後剝奪被告自由權利之程序基礎，如事後出現剝奪自由權利之必要，仍應踐行正當法律程序。

由於前述2005年修正之刑法第41條第2項與2009年修正之刑法第41條第8項等「超過六月之應執行刑不得易科罰金」之規定，將導致於（未經直接審理）數個經簡易判決程序犯罪併罰所定應執行刑超過六月時，出現被告必須入監服刑之現象。此種未經直接審理而限制被告人身自由之法制，本質上即欠缺前述美國法院所指正當法律程序之保障。實際上，依現行訴訟法制，法院惟有在已經通常訴訟程序或簡式訴訟程序後，始得作出被告須入監服刑而不得接受轉向處分之判決，故如僅依簡易程序與定應執行刑程序（通常皆爲書面審理程序）即令被告接受機構內處遇並限制被告自由權，非但將不當剝奪被告對程序法不接受機構內處遇規定之合理信賴，亦因未經直接審理程序而存在對被告程序保障不足並有違正當法律程序與公平法院之疑慮。換言之，由於簡易程序已明文以轉向處分之宣告爲適用前提，則任何非轉向處分之宣告均不應在簡易程序中作成；如果法院認有執行自由刑（機構內處遇）之必要，原則上必須在踐行通常訴訟程序或簡式訴訟程序後，始得作出機構內處遇之罪刑宣告，此觀刑事訴訟法第452條：「檢察官聲請以簡易判決處刑之案件，經法院認爲有第四百五十一條之一第四項但書之情形者，應適用通常程序審判之。」與法院辦理刑事訴訟簡易程序案件應行注意事項第8點：「裁判上一罪之案件，其一部分犯罪不能適用簡易程序者，全案應依通常程序辦理之。」等規定，亦可明瞭。鑒於在正當法律程序要求下，未經通常訴訟程序或簡式訴訟程序本不得限制被告之人身自由，則以簡易程序之罪刑宣告爲基礎所定超過六月應執行刑不得易科罰金之規定，除存在未踐行任何限制人身自由之正當法律程序即對人身自由予以限制之不當外，實際上恐亦已逾越簡易程序不得限制人身自由之立法

[83] See Mathews v. Eldridge, 424 U.S. 319, 335 (1976).

[84] 由於美國聯邦最高法院於Morrissey與Gagnon等案中已明白表示：撤銷緩刑或假釋之程序未必等同於通常定罪所經之訴訟程序，鑑於被告已被定罪，此處所指之正當法律程序乃有限度之程序保障（例如只要達證據優勢之證明程度即可），而非完全的程序保障。

[85] See 170 P. 3d., at 886.

授權。因此，就正當法律程序之保障而言，除經受刑人選擇入監服刑，否則未經通常訴訟程序或簡式訴訟程序所定之罪刑宣告以及應執行刑應皆不生機構內處遇之效力。

捌、累犯判斷之檢討

我國數罪併罰法制除存在前述得否易科罰金之難題外，關於累犯之判斷，亦因前述併罰實務見解而迭生爭議，並成爲提起非常上訴的主要原因之一。因此如果前述主張不能同時解決累犯判斷之爭議，其於實務之可行性，即不免令人質疑。按受徒刑之執行完畢，或一部之執行而赦免後，五年以內故意再犯有期徒刑以上之罪者，爲累犯，加重本刑至二分之一，刑法第47條第1項定有明文，因此關於數罪併罰有期徒刑執行完畢之判斷，實爲累犯是否成立之重要前提。由於實務上通常認爲：「被告犯應併合處罰之數罪，經法院分別判處有期徒刑確定，並依檢察官之聲請，以裁定定其數罪之應執行刑確定，該數罪是否執行完畢，係以所定之刑全部執行完畢爲斷。其在未裁定前已先執行之有期徒刑之罪，因嗣後合併他罪定應執行刑之結果，檢察官所換發之執行指揮書，係執行應執行刑，其前已執行之有期徒刑部分，僅應予扣除，不能認爲已執行完畢。[86]」因此往往在法院依併罰數罪中先執行完畢之事實作出累犯判斷後，卻因事後併罰定應執行刑之故，導致於宣告刑執行完畢五年內之犯罪因非於應執行刑執行完畢五年內所爲，出現「事後」不該當累犯之現象。然而，應予說明者，法院先前所爲之累犯判斷，事實上並無不當，蓋依當時卷證資料，該繫屬犯罪確爲執行完畢後五年內之再犯，審理之法院並無從知悉是否尚存在其他「裁判確定前之犯罪」，縱知悉仍有其他案件同在繫屬中，亦因「該案件可能獲判無罪」或是「其他法院可能作出非於已執行完畢犯罪裁判確定前所犯之事實認定」，而無從於裁判宣告時「不爲」累犯認定。因而前述實務逕以裁判確定後始出現之事後併罰推翻不得不爲之累犯判斷，不啻以「後見之明」否定裁判時並無瑕疵之累犯認定，除將造成實務一再提起非常上訴之訟累外，其正當性爲何？亦不無可議。

其實前述基於事後併罰應執行刑否定累犯判斷之實務見解，係基於對併罰效果之誤解所造成。基本上，由於事後併罰不存在接續執行自由刑之流弊，

86　參照最高法院99年度台非字第185號刑事判決。

本即無依刑法第51條第5款定應執行刑之必要，此觀於裁判確定前犯數罪之一部受緩起訴處分或緩刑宣告（轉向處分）時，於撤銷前不必定應執行刑即爲可知。因此，前述「該數罪是否執行完畢，係以所定之應執行刑全部執行完畢爲斷」之實務見解，特別在事後併罰中，因不符數罪併罰之規範目的與轉向不併罰原則而應予以揚棄，不再適用。事實上，前述實務見解除存在所有累犯判斷均將因（不確定何時會出現）事後併罰而遭非常上訴審撤銷之不當外，亦存在非累犯（應執行刑執行完畢前所犯）反因減刑條例實施致應執行刑經減刑後提前執行完畢而成爲累犯之現象，從而，以併罰範圍不確定之應執行刑作爲累犯判斷之前提，以致累犯成立與否繫於不確定因素，就法安定性而言，並不恰當。此外，狡詐之被告尙可能在前述實務見解下，藉由另犯輕罪解免牢獄之災之漏洞。舉例來說，如果被告於A罪易科罰金執行完畢後五年內因犯B罪（累犯）致遭判法院判處七月之有期徒刑（須入監服刑），如果尙存在與A罪數罪併罰之C罪（短期自由刑受緩刑宣告），則被告即可藉由違反緩刑命令撤銷緩刑之方式「創造」出事後併罰，並藉由非常上訴之提起將B罪回復爲另一個短期自由刑，此時C罪與B罪皆無入監服刑之必要；尤有甚者，縱原本不存在與A罪併罰之其他犯罪，被告亦可在被害人配合演出下「人爲創造」出必受短期自由刑宣告並與A罪併罰之D罪（如刑法第284條第1項過失傷害罪之法定刑爲六月以下有期徒刑）而將B罪回復爲另一個短期自由刑，因B罪與D罪此時均爲短期自由刑宣告，並因非裁判確定前所犯而不適用罪併罰，均得解免自由刑之執行。果如此，眞正惡性重大應受徒刑執行之被告，將因前述誤解併罰目的之實務見解而「逃過一劫」，其不當之處，自亦不言可喻。

實則，前述最高法院99年度台非字第185號刑事判決所持見解與最高法院99年度台非字第230號刑事判決：「而事實審法院對於被告有無累犯之事實，應否適用刑法第四十七條累犯之規定加重其刑，即屬法院認定事實與適用法律之基礎事項，客觀上有其調查之必要，倘被告不合累犯之要件，而事實審並未詳加調查，致判決時適用累犯之規定論處，即屬刑事訴訟法第三百七十九條第十款所規定依法應於審判期日調查之證據未予調查，其判決當然爲違背法令。」之觀點乃互爲表裡、相互呼應；不過值得檢討的是，縱認前述累犯前提（即是否係有期徒刑執行完畢後五年內再犯）係應於審判期日調查之證據，惟如裁判時僅存在宣告刑執行完畢之事實，審判期日該如何調查甚至預測是否將於事後數罪併罰呢？而以無法確定之事實作爲是否成立累犯之前提，規範上亦無從正當化其目的，在累犯判斷屢屢於事後被撤銷又不知將維持多久之實務操作而言[87]，前述實務見解似乎於相當程度上架空了累犯之適用，甚至造成「太晚出現事後併罰」之受刑人才會依累犯宣告執行（完畢）之諷刺現象，果如此，累犯加重亦將失其行爲人主義之規範基礎而成爲單純射倖性之加重因素，其不當之處，亦甚顯明。

既然前述實務見解存在諸多法理上矛盾，並有改弦易轍之必要，則回歸併罰制度之規範目的（避免過度處罰），並以之爲是否執行完畢之判斷基礎，或爲可以參考之修正途徑。本文認爲，如果沒有必要避免過度處罰，縱於事後才構成數罪併罰，數個自由刑宣告即不需依刑法第51條第5款規定定應執行刑，因此如已依原宣告刑或先確定之應執行刑執行完畢（執行期滿或執行終了），其於五年內故意再犯有期徒刑以上之罪該當累犯之判斷，即因事後併罰不定應執行刑而不致遭非常上訴審撤銷。事實上，前述轉向不併罰原則亦適足作爲累犯判斷之輔助，蓋如先確定之罪刑宣告已依易科罰金執行完畢，依轉向不併罰原則，縱得與之併罰之其他犯罪係於事後始告確定，亦將因無定應執行刑之必要，而不影響已依易科罰金執行完畢所作成之累犯判斷。換言之，由於機構外處遇是否執行完畢，與機構內處遇無關，實無從僅因併罰數罪之一部有實施機構內處遇之必要，進而否定機構外處遇已執行完畢並無從回復之事實。至如後確定之罪刑宣告如亦有實施轉向處分之必要，在轉向不併罰原則之下，亦因無定應執行刑之必要而僅需就轉向宣告爲執行即已足。實務運作至此，除不致發生累犯判斷反覆之流弊外，亦較符合累犯與數罪併罰之規範本旨。

玖、結論

關於數罪併罰之易科罰金，長久以來即一直困擾著實務運作，雖然大法官曾作成四號解釋企圖闡明相關爭議，卻因說理不夠充分，以致於學說上一直存在不同的批評聲音。有趣的是，在釋字第366號與第662號解釋皆已肯認一律不許超過六月應執行刑易科罰金因過度限制本文所指「易科罰金選擇權」而有違憲法第23條規定後，關於釋字第144號與第679號解釋是否亦同因過度限制「同種」權利而有違憲法第23條規定？觀諸釋字第679號解釋之各種理由及意

[87] 相關實務案例甚夥，可參照最高法院94年度台非字第289號刑事判決、94年度台非字第254號刑事判決、94年度台非字第112號刑事判決、94年度台非字第99號刑事判決、94年度台非字第24號刑事判決與94年度台非字第15號刑事判決等案例事實。

見，竟連大法官彼此間也無法澄清並取得共識，也難怪乎釋字第679號解釋僅能重申釋字第144號解釋無變更必要之意旨，而無法詳明「得易科罰金之罪，如與不得易科罰金之罪併合處罰時，不許其易科罰金」之具體理由。

爲釐清數罪併罰之易科罰金，本文先自規範沿革之角度出發，探討數罪併罰制度之規範目的，在肯認數罪併罰制度不生提昇被告罪責並導致不利被告結果後，本文另以轉向處分之角度爲基礎，主張我國刑法第41條第1項所定之易科罰金，本質上屬於廣義轉向處分之一環；而與多數見解不同的是，本文認爲在現行刑法第41條第1項規範架構下，是否爲易科罰金之轉向宣告，應如同緩刑轉向般，係專屬法院之權限，雖檢察官於執行時已無審定之權，惟被告於實際執行時仍有選擇權。在進一步分析說明德國刑法第47條本質上亦屬廣義轉向處分（只不過其採取與我國刑法第41條第1項不同的轉向模式）後，本文認爲德國實質競合法制具有「轉向不併罰」之特徵，因此我國實務因未釐清併罰制度原在避免接續執行過度處罰之規範目的，並忽略「數罪併罰規範原即不具限制轉向處分適用之效力」、「已爲轉向執行本即不須適用數罪併罰規定」以及「依德國刑法第47條將短期自由刑轉向爲罰金刑後，法院即不須再依已轉向之罰金刑宣告與未轉向之自由刑宣告定應執行刑之外國法制」等因素所導致「轉向仍併罰」之操作，應即爲相關大法官解釋爭議之主要根源。從而，本文主張：除於事後併罰之情形中，法院不須另定應執行刑外，只要受刑人選擇併罰數罪之一部罪刑宣告易科罰金，已轉向之部分即無從再與未轉向之罪刑宣告數罪併罰，此時本即只須針對未轉向之罪刑宣告數罪併罰即足已滿足規範目的。而如以轉向不併罰原則爲基礎，則關於機構外處遇與機構內處遇之執行完畢原應分別判斷之，亦即是否繳畢罰金並不影響是否服刑期滿之判斷，雖刑法第44條已明定「易科罰金執行完畢者，其所受宣告之刑，以已執行論」，惟其不過在消滅刑罰權之層次上，具有已執行宣告刑之效力，至於其實際執行之內涵則與執行機構內處遇迥不相同，已易科罰金之短期自由刑宣告並無從因本條規定而必須與其他自由刑宣告定應執行刑。因此，關於累犯之成立，自應分別以機構外處遇或機構內處遇之執行爲是否執行完畢判斷前提，而不應以本質上有違併罰規範目的之事後併罰應執行刑作爲撤銷累犯判斷之基礎。因此，轉向不併罰與事後不併罰原則除可解決我國實務長期以來關於數罪併罰得否易科罰金之難題外，亦可一併解決困擾實務已久的累犯爭議，足爲相關爭議之前導法理。

行文至此，雖然前述主張未必有其比較法之論據，鑒於諸號大法官解釋均未能完整接納源自比較法之主張，自不難想見關於數罪併罰得否易科罰金之難題具有高度「本土化之色彩」，以致於源自外國法制之法理無法提供此一難題充分之說明。雖然相關大法官解釋皆嘗試解決此一糾纏已久之難題，遺憾的是，其解釋文皆無法明確澄清核心爭議之所在，本文認爲在確認併罰制度之規範目的與釐清其不具限制轉向處分之功能後，相關爭議皆可迎刃而解。因此，除了理由不清但直覺上該結論較符合公平正義之大法官解釋外，如果存在一套法理論述，可以支持釋字第366號與第662號等解釋所堅持之正義，甚至可以詮釋長期以來釋字第144號與第679號解釋所無法釐清之想當然耳（自亦無庸爲易科折算標準之記載）以及源自數罪併罰與易科罰金相互交錯時所衍生的相關實務爭議（例如累犯判斷），實際上並沒有必要一再堅持應師法外國法制以修正我國現行法制架構。鑑於我國法制就此之立法與其他國家法制存在相當差距，而我國司法主權也完全獨立於其他國家，只要說理完整，並足以解決本土法制相關爭議，究竟符不符合外國法制，應該也就不那麼重要了。

附錄　刑法第四十一條立法沿革

中華民國二十四年一月一日國民政府制定公佈全文357條；並自二十四年七月一日起施行

第四十一條（制定）

犯最重本刑爲三年以下有期徒刑以下之刑之罪，而受六月以下有期徒刑或拘役之宣告，因身體、教育、職業或家庭之關係，執行顯有困難者，得以一元以上、三元以下折算一日，易科罰金。

中華民國九十年一月十日總統（90）華總一義字第9000003800號令修正公佈第41條條文

第四十一條（修正）

犯最重本刑爲五年以下有期徒刑以下之刑之罪，而受六個月以下有期徒刑或拘役之宣告，因身體、教育、職業、家庭之關係或其他正當事由，執行顯有困難者，得以一元以上三元以下折算一日，易科罰金。但確因不執行所宣告之刑，難收矯正之效，或難以維持法秩序者，不在此限。

併合處罰之數罪，均有前項情形，其應執行之刑逾六月者，亦同。

理由

一、本條易科罰金之規定即含對於短期刑期改以他種方式代替之精神，一則避免受刑人於獄中感染惡習再度危害社會、二則可疏解當前獄滿爲患之困境。

二、原條文以最重本刑三年爲限，放寬爲五年，因爲眾多最重本刑五年之罪如背信、侵占、詐欺等，在當今日新月異工商社會中，誤觸法網者眾；基於刑法「從新從輕」主義，目前罪刑確定尚未執行者，罪刑確定正在執行者均適用之。

中華民國九十四年二月二日總統華總一義字第09400014901號令修正公佈第1～3、5、10、11、15、16、19、25～27、第四章章名、28～31、33～38、40～42、46、47、49、51、55、57～59、61～65、67、68、74～80、83～

90、91-1、93、96、98、99、157、182、220、222、225、229-1、231、231-1、296-1、297、315-1、315-2、316、341、343條條文；增訂第40-1、75-1條條文；刪除第56、81、94、97、267、322、327、331、340、345、350條條文；並自九十五年七月一日施行

第四十一條（修正）

犯最重本刑爲五年以下有期徒刑以下之刑之罪，而受六個月以下有期徒刑或拘役之宣告者，得以新臺幣一千元、二千元或三千元折算一日，易科罰金。但確因不執行所宣告之刑，難收矯正之效，或難以維持法秩序者，不在此限。

前項規定於數罪併罰，其應執行之刑未逾六月者，亦適用之。

理由

學理上雖有「法定刑」、「處斷刑」、「宣告刑」、「執行刑」等區別，惟第一項所謂受六個月以下有期徒刑或拘役之「宣告」，基於易科罰金應否採行，專屬刑罰之執行技術問題，應指最終應執行之刑之宣告而言，而非指學理所謂「宣告刑」。數罪併罰之各罪，雖均得合於第一項之要件，惟因其最終應執行之刑之宣告，已逾六個月者，其所應執行之自由刑，既非短期自由刑，自無採用易科罰金之轉向處分之理由。爰刪除本項之規定，以符易科罰金制度之本旨。

中華民國九十八年一月二十一日總統華總一義字第09800015611號令修正公布第41條條文；並自九十八年九月一日施行

第四十一條（修正）

犯最重本刑爲五年以下有期徒刑以下之刑之罪，而受六個月以下有期徒刑或拘役之宣告者，得以新臺幣一千元、二千元或三千元折算一日，易科罰金。但確因不執行所宣告之刑，難收矯正之效或難以維持法秩序者，不在此限。

依前項規定得易科罰金而未聲請易科罰金者，得以提供社會勞動六小時折算一日，易服社會勞動。

受六個月以下有期徒刑或拘役之宣告，不符第一項易科罰金之規定者，得依前項折算規定，易服社會勞動。

前二項之規定，因身心健康之關係，執行顯有困難者，或確因不執行所宣告之刑，難收矯正之效或難以維持法秩序者，不適用之。

第二項及第三項之易服社會勞動履行期間，不得逾一年。

無正當理由不履行社會勞動，情節重大，或履行期間屆滿仍未履行完畢者，於第二項之情形應執行原宣告刑或易科罰金；於第三項之情形應執行原宣告刑。

已繳納之罰金或已履行之社會勞動時數依裁判所定之標準折算日數，未滿一日者，以一日論。

第一項至第三項規定於數罪併罰，其應執行之刑未逾六個月者，亦適用之。

理由

照黨團協商條文通過。

中華民國九十八年十二月三十日總統華總一義字第09800325491號令修正公布第41、42-1條條文；並自公布日施行

第四十一條（修正）

犯最重本刑爲五年以下有期徒刑以下之刑之罪，而受六月以下有期徒刑或拘役之宣告者，得以新臺幣一千元、二千元或三千元折算一日，易科罰金。但易科罰金，難收矯正之效或難以維持法秩序者，不在此限。

依前項規定得易科罰金而未聲請易科罰金者，得以提供社會勞動六小時折算一日，易服社會勞動。

受六月以下有期徒刑或拘役之宣告，不符第一項易科罰金之規定者，得依前項折算規定，易服社會勞動。

前二項之規定，因身心健康之關係，執行顯有困難者，或易服社會勞動，難收矯正之效或難以維持法秩序者，不適用之。

第二項及第三項之易服社會勞動履行期間，不得逾一年。

無正當理由不履行社會勞動，情節重大，或履行期間屆滿仍未履行完畢者，於第二項之情形應執行原宣告刑或易科罰金；於第三項之情形應執行原宣告刑。

已繳納之罰金或已履行之社會勞動時數依所定之標準折算日數，未滿一日者，以一日論。

第一項至第四項及第七項之規定，於數罪併罰之數罪均得易科罰金或易服社會勞動，其應執行之刑逾六月者，亦適用之。

數罪併罰應執行之刑易服社會勞動者，其履行期間不得逾三年。但其應執行之刑未逾六月者，履行期間不得逾一年。

數罪併罰應執行之刑易服社會勞動有第六項之情形者，應執行所定之執行刑，於數罪均得易科罰金者，另得易科罰金。

理由

一、爲求用語統一，爰將第一項及第三項「受六個月以下有期徒刑」修正爲「受六月以下有期徒刑」、第八項「逾六個月者」修正爲「逾六月者」。

二、確因不執行所宣告之刑，難收矯正之效或難以維持法秩序者，同爲不得易科罰金與不得易服社會勞動之事由，造成因該事由而不得易科罰金者，亦應不得易服社會勞動。惟不適於易科罰金者，未必不適於易服社會勞動。爰將原第一項及第四項「確因不執行所宣告之刑」之規定，分別修正爲「易科罰金」及「易服社會勞動」。

三、第二項、第五項及第六項未修正。

四、徒刑、拘役易科罰金係依裁判所定標準折算，徒刑、拘役易服社會勞動則係依第二項、第三項之規定折算，非以裁判爲之。爰將第七項之「裁判」二字刪除。

五、司法院於九十八年六月十九日作成釋字第六六二號解釋。解釋文謂「中華民國九十四年二月二日修正公布之刑法第四十一條第二項，關於數罪併罰，數宣告刑均得易科罰金，而定應執行之刑逾六個月者，排除適用同條第一項得易科罰金之規定部分，與憲法第二十三條規定有違，並與本院釋字第三六六號解釋意旨不符，應自解釋公布之日起失其效力。」原第八項關於數罪併罰，數宣告刑均得易服社會勞動，而定應執行之刑逾六月者，不得易服社會勞動之規定，雖未在該解釋範圍內，惟解釋所持理由亦同樣存在於易服社會勞動。爰修正第八項規定，以符合釋字第六六二號解釋意旨。數罪併罰之數罪均得易科罰金者，其應執行之刑雖逾六月，亦有第一項規定之適用。數罪併罰之數罪均得易服社會勞動者，其應執行之刑雖逾六月，亦得聲請易服社會勞動，有第二項至第四項及第七項規定之適用。

六、配合第八項數罪併罰之數罪均得易服社會勞動，其應執行之刑雖逾六月，亦得聲請易服社會勞動之修正，爰增訂第九項明定數罪併罰應執行之刑易服社會勞動之履行期間。考量易服社會勞動制度旨在替代短期自由刑之執行，避免短期自由刑之流弊，則適宜易服社會勞動之數罪併罰應執行之刑不宜過長，並審酌易服社會勞動履行期間之長短，攸關刑執行完畢之時間，影響累犯之認定等事由，明定數罪併罰應執行之刑易服社會勞動者，其履行期間不得逾三年。另於但書明定數罪併罰應執行之刑未逾六月者，其易服社會勞動之履行期間，不得逾一年，以與單罪易服社會勞動之履行期間一致。

七、數罪併罰應執行之刑易服社會勞動，於有第六項所定無正當理由不履行社會勞動，情節重大，或履行期間屆滿仍未履行完畢之情形，數罪均得易科罰金者，應執行所定之執行刑或易科罰金。數罪均得易服社會勞動，惟非均得易科罰金者，因應執行之刑本不得易科罰金，則應執行所定之執行刑，增訂第十項明定之。

國家圖書館出版品預行編目資料

數罪併罰之易科罰金／張明偉著. ——初版.
——臺北市：五南，2011.09
面； 公分
ISBN 978-957-11-6364-2（平裝）
1.刑罰
585.565 100014287

1T46

數罪併罰之易科罰金

作 者— 張明偉（203.3）
發 行 人— 楊榮川
總 編 輯— 龐君豪
主 編— 劉靜芬 林振煌
責任編輯— 李奇蓁
封面設計— 斐類設計工作室
出 版 者— 五南圖書出版股份有限公司
地 址：106台北市大安區和平東路二段339號4樓
電 話：(02)2705-5066 傳 真：(02)2706-6100
網 址：http://www.wunan.com.tw
電子郵件：wunan@wunan.com.tw
劃撥帳號：01068953
戶 名：五南圖書出版股份有限公司
台中市駐區辦公室/台中市中區中山路6號
電 話：(04)2223-0891 傳 真：(04)2223-3549
高雄市駐區辦公室/高雄市新興區中山一路290號
電 話：(07)2358-702 傳 真：(07)2350-236
法律顧問 元貞聯合法律事務所 張澤平律師
出版日期 2011年9月初版一刷
定 價 新臺幣380元

凝煉知識品味閱讀